浙江省海洋文化与经济研究中心资助出版

海洋旅游：
第二届中欧国际旅游论坛论文集

沈世伟　苏勇军　主编

海洋出版社

2014年·北京

图书在版编目(CIP)数据

海洋旅游：第二届中欧国际旅游论坛论文集/沈世伟，苏勇军主编. —北京：海洋出版社，2014.6

ISBN 978-7-5027-8887-2

Ⅰ. ①海… Ⅱ. ①沈… ②苏… Ⅲ. ①海洋-旅游-文集 Ⅳ. ①F590.7-53

中国版本图书馆 CIP 数据核字(2014)第 120537 号

责任编辑：赵　武　黄新峰
责任印制：赵麟苏

http://www.oceanpress.com.cn
北京市海淀区大慧寺路 8 号　邮编:100081
北京旺都印务有限公司印刷　　新华书店发行所经销
2014 年 6 月第 1 版　2014 年 6 月北京第 1 次印刷
开本：787mm×1092mm　1/16　印张:13.75
字数：340 千字　定价：45.00 元
发行部:62132549　邮购部:68038093　总编室:62114335

编　委　会

前　言

人类与海洋的关系由来已久。中国和欧洲都是推动世界海洋文明发展的重要力量。海洋在人类历史上曾长久作为生产空间和交流通道而存在。法国著名学者 Rémy Knafou 教授研究发现，人类与海洋的新型关系，也就是海洋作为人类的游憩和休闲的空间始于 17 世纪的荷兰（当时称“联合行省”）海滨。这种新型关系在此后一直有所丰富和发展，并逐渐扩散到全球。如今，全球约 3/4 的旅游活动发生在海滨、海岛和海洋上。从南极到北极，从太平洋到印度洋再到大西洋，从东海、南海到地中海、加勒比海，从海滨到近海再到远海，旅游者几乎无处不在。海洋与旅游已紧密地结合在一起。

随着中国大力推进海洋战略，尤其是国家旅游局将 2013 年定为“海洋旅游年”，中国的海洋旅游业必将迎来更大的发展。海洋旅游业，随着其在空间上的不断扩散以及在表现形式上的不断丰富，它的内涵、外延与影响是否也在不断发展？面临旅游发展与海洋资源和环境保护的矛盾，海洋旅游该如何实现可持续发展？作为海洋旅游业“先行者”的欧洲和“明日之星”的中国应如何加强交流与合作？面对海洋旅游发展带来的新挑战和新需求，中国与欧洲的旅游教育与研究又该如何合作与应对？

在此背景下，由宁波大学、宁波城市职业技术学院、法国昂热大学联合主办，宁波大学中欧旅游与文化学院暨人文与传媒学院、浙江省海洋文化与经济研究中心、宁波城市职业技术学院旅游学院和法国昂热大学旅游、建筑与服务业管理学院承办的“海洋旅游：第二届中欧国际旅游论坛”于 2013 年 8 月 29 日至 30 日在海上丝绸之路始发港之一的浙江宁波召开。来自中国、法国、德国、瑞士、西班牙、意大利、俄罗斯、巴西、马达加斯加等国家的 40 多所知名高等院校的专家、学者，《旅游科学》杂志社、《Mondes du Tourisme（旅游世界）》杂志社、《中国旅游报》、《浙江日报》、《浙江教育报》、《宁波日报》、《宁波晚报》等众多媒体，以及法国卢瓦尔河地区葡萄酒农协会等实业界人士 120 余人参加了本次学术论坛。本次大会学术委员会主席由中山大学保继刚教授、法国昂热大学 Philippe VIOLIER 教授共同担任。

本次论坛与中国国家旅游局“海洋旅游年”相呼应，与会学者就海洋旅游的内涵及外延、海岛旅游、邮轮与游艇旅游、海洋旅游可持续发展等问题进行了深入探讨，旨在探索海洋旅游在上述领域的发展特征与趋势，从而推动海洋旅游持续、稳定、健康发展。本次论坛特点鲜明。第一,国际性突出、代表性广泛。本次论坛是旅游领域一次名副其实的国际学术盛宴,聚集了来自中国、法国等9个国家的120余位专家、学者及硕士博士研究生。会议同时采用汉语和法语两种会议语言。第二,主题鲜明、层次高。论坛邀请了代表中国和欧洲旅游学术界的10位著名学者做了精彩的学术报告,专家们结合自己的研究,发表了精辟而独到的见解,提出了富有建设性的意见。第三,学术研讨与旅游文化相结合。本次论坛期间,同时举办了别开生面的法国卢瓦尔河谷产区葡萄酒品鉴会,全体与会嘉宾在法国著名葡萄酒工艺大师 Jean - Michel Monnier 的指导下,以“水与火”为主题,以专业的葡萄酒品鉴方法,配以切题的中国美食,品尝了近10款不同的葡萄酒,形式新颖,令人难忘。

本届论坛所取得的成果丰硕,现从征集的80余篇优秀会议论文中精心筛选出22篇汇编成集。这些文章,既有宏观研究,也有个案研究;既有基础研究,也有理论研究,内容涉及海岛旅游、邮轮与游艇旅游、海洋文化旅游发展与创新、海洋旅游发展及其影响、海洋与旅游的关系及其演进、海洋旅游可持续发展、国际海洋旅游发展模式比较等诸多领域。收录的论文既有国内旅游研究领域专家学者的研究成果,更有国外高校相关研究人员的研究成果,在一定程度上反映了当前海洋旅游研究的最新研究动态。

由于我们研究水平有限,加上编纂时间仓促,文集中疏漏之处在所难免,敬请批评指正。

《第二届中欧国际旅游论坛论文集》编委会

2013年12月

目　　录

目　录

欧仁·不丹笔下的沙滩和当代中国的相似性

菲利普·魏耀烈①著　李颖②译

摘　要　中国近来进入大众旅游阶段是一个很有吸引力的案例,因为它进入大众旅游阶段伴随着经济的腾飞,所以也可以说它在经济和社会两方面同时在追赶世界发达国家,这一点在旅游方面尤其明显。在这里提出的问题即体会中国游客是如何对待他们的土地的,他们是模仿还是创造独特的方式。在这篇文章中我们的计划是对中国游客在沙滩上的活动提出质疑。本杰明·多奈在他的博士论文中展示出了中国人的沙滩活动和欧洲当代人的沙滩活动迥然不同。然而如果和画家欧仁·不丹笔下刻画出的19世纪中叶法国沙滩活动两相对照,我们会发现中国人今天的沙滩活动和欧洲人当时的沙滩活动颇为接近。如何来解释这一现象呢?

关键词　欧仁·不丹　沙滩　中国　法国

一、引言

旅游自它18世纪在英国诞生之初(Boyer, 1996)一直到20世纪80年代主要是西方国家的一项社会活动(Equipe Mit, 2011)。在此期间,它走出发源地,逐渐在世界范围内风靡。这一点除却日本和远东地区的《老虎间》③,归功于在欧洲以外世界各地活动的欧洲人。旅游首先传入的是新成立国家,北美殖民地和澳大利亚。那里是最早有欧洲移民的地区,那里也发生了工业革命,后者的成果之一,即工作时间的确定使被迫工作的时间和自由时间区分开来。旅游也传播到了北非特别是埃及,后者在1875年接待了第一批欧洲游客(Tissot, 2001)。这一在欧洲以外地区的传播过程伴随着旅游行为的不断更新。事实上,如果北美人民采取了和欧洲人民极为相似的方式来旅游,以至于可以理直气壮地说这些行为是旅游行为,这里就有两点值得强调,这两点从某一方面证明了创新。首先,这些行为同步产生,我们不可能说这是抄袭。因此,旅游景点,即被游客且为游客创造的,占地面积较大,并能够接待众多游客的地点,它在大西洋东西两岸的创立时间上几乎同步,都是在1850年到1855年间,法国是阿尔卡松,另一头则是大西洋城(Equipe MIT, 2005)。其次,北美人缺少宏伟壮观的建筑吸引游客,发展当地旅游,他们在1873年建造了自然公园。因此旅游在欧洲以外地区的传播主要借助欧洲人民向外迁徙,然而它已经呈现出了一部分创新(Equipe

① Philippe VIOLIER,男,法国人,昂热大学地理学教授,宁波大学客座教授。

② 李颖,女,浙江舟山人,宁波大学人文与传媒学院暨中欧旅游与文化学院助教。

③ 亚洲四虎这一称谓源于1980年,指代在该时期经济取得快速发展的地区(香港、南韩、台湾和新加坡),这四个地区和日本相似并通常是模仿后者的发展轨迹。

MIT,2005)。1990 年以来,我们发现一个全新的现象:旅游进入非欧洲非西方社会[①](多奈和魏耀烈, 2012)。美国公园的例子使我们想到这种新式传播,即通过创造新的旅游形式,可能会生发新的旅游行为,更新传统旅游行为,使它和新形式相适应,因此,它将不单单是一个模仿过程。当然,中国社会在上世纪 30 年代迎来了旅游的第一个阶段。然而除了它很大程度上是舶来货并和西方人统治中国计划的破灭息息相关,它的发展进程很快被中断了,尤其是因为日本人的侵略,以至于我们假定它在这一阶段并没有给中国社会带来多大影响。

本杰明·多奈在他的博士论文中分析了中国人在沙滩上的活动,他指出了中国社会的一个特殊性[②],即如果说欧洲人去沙滩是为了休息和与家人或朋友小范围聚会,中国人则恰恰相反,他们似乎更加喜欢“热闹”的氛围,而社交是他们沙滩活动的重中之重。(图 1 和图 2)。

图 1　中国社会的沙滩活动

(照片由本杰明·多奈所拍,在北海沙滩,1999 年)

这一特点是否构成了中华文明的一个重要特征,也就是说它是否与其特殊的文化传统有关,或者反过来说,它是不是人与某种空间,两者关系发展过程中的一个步骤? 海滨,任何涉足旅游的国家都走过这片地方,它会因此促进特殊空间的融合吗? 沙滩, 它会因此成为一个特定社会生活场所吗? 在这里,它是一个动作,欧洲人现在在沙滩上的行为并不是一直以来固定不变的,相反它也是发展进化的结果,因此我们有可能在欧洲人原来的沙滩活动里

① 这里是指所有曾受欧洲文明影响,国家机器的部分组成源于欧洲文明的国家、社会。它们的发展在空间上不具连续性,它们不具有同质性。

② 我们假定中国社会在特殊性方面和世界上别的社会相比具有相对同质性,但是我们必须向读者道歉,这一结论太过简单,因为,毫无疑问,用中国诸社会这一说法会更加合理,我们无法想像一个人数如此之多,占地如此之广的人群会完完全全同质。

图 2　欧洲人沙滩活动
（照片由菲利普·魏耀烈所拍，望得地区圣让德蒙，2007 年）

找到和今天被形容为热闹的活动方式相似的模式。为了给这个假设寻求答案，我提议来研究一位法国画家欧仁·不丹的作品。在介绍他之后我会指出他的作品以沙滩为主题展现了欧洲人的动作，这些动作与今天中国人在沙滩上表现出的行为惊人相似。最后我们尝试对这种时间上的差距做整体解读。

二、欧仁·不丹，他的时代的见证人

（一）海洋画家

欧仁·不丹 1824 年生于红甫勒。他从 1846 年开始学画画，尤其是 1851 年他曾在巴黎学绘画（Culturespaces, 2013）。他首先全身心投入到海洋世界里，也就是说他投入描绘海，他当时的画作上没有沙滩，他尤其对船只，田园风光感兴趣。直到 1862 年，在绘画作品中，他开始创作沙滩场景。这一主题需要在一个自然场景中画上很多人，这给他出了个难题。他因此开始尝试另一种不同的主题，并在 1859 年完成了《圣-安娜-拉帕鲁的宽恕》的创作，宽恕在布列塔尼是一种天主教宗教表现形式，主要表现为一群人跟传教士和表达对圣人的尊崇并将教区的教堂和一种神奇的源泉相联系的圣物之后漫步的一个过程。这一主题使他开始考虑如何解决画人群难的问题。

（二）欧仁·不丹在图鲁唯尔和都唯尔

画沙滩情景的原则是以现实的表现方式去画众多个体而正如不丹写的一样《不用去寻找一个主题》（journal 1865）。画家的计划使我们了解到他同时代的沙滩活动。这一合理的愿望使我们更靠近画家作品中的沙滩活动。

他在1864年到1870年画了诸多幅这一类沙滩场景,特别是他作于1864年的《晚上的沙滩》,同样作于1864年的《图鲁唯尔周围的沙滩》,作于1865年的《洗澡时间的图鲁唯尔沙滩》,1867年的《落潮时的沙滩》,1869年的《日落时分沙滩人物图》。1870年以后,他迫于画商的压力又回到了与海洋相关的绘画创作,因为他那些沙滩画在他生前都没有获得成功,甚至有几幅在他死后被发现随随便便卷在一处。然而,他仍然完成了几幅沙滩场景图,其中就有《图鲁唯尔的沙滩》(1875)。

(三)欧仁·不丹笔下的沙滩活动

欧仁·不丹的画作使我们能够看到19世纪末期的沙滩活动。然而,我们很惊奇地发现沙滩上的人成群结队,人数众多,五六个人坐成一圈,并且他们看起来似乎聊天聊得很尽兴(图3)。另外,那些人穿得严严实实来抵抗阳光,这一场景正如本杰明·多奈描述的中国沙滩情景。

图3 《图鲁唯尔周围的沙滩》(欧仁·不丹,1864)

然而我们知道沙滩活动在欧洲一直在变化(Corbin,1988;Urbain,2002; Duhamel et Violier,2009;Equipe Mit,2011)。通过对黄金年代荷兰画家的研究,我们了解到沙滩活动从17世纪中叶开始在联合省①就开始存在(Knafou,2002),最初是去欧洲北部偏冷地区进行沙滩活动。拉芒什海岸,不管18世纪中叶在英国那端或是18世纪末在诺曼底,毕卡底法国海岸一带,一直到20世纪初都是海滨旅游胜地。在那个时代,地中海区域的沙滩主要在冬天的时候游客较多。那个时代喜欢冷水浴,盛夏里水温最高不到18度,我们能理解,因为那个时候人们都穿得很保暖。

---

① 联合省组成了一个繁荣兴盛的王国,它的财富主要来源于海上贸易。之后,它的南部地区,主要由天主教徒构成,在1830年独立并成为比利时。它的北部地区则成为荷兰(les Pays-Bas),它其中一个省份叫作“Houande”。我们经常用它来指称整个国家,并且它依然在一些词组中存在,比如《荷兰画》(Peinturehouandaise)。

但这其实是一个文化问题。事实上在那个时代,在偏北地区的夏天经常会遇到的坏天气或凉爽天气并不对人造成困扰并对沙滩活动毫无影响。今天正好相反,一点点下雨和降温就会令很多人困扰,他们转而会去旅馆室内进行活动,或者会去一些公共场所,比如赌场,或者,如果天气凉爽但是没有下雨的话,会去散步。在19世纪,人们把自己裹得严严实实以免被阳光晒到,因为黝黑的皮肤是专属在室外工作的劳动人民的,而讲究的人,不管他们出身贵族家庭或富裕资产阶级家庭都追求皮肤越白越好,因为白皮肤是富裕的象征,尤其是这种颜色通常和女性身体联系在一起。然而,资产阶级女性并不工作,也不养孩子,她们的孩子都委托给奶妈养。大多数人都不会游泳。学校里大规模开始游泳教学始于1960年。正因如此,在进行海水浴的时候需有海中导游的陪伴,他们用手撑住泡澡者并把他们浸到水里几分钟。一个希望洗热水澡的游客注定要和这个时代的痛苦作斗争,和懈怠懒散作斗争(Rauch,1998)。

沙滩行为的改变始于20世纪初,首先是在美国,之后在欧洲。作家杰克·伦敦因此在他的小说《史纳克号之航》(1907)中提到第一缕阳光并在对冲浪者的描写中首次对他晒黑的身体不吝溢美之词。作者完成了一次从旧金山到夏威夷岛的航行。而另一方面,小说家斯科特开始描绘蓝色海岸,但是要知道对于夏季经常去地中海岸的描写直到1934年他出版的《温柔的夜》这部小说中才开始出现。

-你喜欢这个地方吗?

-不能更喜欢了,阿贝 诺斯呢喃,他们把它造出来了。

他慢慢得转头,他的视线真诚而温柔得落在迪克和尼古拉身上。

-创造出来? 怎么造?

-这仅仅是酒店在夏季开放的第二个年头,尼古拉解释道。

去年,我们成功得说服了高斯兄弟以及一个厨师,一个门房和一个猎手。我们成功了。今年会更成功。

-但是你们不住饭店吗?

-我们让人在塔尔马造了间别墅。

-要出发的想法非常简单,迪克迪沃边移动太阳伞的位置,赶走照在罗斯玛丽肩上的一束阳光一边插嘴道,大多数北边的沙滩,就像都唯勒在夏天被英国人或俄国人占领,他们一直嘲笑怕冷的人。而我们其他人,美国人,我们有一半来自于热带气候地区。就是因为这我们才来这里。(斯科特,1934,温柔的夜,32页)

随着对阳光的逐渐习惯,对于在夏天能被温度达到24度的水包围的沙滩的偏好,另外一种和沙滩的关系呈现出来,它使水上游戏得到空前发展,因为人们掌握了游泳技能。热烈的阳光也使人们开始渐渐习惯裸露皮肤。它和身体的关系正是这样发展的。就这样,如果说欧仁·不丹同样很好地描绘了一些泡海水浴的人,很明显他们是穿着衣服的,然而罗斯玛丽,斯科特小说中的女主角,在19世纪30年代初,应该会买油来护理被太阳晒过的肩上的肌肤。

在这年夏天开始的时候,奢侈品商店和克罗赛特大饭店只能透过他们的铁窗帘和关上的百叶窗来看海……

她从一家药店出来,她刚在里面买了防晒油,这时一个女人从她面前经过,手臂夹着垫

子,她认出来这好像是迪沃夫人……(斯科特,1934,温柔的夜,29 页)

欧仁·不丹的画以其描绘 19 世纪末人和沙滩关系抓住了欧洲社会。我们观察到一些欧仁·不丹画作里体现的和本杰明·多奈 20 世纪末在中国发现的场景有惊人的相似点。如何来解读呢?

三、从创造到征服沙滩:这是到处皆通用的历史吗?

欧仁·不丹在 1860 年到 1870 年作的画和本杰明拍下的照片,超越了国界,超越了背景,反映了不丹时期法国社会和当代中国社会间相似的社会活动。如何来分析这个看起来有点像巧合的相似之处?

(一)一个既反动又深植时间的过程

旅游收编的新土地(Knafou,1992)构成一个既反动又归入时间中的过程。它是反动的,因为毫无疑问沙滩自从在 17 世纪被欧洲人在联合省发现以后构成了欧洲社会在空间上关系的断裂,特别是在和沙滩的关系上。在 17 世纪中叶之前,沙滩事实上是一个边缘地带,它并没有被归入社会领土,它被贵族抛弃,被穷人占领,因为后者可以过来捡一些维持生命的东西,贝壳以及被海水冲上的木头……并且渔民主要用它停放渔船,因为在那个时代,渔港非常稀少。这个现象源于从圣经以来大海的负面印象。这本天主教重要书籍灌输了海是灾难之源的观点,大海象征了大洪水,这是天神为了惩罚人们,降下 40 天 40 夜的暴雨。

它同时也深植于时间,因为它历经多个时期,在今天仍在延续。我们可以将这些不同时期列在表 1 内,左边是各个不同时期,第二列列出跟各个时期相对应的主导型活动。

表 1 各个时期最重要的沙滩活动

时期	最主要的沙滩活动	欧洲(年)	中国(年)
发现	海边散步	18 世纪中叶—19 世纪	1970/80
占有 1	社交	1850	1990
占有 2	沙滩以及水里游戏冷水浴	1880	201 ?
占有 3	休闲,热水浴,美黑	1920	?

(二)欧洲和中国在不同时期经历同个过程

同样的表格可以看出这一过程中的不同阶段并不在同一个日子发生,然而我们记得我们在前文中提到过中国社会,而并没有提及中国旅游的出现。旅游在中国的出现要追溯到 19 世纪 30 年代,但是那时候的旅游总体上来说还是西方人的活动。这其中,主要观点在于沙滩的发现正如深植于时间中的过程,缓慢发展。在第一时间,一个社会的个人发现了沙滩,这表现为一种对于到那时为止还算是边缘地区的地方产生新的兴趣。但是使沙滩归并到社会土地的行为做起来却需要谨慎,并需要通过一种更加隐秘的活动,海边漫步使发现和全面并且全神贯注的观察成为可能,这种活动从另一方面也证实了古代对海的刻画:海里住着怪物,因此海是恐怖的代名词。这一时期出现在欧洲,特别是17世纪中叶出现在联合省。在中国,这一时期大概在1970—1980年间。

一旦经验证明沙滩是可以常来的,那么长期在此逗留也是有可能的。正如在第一批冒险家之后冲过来的人尝到了征服沙滩的甜头,这一征服同样惠及攻占它的人。自然看沙滩就成了必要之事,同等必要的还有坐在沙滩上欣赏众人的演出。本杰明·多奈拍的北海的照片和不丹的画作一样证明了这一阶段在欧洲的到来是19世纪末,而在中国是20世纪末。两者间的差距依然存在,差距存在的原因自然可以解释为旅游自欧洲诞生,自18世纪开始就在欧洲盛行,在时间上有先前行。在这之后,欧洲人发现了沙滩和水中游戏,这反映出人们对于这片区域信任的加深,人们对这片区域几乎已经很熟悉了(图4)。今天欧洲和北美占统治地位的沙滩活动——休息(图2)很好证明了对这片区域占领的彻底性。最近的几个阶段在中国尚未有深远影响,它们极有可能会继续发展成熟。

图4 1925年寄出的明信片,展示了巴德加来地区图盖——巴黎沙滩上的游戏

这并不一定是个按部就班机械的过程。

首先,在欧洲展开的工程(德普利斯特对山,1997年;杜阿美尔和唯奥利尔对沙滩,2009年)体现了活动不同质并且各有活力的特点。有些活动在一段时间占统治地位后消失得一干二净,其他的依然存在。因此海边漫步和欣赏风景经住了岁月,因为它们如今依然有各自的活力,尽管今天它们要远远落后于占统治地位的沙滩休息。从这里开始可以提出活动的组合,在这之中与其说是证实了一个个分明的阶段,不如说是有一个主导阶段。

然后,更加重要的一点是它们的节奏不尽相等。占压倒性多数的活动之间的过渡看起来在中国要快于欧洲。我们可以提出以下观点:中国人通过媒体,甚至直接借去欧洲旅游的契机了解欧洲活动,即便他们的活动在中国人中是占压倒性多数的活动,旅游发现和购物的需要使他们去大都市[①]远比去海边的机会多。他们因此试图复制并适应欧洲活动。在这些演变过程中,中国年轻的几代人大概会将自己的活动和老人的活动区分开来。因此在中国

① 其他方式同样存在,如在西方大学就学期间,中国的年轻人能了解到"其他人"(即主要为西方人)在沙滩上做什么。

的海滩上，穿着开放的少年和青年并不少见；另一方面，在今天的中国，休息似乎更是乡村旅游的活动。

事实上，旅游从工业革命中汲取养分。它的发明是现下压力束缚越来越多的情况下必然的衍生，人们需要旅游来规律性的自我解放，放松身心。从发明沙滩旅游这一事件开始，一个多样化和占有沙滩的过程逐渐展开，它通过人们对沙滩不断加深的开发利用表现出来。它既是人们有能力发明新的和沙滩相处方式的果实，又见证了各种传统活动的渐渐消失。欧洲，之后是西方社会对其他社会的支配地位阻碍了其他非西方社会的发展。经济的发展和世界多极化倾向同样影响了旅游。今天，非西方社会进入了旅游领域并且让自己适应。这一过程是辩证的。一方面来说，发展模式具有相似性，这不仅跟模仿有关，并且跟人类本质有关。比方说，我们已经了解将新的土地归并到社会既定的生存空间里去这一过程具有阶段性特征。另一方面，另一些活动则与革新相关，这些革新通过之后在世界范围内的传播，也许会推动旅游的更新换代，正如美国人和他们的自然公园征服了欧洲一样。

四、总结

通过照片记录下来的中国游客在沙滩上的活动和欧仁·不丹在 19 世纪末画的颇具代表性的欧洲沙滩景象，两者的比较使我们提出一个尚在雏形的草案：人和沙滩不同关系正如既推翻以往又深植于时间的过程一样。

因此，中国社会通过多种多样旅游活动来占领沙滩的行为并非仅仅出于模仿。旅游的整体分析以及美国自然公园的先例使我们想到占有的行为伴有革新，同时伴有模仿。这一方法应该要深入下去，加进新的材料，并且扩展到对别的活动和空间的分析，比如说山岳。

参考文献

［1］ Marc Boyer, (1996), *L'Invention du tourisme*, Gallimard, Découvertes

［2］ Sylvine Chevalier - Pickel, Benjamin Taunay et Philippe Violier, (2013), *Patrimonialisation de la nature et dynamiques touristiques: spécificités et singularités d'un《modèle》chinois contemporain*, dans Patrimonialiser la nature, Vertigo, hors - série 16, juin 2013, en ligne http://vertigo. revues. org/13599

［3］ Jacquemart - André, du 22 mars au 22 juillet 2013

［4］ Alain Corbin, 1988, Le Territoire du vide. L'Occident et le désir du rivage, 1750 - 1840, Flammarion

［5］ Culturespaces, 2013, Eugène Boudin, catalogue de l'exposition au Musée

［6］ Philippe Duhamel et Philippe Violier, 2009, Tourisme et littoral, Un enjeu du monde, Belin, Sup Tourisme

［7］ Équipe MIT, 2005, Tourismes 2. Moments de lieux, Belin, Mappemonde

［8］ Équipe MIT, 2011, Tourismes 3. La révolution durable, Belin

［9］ Knafou Rémy, 1992, L'invention du tourisme in Encyclopédie de la géographie, p. 851 à 862

［10］ Rémy Knafou, 2002,《Scènes de plage dans la peinture hollandaise du XVIIe siècle: l'entrée de la plage dans l'espace des citadins》, Mappemonde, n°2, vol. 58,

［11］ André Rauch, 1998, Vacances et pratiques corporelles, PUF, Pratiques corporelles

[12] Francis Scott Fitzgerald, 1934, Tendre est la nuit, Édition Belfond, Le livre de poche

[13] Benjamin Taunay, 2011, Le Tourisme intérieur chinois, Presses Universitaires de Rennes

[14] Benjamin Taunay et Philippe Violier, 2012, L'émergence au prisme du tourisme chinois, Echogéo, numéro 21, en ligne http://echogeo. revues. org/13190

[15] Laurent Tissot, 2001, *Naissance d'une industrie touristique.* Les Anglais et la Suisse au XIXème siècle, Editions Payot, Lausanne

[16] Jean – Didier Urbain, 2002, *Sur la plage: mœurs et coutumes balnéaires aux XIXe et XXe siècles*, éditions Payot

岛屿之海滨:令人长期觊觎且处在私有化进程中的空间

——以巴利阿里群岛为例

米盖尔·赛吉·利纳斯[*①]著　黄晓岑[**②]译
(*西班牙巴利阿里群岛大学地理学系;**宁波大学人文与传媒学院)

摘　要　自古罗马时代起,海滨就一直吸引着人们前往休闲、观景、疗养。以"阳光"和"沙滩"为主要吸引元素,源远流长的海滨旅游传播日广,促成了大众旅游的诞生。千千万万的旅游者和当地居民纷纷来到海滨地带寻找他们的欢乐时光。与此同时,人类社会意识到必须保留这一空间以供公众使用,或者管制这一空间以满足战略需要或环保需要。于是乎,与海滨旅游大众化同步,多数国家最迟自20世纪下半叶起出台了海滨法。如今,这一现象业已遍及全球,海滨作为公共空间的概念也已深入人心。然而,进入21世纪,当全球化进程成为世界上的普遍现象时,我们透过大量事实发现公众进入和使用海滨地区正遭受越来越多的限制。海滨地带限制日多,使用日难,付费入内成为越来越普遍的现象。在形形色色的理由下,海滨地区的使用权正在持续私有化,目的无非是限制公众进入:环保需要,旅游目的地承载力问题,防止大众化,维护海滨城镇发展需要,等等。这一公共空间的私有化最终体现为公众需要付费才能进入和使用,结果是海滨空间成了某些富贵阶层的专享。如同意大利或法国南部,西班牙巴利阿里群岛亦是研究这一现象的绝佳案例。

关键词　海滨　公共空间　进入和使用　限制　私有化　巴利阿里群岛

一、绪论

海滨地区从早期的"人迹罕至之地"(Corbin, 1988)逐步演变成为21世纪令人觊觎的空间:法国学者Duhamel教授和Violier教授称此类空间为"世界第一大旅游目的地"(Duhamel, Violier, 2009)。大多数人类活动均可在海滨地区进行:居民定居与城市群空间聚集、产业安置、港口建设、贸易流通以及休闲场所修建。定居于海滨地区已演变成为当今的一大流行趋势,海滨地区因此成为吸引最多人流量的空间类型。

岛屿地区亦不排除在这一大势之外,并可从两大方面对其原因进行解读:一方面,岛屿自身具有独特的魅力,可以说世界上几乎所有社会对岛屿地区均表现出强烈的向往,人类的

① 米盖尔·赛吉·利纳斯(Miguel SEGUÍ - LLINÁS),男,西班牙人,西班牙巴利阿里群岛大学地理学系教授。
② 黄晓岑,女,浙江杭州人,宁波大学人文与传媒学院暨中欧旅游与文化学院助教。

想像为其赋予了巨大的吸引力;另一方面,岛屿因其地理特色,不论面积大小,其海岸线占全岛总面积的比重都是惊人的,由此,与大陆地区相比,岛屿之海滨空间的发展则尤显重要。

岛屿之海滨是一个被各种人类活动争夺的空间:城市化、工业化、交通以及休闲。各种活动相互竞争以求在这片空间中获得一席之地,其中经济因素发挥了优势作用。然而,如果说城市空间、交通和工业仅仅占据了有限的海滨空间,休闲产业则需要越来越多的空间以满足其需求。都市生活让人们逐渐开始希冀到安静、空旷的空间进行休闲活动,以获得自我放松。这一现象促进了人类在海滨地区的活动,并将这类空间改造成了一个人类延续性占用的场所。与此同时,出于保护海滨地区的目的,许多保护主义者纷纷声明以阻止人类活动侵占所有的海滨地区。

休闲空间并非海滨地区专有,它也可以存在于城市(尤其在市郊)以及其他各类地区,只是它从初诞生起就被使用这个空间的社会阶层所划定了等级。事实上,休闲被广泛用于社会阶层的区分,我们从古希腊雅典的中心广场或古罗马的城市广场中就可略见一斑,因为那里禁止女人进入。如今,这一社会区分更为显著,例如通过私有俱乐部、特权度假地等各种形式限制了公众空间的可进入性。如果说休闲活动是伴随着社会区分而产生的一种现象,那么休闲空间也因此成为区分不同社会阶层的工具。

海滨地区长久以来曾一直被认为是一类供人免费自由出入的空间,被多个国家划定为公共空间。传统而言,海滨地区的经典规划格局是沿海修建一条海滨步道,以供旅客观赏海景,海岸线布满了观景台和无数小道以方便游客进行各类活动,所有空间均为公共空间,出入自由。然而,旅游后福特时代的到来创造了新的需求和新的习惯,个人主义明显化,游客开始追求"个人化",需要"独自地"享受海滨美景。作为越来越个性化的活动,旅游或任意一种休闲活动开始突出强调其社会独有性,即拥有专属于自己的社会和经济地位,与他人区分开来,脱颖而出,成为一种"唯一"。

休闲行为习惯的演变以及休闲空间中的社会辨识需求的产生(这一需求在过去并不存在,因为以前只有上流社会才拥有进入休闲空间的权利),逐渐促进了部分地区的独家使用权的探索与开发,因此,在大众旅游到来之前,已从社会层面对这些地方进行了等级划分,从而避免被掩埋于大众旅游的洪流中。旅游企业与地方行政机构协同合作,使用各种方法保留不同度假地间的社会区分。

另一方面,在其他空间中,得益于公共空间的私有化,地方公共机构可以从中提高经济收益,因此,他们为在公共空间收取进入费的行为寻找各种可能的解释,这虽然与公共空间的建设初衷相违背,但随着贸易自由化及全球化的影响,这又显得合乎常理——除了在少数特别注重及强调公共空间使用权的社会。

二、休闲私有化的演变过程

将公共的旅游或休闲区域私有化的解释非常多样化,通常主要冠以提高服务和游览质量之名,例如:减少环境脆弱地区或拥有非凡价值的自然景致地区的人类活动、控制人流量及车流量、避免大众化及防止超过目的地环境承载量。但我们不会明说将公共空间私有化是为了进行筛选以避免经济弱势群体的进入,或是阻止当地居民"打扰"旅游者的游览参观等。

当我们观赏戏剧表演时也存在着社会区分，通常表现在将观赏者安置到大厅不同区域，其票价和观赏视野也相应不同，因此，可以说是通过价格来成功实现社会区分。同样的方式被运用到公共空间的私有化，但可能采取更委婉的方式来掩盖其根本目的。

只有一些集市、宗教节庆等活动可以在短时间内（几小时）将各个社会阶层混合在一起。然而，这些活动也逐渐趋向在限制性空间内举办，人们需要付费进入，这片空间因此被部分群体所私有化，并成为社会分层的一项工具（Enríquez, 2008）。

如果说一个社会可以接受付费观看表演或者实现任意一项休闲活动，那么为什么不能付费观赏落日或其他美景，抑或是享受一片沙滩？因为不论对当地居民而言，还是对旅游者而言，这些地方或活动也同样能给人带来愉悦（Vera et alter, 1997），吸引人前往。付费进入的体系是一种社会阶层识别的方式。去健身中心锻炼或去海滨地区度假均是如此。得益于金钱这一工具，可以实现对顾客的筛选，因此，部分客户群体得以享受一些专享区域，与大众群体区分开来。

这一演变过程可以被总结为："社会化所有权向私有化所有权转变的热点现象，可以解释为某些资源和空间的公共可进入性逐步资本化的一个转变过程，也即是所有权和利益的集体化向个人化转变的过程"（Cruz et alter, 2012）。

三、海滨私有化的演变过程

21 世纪以来，由于旅游是体现社会地位和带动经济收入的理想产业，我们注意到海滨地区及所有旅游热点地区均出现了私有化现象。

在英美语言文化和经济贸易自由国家，海滨地区和旅游空间私有化的转型非常顺利，这一情况更偏向于个人享乐所带来的私有化。然而在拉丁语或地中海文化的国家，由于其公共社会意识更为突出，主要是政府推动私有化的发展，通常通过征税或将经营权转让给私有企业等手段。

我们在加勒比海域（Córdoba & García, 2003; González & Palafox, 2006; Enríquez, 2010; Burgos, 2011）或美国（Villanueva, 2010）的岛屿及沙滩更容易找到英美式私有化案例。

在这些美式空间，我们可以发现两种不同的形式：度假村和第二居所。

为使饭店住客得以享用专属的沙滩，度假村是海滩利用私有化最为普遍的一种形式，主要通过两大体系来实现海滩私有化：

——沿海延续性地建造一系列度假村或酒店，相互之间不留空闲空间，以导致当地居民无法直接进入海滩。

——利用私人守卫阻止他人越界进入私有土地，变相使得土地所有权得以向相邻海滩延伸。

这一建立在海滩独享理念上的模型并不是一项创新。自 20 世纪 60 年代起，地中海岸俱乐部就已开始使用这一方式，利用其全封闭式度假村加强与外界的隔绝（见图 1）。

而第二居所的情况亦是如此，因为在海滨建造第二居所会涉及该片区域的全面城市化，没有道路会被建设在这片区域，由此阻隔了外界与海滩的直接相连。通过城市化土地整治，

图1 酒店群的建造构成一道真实存在的屏障，阻断外界与海滩的联系

海滩成为公有和免费的场所，但不拥有面海别墅的人无法进入这片海滩，当地居民若不绕一大圈（有时甚至是几公里路程），无法进入该片海滩（见图2）。

图2 海滨区域的全面城市化限制当地居民任意进入海滩

在拉丁或地中海文化国家，海滨或旅游地私有化往往带有征税的目的，以支持市政经济。

意大利黑米尼的度假胜地瑞吉欧海滩就是一个明显的案例。在这一案例中，海滩被完全私有化，因为必须付费才可进入。

海岸被分割成不同颜色标示的小块，游客只需付“门票”即可获得全套服务。沿路建造一排换衣间，像一堵城墙般阻挡了通往大海的道路，因此必须要付费才能进入，并且这堵“城墙”也阻隔了在海滨步道散步的人观赏海景的视野（见图3）。不同商家间由于存在竞争关系，所提供的服务内容和质量也不尽相同。通常，从海滩到海滨步道依次排列遮阳伞和躺椅、冲凉间、酒吧、运动场地及设备，甚至泳池。得益于此方式，有些酒店可以声称其“拥有私有化海滩”。

图3 这片“城墙”阻隔游人通往大海，同时也阻碍在海滨步道散步的人观赏海景

在西班牙，对海滩进行半私有化利用的传统形式是从海滨旅游城市的部分服务中抽取税收，例如躺椅和遮阳伞或脚踏船的租借等，但除此之外的其他服务通常是免费提供的，例如冲凉服务（当然也有付费的冲凉服务）。

这些服务的开发一般是在旅游旺季期间承包给私有企业，并通常以公众召集的形式通过拍卖竞标。因此，海滩的一部分变成了收费区域，当然还剩一部分区域仍属于公共和免费区域（见图4）。

图4 海滩私有化服务的开发极大地限制了海滩的公共及免费可进入性

四、海滨私有化管理实例

在巴利阿里群岛,除了使用西班牙其他地区广泛应用的海滩开发模式,还利用其地貌或保护区域的特色来植入另一项收费(或征税)服务——停车场。

在大多数城市或旅游地区,将车停在一些付费停车场是一件很寻常的事,然而在巴利阿里群岛停车场的建设及其周边配套管理,可以阻止不付费游客进入海滩或其他旅游地,从而间接对海滩或其他旅游地征收门票(见图5)。这是利用海滩和享受自然或人文遗产私有化的另一种形式。

图5 图示标记区域为该地区仅有的几处人类可进入海滩的入口,因此直接导致游客需要付费停车方可进入这片未开发的海滩

最早的案例可以追溯到1990年，位于西班牙马略卡岛的一大片未开发的海滩——爱斯·特蓝克沙滩（Es Trenc）。法律规定要保护这片沙滩及其被松林围绕的沙丘系统，这是最早被法律保护的自然空间之一，也因此吸引了当地居民和游客前来享受这片美丽的地方及其优质的环境。距这片沙滩中心2千米处建有一个大型的政府特许私有停车场，常年开放、全天包价。逐渐地，到访此沙滩的客流量增大，人们在沙滩两端的小型海滨度假地找到停车的地方，然后步行至爱斯·特蓝克沙滩。为了阻止这一行为，这两个小型海滨度假地——尽管它们分属于不同的城市——引进了按小时付费的系统，覆盖了其所有的土地，阻断了曾经可行的免费停车的可能性，由此迫使游客支付停车费用以获得进入海滩的可能性（见图6）。值得一提的是，只有在旅游旺季，在这两个相邻的海滨度假地才实行付费停车。

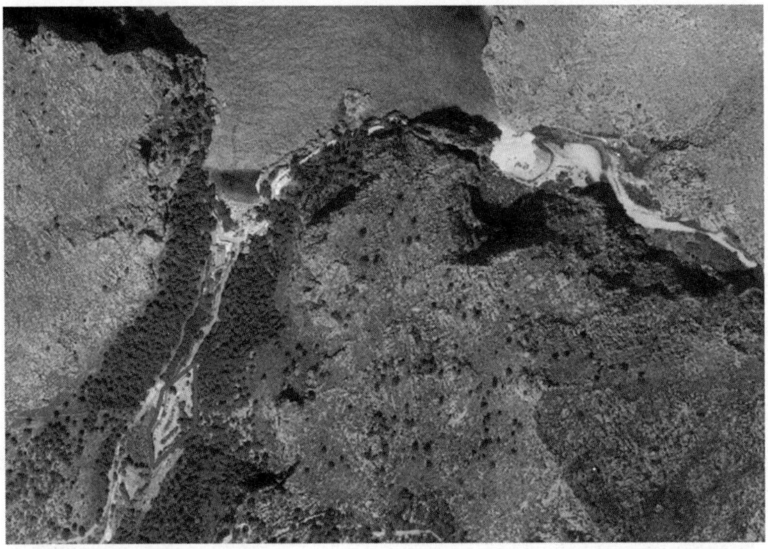

图6　图示标记区域为该地区唯一一个收费停车场，其他所有地方禁止停车

马略卡岛上的这一案例可以说是这一领域的尝鲜者，这一模式也逐渐被其他旅游地所借用。

第二个案例于10年后的1999年出现在西班牙马略卡岛巴莱斯急流（Torrente de Pareis）。急流入海口形成了岛上最为令人震撼的美景，成为了所有参观特曼恩塔纳山（Sierra de Tramuntana）的游客的一个必到的旅游胜地。要到达这个景点，游客必须穿越一条高难度的曲折山路，这条山路首先攀上马略卡岛上最高的山脉，然后从海拔750米的地方蜿蜒而下，途经众多山路急转弯。当游客到达目的地会发现在那里除了停车场，其他地方均无法停车。当然，在经历一小时高难度山路后，没有人愿意不参观美景而直接打道回府，因此只得被迫无奈选择这种形式的付费。除了山路，还有另一个方法可以抵达这个美丽的地方，即通过海路，但是这种方式本身就已经是一种高消费方式，换言之，在游客出发前就已对游客进行了限制。

这个案例中的停车场属市有，但由一家私有企业经营，并拥有25年的开发权。停车场只有在旅游旺季才采用付费形式。

弗蒙托海滩（Formentor）是一个特别的案例，因为那里的停车场不是公有财产。公路可以直达这片海滩,但却没有公共的空间可以允许免费停车,只有酒店在其土地权范围内自行开发的一个大型停车场可供人付费停车,除此以外,游客只能非法停靠在路边,而等待他们的则是冒罚款之险。与此同时,为了维护其独享权,这片区域的别墅主们不愿将通往他们别墅的道路变成游客方便停靠的柏油马路,因此将路用铁锁拦起来,以阻止旁人的进入。这是另一个海滩利用私有化的形式,这一案例中酒店成为获益方。

逐渐地,注意到这些方式带来的经济效益,马略卡岛除海滨地区以外的其他旅游地区也相继采用相似的方式,如法德摩萨(Valldemossa)和吕克(Lluc)两地。

法德摩萨(Valldemossa)是一个山中的小城市,以其传统建筑和修道院闻名,法国著名女作家乔治·桑和波兰著名钢琴家肖邦曾在此生活。得益于旅游,这个城市得到了飞速发展,它的市长将停车场看作一项支撑城市微薄开支的经济来源,甚至可达到入大于出的成效。公路将老城区和新城区区分开来。老城区的路十分狭窄并且主要为步行道,只有居民才有权驾车通行;但是在新城区,有两个停车场被修建(见图7),那里的马路也变成了付费停靠,这导致所有游客必须要付费才能进入老城区参观。在这里,为了可以持续性地接待新来的游客,停车场最多只允许车辆停靠两小时,但对于停车场和付费道路的政策行为,官方给出的解释从来不是与旅游相关,而主要是城市规划特殊条件需要、城市环境的分类和保护等。

图7 图示标记区域为法德摩萨市(Valldemossa)为方便游客到访参观而修建的两个公共停车场

最后一个案例是吕克(Lluc)修道院和埃斯科尔卡市(Escorca),这两个地方几乎是同时开始使用付费停车场的模式。

传统上,这个修道院是全岛的精神核心并吸引了许多马略卡岛居民前来朝圣,但是近几年来,尤其是旅游后福特模式引进之后,山地徒步者成为了这个地方的稳定客源,来此地进行周日礼拜的当地居民逐渐减少。

当地市镇为了得到重要的财政来源,在修道院的土地上修建了一个拥有1 000个停车位的大型停车场(见图8),并禁止在本来就为数不多的市镇公共空间停车和关闭了修道院附近的一些小型市镇停车场的政策,而这些小型停车场原来主要被一些野营者使用。因此,人们若要到访修道院或去周边山脉中徒步,则被迫只能将车停靠在停车场。

图8　吕克(Lluc)的停车场

五、结论

正如我们所注意到的,海滩和公共空间私有化进程是一个全球化现象。如今,世界各地已普遍接受需付费获得观赏美景许可,或者参观遗产建筑。并且,付费是一个社会分级的信号,一个地方的门票越贵,这个地方则越为重要,人们则认为具备支付能力和获得进入权是其身份的象征。

通过媒体宣传和经济自由思维的洗礼,私有化逐步演变成了一项事实,当地居民的抵抗变得越来越微弱,一名修士可以接受无法进入一家巴瓦罗的度假村的沙滩的事实,一位马略卡岛居民为了去观赏美景或享受一片未开发的原生态海滩则需要支付停车费。

尽管其结果几乎一致,根据空间传统受英美文化或拉丁文化影响,其采用的私有化模式亦不相同。前者更为直接地将公共海滨空间转化为私有化,而后者则通过倾向于借助一些迂回的说法来支撑其私有化的策略。由于在拉丁文化地区,人们的公共空间观念更明显,因此需要更委婉,往往需要寻找一些其他的解释,尤其是借着环保的头衔。

在海滨地区,相较于英美文化地区,拉丁文化地区的政府倾向于使用一系列的原因来解释其私有化政策,如:保护环境、避免大众化、控制环境承载力等,并且还向使用者提供一系列服务和向市民确保接待质量。

最终,所有的人都因为随主流而接受了私有化,反抗私有化的声音日渐式微。人们从享有特权的公民逐渐变成了消费者。

参考文献

[1] BURGOS, S. P. (2011). *Uso y apropiación del espacio público en el litoral caribe colombiano: caso Santa Marta.* Tesis doctoral inédita. Instituto de Estudios Caribeños San Andrés Isla, Colombia.

[2] CORBIN, A (1988). *Le territoire du vide. L'Occident et le désir du rivage* 1750 – 1840. Aubier. Paris.

[3] CÓRDOBA, J & GARCÍA, A (2003). Turismo, globalización y medio ambiente en el Caribe mexicano. *Investigaciones Geográficas, Boletín del Instituto de Geografía*, Núm. 52, 2003, pp. 117 – 136.

[4] CRUZ, E., et al. (2012). Las dinámicas de dominación capitalista en el espacio rural: la configuración de paisajes turísticos. *Cuadernos de desarrollo rural*, vol. 9 (69), 151 – 174

[5] DUHAMEL, P. & VIOLIER, P. (2009). *Tourisme et littoral: un enjeu du monde.* Paris, Belin.

[6] ENRIQUEZ, J. (2008). Las nuevas ciudades para el turismo. Caso Puerto Peñasco, Sonora, México. *Scripta Nova. Revista Electrónica de Geografía y Ciencias Sociales.* Barcelona: Universidad de Barcelona (en línea), vol. XII, núm. 270 (91). Disponible online: http://www.ub.es/geocrit/sn/sn – 270/sn – 270 – 91.htm [Consulta: 12 de julio de 2013].

[7] ENRIQUEZ, J. (2010). El escenario turístico en Puerto Peñasco. Efectos sociales y urbanos. *Diálogos Latinoamericanos*, núm. 17, 2010. Aarhus Universitet (Dinamarca).

[8] GONZÁLEZ, M. & PALAFOX,. A (2006). Producción del espacio turístico en ambientes sensibles: Isla de Cozumel (México) y Cayo Las Brujas (Cuba). *Estudios y Perspectivas en Turismo*, vol, 15, pp. 149 – 178.

[9] VERA, J. F et al. (1997). *Análisis territorial del turismo.* Barcelona, Ed. Ariel.

[10] VILLANUEVA, A. (2010). *La protección de las costas en Estados Unidos (II): las playas.* Documento de trabajo. Seminario permanente de ciencias sociales. Facultad de ciencias sociales de Cuenca.

栖身"全球式海滩"

——身体表现方式的想像和行为准则

马蒂斯·斯托克*①著　黄晓岑**②译

（*瑞士库特·博什学院旅游学院；**宁波大学人文与传媒学院）

摘　要　发源于西方的海滩旅游已扩散到中国。这引发了我们对海滩旅游活动规范和认知的传播与诠释的思考:中国人的海滩旅游活动究竟属于"新型"的旅游行为,还是仅仅是对西方人海滩旅游活动的"模仿",抑或是随着曾经在这个国家长期不受重视的旅游业在近20多年里得到了迅猛发展,此前本就存在的海滩旅游活动发生了演变? 看待身体的新观念与表现身体的新方式突然出现在中国这样一个人与海洋关系曾经有别于西方的社会里促使我们深思。在全球化的今天,不同社会对海滩的想像以及在海滩上的行为趋于相似,正因如此,学者 Löfgren(1999)提出了"全球式海滩"的概念。事实上,由于随着旅游观念在全球的普及,与之相关的知识和信息在全球旅游圈里得到了传播。本次报告旨在梳理1900年至2000年间欧洲、美国及亚洲的海滩旅游活动中展现的身体表现方式。首先,笔者将讨论比较不同文化背景下的旅游行为的可行性及风险性;其次将构建本研究的理论概念体系;最后将通过实证分析来阐述研究结论。

关键词　海滩　"全球式海滩"　旅游活动　身体表现方式　传播

发源于西方的海滩旅游已扩散到中国,这引发了我们对海滩旅游活动规范的传播的思考。在全球化的今天,不同社会对海滩的想像以及在海滩上的行为趋于相似,看待身体的新观念与表现身体的新方式突然出现在中国这样一个人与海洋关系曾经有别于西方的社会里。受学者 Orvar Löfgren(1999)提出的"全球式海滩"的理念的启发,我们联想到多种人类对海滩的想像和在海滩上人类身体表现的准则。这一切都可融入旅游全球化的大环境中。因此可以说旅游者栖身于一个全球式的海滩,即在一个特殊的空间中,其身体表现受想像参照和全球范围内通行的准则的影响。由此可以得出,在旅游全球化的今天,人们栖身于"全球式海滩"。

一、旅游全球化

诺伯特·埃利亚斯(Norbert Elias)提出了"构型"理论(configuration),这一理论可用于

---

① 马蒂斯·斯托克(Mathis STOCK),男,德国人,瑞士库特·博什学院旅游学院副院长,跨学科旅游研究中心教授,博士生导师。

② 黄晓岑,女,浙江杭州人,宁波大学人文与传媒学院暨中欧旅游与文化学院助教。

从构建的角度看待"由个体组成的社会",即一个整体中的个体通过不均等权利关系而相互联系,因此个体之间相互依赖。这个由个体组成的整体即被称为"构型"(configuration),不同的游戏规则决定了不同的构型,如:管弦乐队、足球比赛或者地图的一部分、城市、国家——民族、人类社会等均可通过多个调节机理而联系在一起,这些调节机理可以是桥牌游戏规则、足球比赛规则,亦或是法律法规等。

由此,我们是否可以认为存在一个"世界旅游构型"(configuration touristique mondiale),换言之,是否存在一个由旅游者组成的社会,在这个社会中可通过多个调节机理和权力关系而将其组成个体联系在一起?"对刺激的寻求"(Elias & Dunning, 1986)是否是一个特殊的构型的载体?事实上,从地理的角度及从旅游行业参与者的角度均可观察到多种构型,我们可以称之为"世界旅游场域"。

布迪厄(Bourdieu, 1984)认为场域是一个基于特定规则的不同立场的构型。"对一个场域进行定义首先需要定义其自身独特的挑战和利益,不同场域的挑战和利益各不相同(一位哲学家不能解决地理问题),并且不属于某一场域的人无法察觉到这个场域所独具的挑战和利益(属于一种利益分类意味着漠视其他的利益、投资,因此某些利益会被认为是荒谬的、疯狂的,或者高尚的、无私的)"(p. 113 - 114)。也正是如此,我们可以构建一套剩余价值和行动者行为、能力及各种"资本"的"限制"的分析。得益于此,布迪厄成功展示了权力和剩余价值如何变得有效及成功了解了资本及场域的本质特性之间的游戏规则。这一分析与构型的概念十分接近,因为我们在后者中也发现了众多个体通过不均等权力而相互联系。勿需过多深入,我们便已注意到三大成果:场域的本质特性;其构建基于利益与挑战;资本是能力和才干的总和。

布迪厄将场域理论应用到了不同领域并研究了美学场域、政治场域、科学场域及文学场域。罗伯森(Robertson, 1994)则在"世界宗教场域"的研究中提出了全球化场域的概念,展示了全球化如何继承人类社会的世俗化。我们是否可以将这一想法运用到旅游研究中?旅游是否可被看作是一个与国家的政治场域共同组成的一个相似的挑战和利益的总和?以现有的旅游业参与者为例,我们注意到其异质性。旅游的施动者由旅游地的参与者组成,由于现有旅游业参与者表现出极大的异质性,因此他们在对旅游发挥作用的同时并不是以旅游场域(其中需要一定的同质性和利益的结合)为出发点。由于旅游参与者的多样性和异质性,其所使用的基础设施亦不相同,因此许多旅游参与者认为将多种旅游服务(如餐饮业、酒店业、交通、博物馆、旅游局、主题公园等)合并起来是一件艰难的事。

Clivaz, Nahrath & Stock(2011)提出假设,认为一些旅游地可以归并入一个全球化旅游场域并共同拥有一个旅游资本。这是理解全球范围内的竞争的一种尝试,这些竞争影响旅游地的发展。一个度假地的旅游资本被"地方"(指地方局域性)旅游系统参与者所"调用"(一定程度的战略性调用),从而有利于面向国内和国际(全球范围)旅游市场对旅游地的旅游产品进行定位,换言之,这也是处于一个(全球化)构型的框架中,这个构型由全体参与者/行动者(个人、群体、公司企业及公共和私人组织机构)、制度(法规、准则及其他国际、国家和区域章程法令)以及地方(旅游地、城市、景点等)共同组成,这些组成个体均与旅游的特殊利益相关,包括经济、政治、社会、环境、法律、个人等各方面利益。我们称之为"旅游场域",在这个构型中对特殊利益的识别可以使旅游度假地的参与者有效调动和"玩弄"其"旅游资本"，以成功利用其竞争优势在这场既是商业又是非商业的游戏中进行自我定位。

这个全球化场域可以从地理学的角度来理解，我们可将其看作是一个由多个旅游地组成的网络，或者看作是以空间关系（距离、局限、位置、地理想像）为核心的多个旅游参与者组成的复合网络。全球化旅游场域的空间性指将多个与空间相关的方面相互叠加来作为一个研究角度，使出现一个旅游地的总和，这些旅游地因竞争和合作关系而相互依存。以滑雪旅游地为例，这些旅游地相互间不只是存在竞争关系，面对旅游者选择活动的其他新兴旅游地（如热带旅游目的地），这些滑雪旅游地之间还存在着合作关系。第二个值得注意的是，并非所有旅游地的知名度和旅游强度都是一致的：正如 Chadefaud（1988）所提出的"空间识别"，即一个以旅游地形象或旅游到访量为评价标准的全球性等级划分。

将世界旅游场域理论从地理学角度投入实践的一个方式是将旅游地的全球网络精确化。基于全球城市网络，我们可以衍生出一个全球范围的旅游地网络。换言之，这些旅游地的辐射范围为全球，依据旅游到访量来划分重要旅游地。

"空间延伸和活动密度的双重增长不仅仅是伴随着时间发展而带来的产物，还同时揭示了探索发现的网状基本特征和休憩与游戏的晕状基本特征。世界旅游热点地区，包括兼具旅游功能的大都市（巴黎、伦敦、纽约等）、旅游城市（威尼斯、布鲁日等）、自然景观（伊瓜苏瀑布、克留格尔国家公园、艾尔斯巨石等）或人文景观（马丘比丘、吴哥窟等），这些旅游热点地区组成一个复合网络的核心支点，旅游者——尤其是以探索发现为目的的国际旅游者——到访网络中的各个地方。这个网络也包括其他类型的旅游地，其大小和本质非常多样化，如旅游城市群、市郊休闲与旅游区域等[…]，这些地方的发展主要依托于休憩和游戏，针对区域或国内市场。"（MIT 研究团队，2011）

这段关于旅游的主要空间性的描述非常有意思，其中提到了旅游地的网络，不仅包括大都市，还包括旅游景点。它为构建"全球旅游空间"提供参考，如城市、景点、旅游地、度假村的排列组合，并通过形象、游客和资本的传播而相互连结。当然，除了这些系统内部组成因素之外，也不能排除法律、科技和各种行为活动等背景。所有这些事物的总和构成我们所希望构建的"全球旅游场域"。

二、身体表现方式的传播

海滩是一个很典型的案例。除了不同海滩地区的地理、社会、经济等差异——有时文化差异确实会带来巨大的影响，例如美国和南非的黑人和白人的种族隔离、伊朗的男女隔离、地中海和北欧地区的身体表现文化差异、城市化文化差异等，不同海滩地区间是否存在一个共同的参照模型来构建一个共同的海滩文化？"全球式海滩"理念（Löfgren，1999）中的"阳光、沙滩和海"的参照模型也许是全球范围内广泛普及的旅游文化元素之一。"波利尼西亚人"成为人们憧憬的海滨参照模型（Urbain，1994）。在此基础上，加上其他工具（如防晒霜、墨镜、泳衣等）和身体表现方式（如卧在沙滩上并"摆出姿势造型"、欣赏其他人的身体而不会令人产生冒犯的感觉、避免被晒伤、游泳等），通过这些不同之处来与其他海滩区分开来，甚至用以识别不同的海滩文化。

组成"旅游世界"的社会阶层的不同，也可影响不同旅游文化的形成。"中层阶级的乌托邦村舍文化并不是在他们时髦的度假村中继续复制这些社会精英们的度假习惯,反倒表现出抵抗的态度。”(Löfgren, 1999, 278)。Löfgren(1999)认为“村舍文化”的回归是旅游行为的一种特殊形式,改变了夏季海滨短居的形式。他同时提出“全球式海滩”是否可以作为旅游者共同的文化参照模型。“自从学习了用新的方式在水中活动,旅游者进入了下一个阶段。他们开始开发太阳浴这一艺术”(1999, 222)。在人们学习适应各种海滩活动形式的同时,Löfgren 指出了存在于标准化行为和个人化度假经验之间的矛盾。

第二个问题是旅游行为和技能的学习。“我们如何掌握成为旅游者的技能”(Löfgren, 1999)? 这个问题不仅涉及旅游者个体和(技能)学习渠道,还涉及社会整体。因此需要关注不同社会的可进入性和这一社会性创新在社会中的传承。比如英国人在 18 世纪创造的旅游行为于 19 世纪起开始逐渐传播到欧洲、北美洲、南美洲、日本和大洋洲。又比如日本人、韩国人和中国人在近 30 年来逐渐接受旅游这一文化。“海滨不只是一系列景色和散步,更是一个新的有情感的地方、一片供人体验的场地,在那里你可以质疑、规避甚至违抗一些资本主义城市生活的准则、习惯和常规行为。”(Löfgren, 1999, 118)

“身体表现方式”在这里发挥着重要的作用。Marcel Mauss(1934)以如下方式提出这一理念:“我是这样理解这个词的:自古以来,每一个社会的人们都知道如何去使用他们的身体”。例如后文中将详述的卧在沙滩上以及与他人保持距离等身体表现方式。这些“身体行为”元素与一个调节(同时也受到抵抗)这些的新的身体表现方式的准则系统相关联。

18 世纪中叶在英国诞生的海滩是一个研究新的身体表现方式的调研地,历史学家 Alain Corbin 对此做了深入研究。他提出了一个“新的身体和谐”:“冰冷的海水浴不仅带来惊骇,还给人以寒冷的刺激,由此带来神经收缩并激发细微的情绪变化,从而使人保持紧张的状态。”(原稿:Floyer, Histoire du bain froid, 1702;由 Corbin 引用, 1988)。

新的参照模式由此诞生:“如果说海滩——尤其是热带地区的海滩——起初给人以荒芜的印象,那么想像可以使之变为一个丰富的空间。夏威夷的旅游宣传展示的是一个空旷的原生态空间,如同人们印象中的典型的岛屿模型一样,然而事实上,在威基基海滩上总是聚满了前来度假的旅游者。在夏威夷,和世界上其他海滩一样,‘海滨度假者’为自己挑选媒介,包括通过多种多样的防晒霜来赋予一层非物质的面纱,或者通过晒黑和纹身等行为来维系原生态的幻象。”(Coëffé & Violier, 2008)

三、海滩的空间准则

准则可以理解为“与社会运转行为相契合、正式或非正式的社会性规则和规定的总和”(Ruby & Lussault, 2003)。准则(即正式或非正式的法律和社会规则)以特殊的方式确立在沙滩临时居住的制度,尤其是与出入和着装相关的方面。准则有时也被称为“空间规则”,用以规定空间掌控的表现方法。从这个角度理解,我们发现个体的空间掌控方式已发生改变,尤其是参照模型的转变,例如基本已实现各国国内的“自由”通行,而国际“自由”通行虽然尚未得到全面实现,但已在局部区域取得了成功。然而,随着人们自主能力的提高,各地方在出入管理上越来越严格,一些相互独立的区域相继出现,分别仅对部分人群开放自由通行。“地理分割”和可进入性的矛盾日益严重化,成为当今社会居住制度的一个重要挑战。

Granger(2009)重新梳理了两次大战期间法国着装准则并指出一些有意思之处："……识别海滨裸露的意义所在。然而这不仅仅是裸露，还涉及现代美学的问题：事实上，沙滩上的裸露赋予身体新的度假风尚。与众不同的是，这个现代美学强调不受约束，它不需要任何理由和依据，因此为使其得到快速发展，需要制定一条放弃一切规则的规定"(Granger, 2009)。

事实上，人们对于沙滩上身体表现的价值观发生了改变，在自发出现并风头旺盛的享乐主义面前，上流社会所一直强调的体面逐渐失去了其重要地位："在这个社交关系发挥重大影响的价值市场中(例如婚姻重组和身体吸引的介入)出现了一些新的区分规则，由此需要重审各种价值的地位：海滨身体裸露所表现出来的天性与自发性、社会阶层的消除与身体的直观可视、意图的透明化与自我放任的享受等，其价值远高于逐渐消失的一战前主流的体面、廉耻和为人处事的一些习惯模式"(Granger, 2009)。

Granger 在其著作中着重强调这个改变带来的对立和冲突。我们在报刊中常常能看到有关此类争议的文字记录："法国家庭？我们或许可以称之为这帮没有着装节操的裸露横躺的东西？看那个挺着大肚子的父亲，看起来比他的儿子更可笑；还有那肥胖的母亲，算了，我们还是别浪费精力去思考究竟该指责她犯了侮辱美学的罪还是有失端庄之错吧？这些长着人脸说着清晰语言的动物还可以有什么尊严可谈？他们拖累了这个种族根本的品质、端庄、廉耻、谦逊、体面、自尊。到处都是一些头脑不清楚的和品味怪异的人"(原稿：La Nation, 1932 年 8 月 27 日；由 Granger 引用，2009)。

还有一些向市长上访的请求颁布官方意见的申请："考虑到加莱市的海滩以家庭度假者为主，(本委员会)对此放任态度深表惋惜，并于过去几季在地方报刊杂志上发表声明[…]。为了避免由此带来的各种不便，本委员会恳请市长先生颁布一套法令以对泳装着装、海滩上更衣行为、浴巾着装、太阳浴等做出规定，如同众多大型海滨度假地所实行的，尤其是比亚里兹(Biarritz)、巴约讷(Bayonne)、多维尔(Deauville)、维姆勒(Wimereux)、马洛勒班(Malo - les - Bains)等"(Granger, 2009)。

一些城市尝试出台法令以对这些争议规范化，着重强调空间的大小以及禁止的区域和行为。例如，滨海布洛涅市(Boulogne - sur - Mer)于 1934 年出台了一纸政令，如下为其中一段摘选："泡海水浴者严禁在海滩、海滨散步堤、海滩上搭建帐篷(除被不透明布覆盖的封闭式帐篷，并且无法从外面看到内部更衣者的更衣行为)。严禁在停靠于边界地区的小路和公园的车内更衣"(Granger, 2009)。

这里，海滩被以相似的方式管控，仍是对身体着装进行规定，但规定更为严谨："严禁在公共通道或在海滨散步堤着泳装通行。泡海水浴者在海滩以外区域换上泳装后需外披一件带扣或封闭式浴袍(能遮住全身)，方可进入海滩地区。"(Granger, 2009)。

我们注意到在这些规章中，不仅是海滩，连公共道路和海堤也被列入相关区域。并且，甚至通行也受到管控，海滩上已有的帐篷也必须要接受一系列安排以确保通行顺畅并不受影响："在沙滩上搭建帐篷，需在预留一个至少 2 米宽的通道，以保证从入口处出发可以直线抵达泡海水浴的设施处[…]"(Granger, 2009)。所有协同管控包括身体裸露问题在内的海滩行为的安排成为一个社会和空间的挑战问题。

结论

这项研究的假设为:在全球范围内人类想像接近的地方,人们的身体表现方式呈现相似性。我们可以在不同的国家找到佐证案例。Kolke(2010)重绘了1800年至1900年间德国海滨度假地的旅游者身体表现方式是如何改变的。特别是海滩作为行为学标准化出现的核心地区,体现了海滩作为公共空间的重要性。在法国,Furlough(1993)强调在地中海岸俱乐部建立一套身体美学标准的重要性:"这个项目的关键曾经(以及现在)是对一个年轻的、健康的、运动的、性感的身体的无尽渴望和不可获得或重获得性——理论上一个人可以获得,但事实上永远不可能达到满足。地中海岸俱乐部一个独特的吸引点是其通过创造一个融合'原始'波利尼西亚人的文化景致在渴望和缺乏之间用一种积极的方式平衡两者的相互作用。在这个案例中我们发现了对融入自然和在精神和身体健康中寻找性感乐趣的文化的一种渴望。"(p. 80)。因此,我们注意到新的身体表现方式基于对自我控制的放松。在美国加利福尼亚州,旅游和作为公共空间的海滩同样重要(Entrikin, 2005)。对佛罗里达州而言,借助于图片(http://www. floridamemory. com),我们可以重绘百年来沙滩上的身体表现行为的演变,从而理解身体表现方式的相似性是如何存在的。

参考文献

[1] Bourdieu, P. (1984). Questions de sociologie. Paris: Minuit.

[2] Chadefaud, M. (1988). Aux origines du tourisme dans les pays de l'Adour. Pau: Université de Pau et des Pays de l'Adour.

[3] Clivaz, Ch., Nahrath, S. et Stock, M. (2011). Le développement des stations touristiques dans le champ touristique mondial. Mondes du tourisme (hors série《Mondialisation et tourisme》, dir. Ph. Duhamel et B. Kadri), pp. 276 – 286.

[4] Coëffé, V. et Violier, Ph. (2008). Les lieux du tourisme: de quel(s) paradis parle – t – on? Variations sur le thème de l'urbanité touristique. Articulo: Journal of Urban Research (4) http://articulo. revues. org/158

[5] Corbin, A. (1988). Le territoire du vide. L'occident et le désir du rivage (1750 – 1840). Paris: Aubier.

[6] Davidson, R. A. et Entrikin N. J. (2005). The Los Angeles Coast as a Public Place. Geographical Review, vol. 95 (4), pp. 578 – 593.

[7] Elias, N. et Dunning E. (1986). Sport et civilisation, la violence maîtrisée. Paris: Fayard.

[8] Equipe MIT (2011). Tourismes 3. La révolution durable. Paris: Belin.

[9] Furlough, E. (1993). Packaging Pleasures: Club Mediterranée and French Consumer Culture. French Historical Studies, n°1, pp. 61 – 81.

[10] Granger, C. (2008). Batailles de plage. Nudité et pudeur dans l'entre – deux – guerres》. Rives Méditerranéennes (30) [En ligne]: http://rives. revues. org/2423

[11] Kolke W. (2009) Körpergeschichte(n) am Strand. Bürgerliches Seebaden im langen 19. Jahrhun-

der. Voyage. Jahrbuch für Reise – und Tourismusforschung, pp. 23 – 34

[12] Löfgren, O. (1999). On Holiday. A History of Vacation. Berkeley: University California Press.

[13] Mauss, M. (1934). Les techniques du corps. Journal de Psychologie, XXXII, n°3 – 4.

[14] Robertson, R. (1994). Religion and the Global Field. Social Compass, vol. 41 (1).

[15] Ruby, C. et Lussault, M. (2003). Normes. in J. Lévy et M. Lussault (dirs.). Dictionnaire de géographie et de l'espace des sociétés. (pp. 667 – 669). Paris: Belin.

[16] Urbain, J. – D. (1994). Sur la plage.. Paris: Plon.

旅游地的开放与封闭

——基于法国布洛涅海滨一个半世纪旅游发展历程的探讨

奥利维耶·拉萨罗帝①

摘　要　布洛涅地区是现代旅游发源地之一。它在19世纪中叶至21世纪初期的旅游发展历程代表了区域旅游化进程的两个重要阶段。布洛涅地区的温默荷市是该地区旅游发展的先锋,极具代表性。文章以温默荷市为典型案例地,重点探讨到访一个地区(特别是海滨地区)的旅游人数与该地区"旅游价值开发"之间存在何种关系、如何通过分析某一地区"旅游价值开发"的具体案例来理解这一概念等系列问题。

关键词　开放与封闭　布洛涅海滨　温默荷市　发展历程

布洛涅地区位于法国北部,北濒加来海峡②,自古为法英之间的交通要冲,也是现代旅游发源地之一。它在19世纪中叶至21世纪初期的旅游发展历程代表了区域旅游化进程的两个重要阶段(Equipe MIT, 2005)。从某种意义上来说,尽管这两个阶段都发生在同一地区,但却看似相互矛盾。布洛涅地区的温默荷市,位于其首府滨海布洛涅市以北仅几千米,是该地区旅游发展的先锋,极具代表性(Lazzarotti, 2008)。因此,针对本文接下来要探讨的一些问题,温默荷市正是值得研究的典型案例:到访一个地区(特别是海滨地区)的旅游人数与该地区"旅游价值开发"之间存在何种关系?如何通过分析某一地区"旅游价值开发"的具体案例来理解这一概念?

一、1850年至1930年:海滨空间的开放:"城市的时代"

在18世纪之前,海滨地区仍然被欧洲人看作是荒蛮之地(Corbin, 1988)。而之后产生的海水浴理疗活动,则很大程度地改变了欧洲人对海滨地区的看法,他们对海滨地区的利用也发生变化。

(一)滨海布洛涅——海滨旅游开始的地方

如果要明确旅游在布洛涅地区是在何时发展起来的,就要追溯到18世纪80年代末期,当时滨海布洛涅市开始建造第一家热海水浴浴场。1785年,该浴场获得施工许可,但真正的

① 奥利维耶·拉萨罗帝,男,法国庇卡底－儒勒－凡尔纳大学地理学教授。

② 英国称"多佛尔海峡"。

建造工程则始于1787年(Berthaud, 2010)。1789年发生的法国大革命也许对当地的旅游发展能起到促进作用，但当地旅游发展产生质的飞跃则始于1820年。当时浴场正处在修复期，这为当地旅游发展计划的实施提供良好保障。与此同时，法国贝里女公爵到访该地区，该地区因此开始成为"真正意义上的旅游地"(Dewailly, 1985: 41)。

之后，布洛涅地区的旅游得到了前所未有的发展。19世纪中叶，法国和英国之间通航火轮船，1848年从巴黎到布洛涅的铁路也建成通车，大大地提高了布洛涅地区的可进入性。19世纪60年代末期，法国著名印象派画家爱德华·马奈在夏季到访布洛涅市并在此逗留，创造出许多以布洛涅市为原型的作品。这也为布洛涅市增添了些许艺术气息和色彩，使其成为艺术创新之地。布洛涅的艺术感也成为该市继现代感之外的另一大城市特征。

随着布洛涅市名声大噪，一个小规模的旅游街区逐渐在布洛涅市中心形成。该街区被誉为"小天堂"，以赌场和海滩为中心而建，其中还包括许多当时重要的酒店：带海景房的皇家酒店、海洋酒店、巴黎酒店和布洛涅酒店。布洛涅旅游街区的成功主要体现在其发展模式逐渐为其他街区沿袭，甚至影响到了布洛涅市周边地区。这些地区共享了布洛涅市有效便捷的交通系统，例如有轨电车。正是在这样的背景之下，温默荷市旅游发展进入了黄金时代。

（二）海滨度假城：海滨地区城市化的产物

温默荷所在海港属沙丘类海湾，是温米尔行政区的辖区。原本只是小村庄的温默荷，到1899年时被法国政府升格为城镇。随着其行政级别的升格，温默荷利用其宝贵的资源，大力发展旅游，成为海滨旅游度假地。

温默荷建造了越来越多的传统旅游设施。火车站是其中最重要的设施，1867年，从巴黎到加莱的第一辆火车也正式通车，并在温默荷设有站点。另外，加莱地区的一座高架大桥从1859年开始建造，并于1863年完工。这座大桥与温默荷市相连，在提高了温默荷市的可进入性的同时，也成为了当地不可或缺的标志性景观。至此，正如让·伊夫·洛佩兹(Jean - Yves Lobez, 1965)所指出的，温默荷市与布洛涅一道成为当时法国唯一通火车的海滨旅游度假地。

与此同时，欧洲越来越多的旅游者造访海滨和沙滩地区，法国各个海滨地区纷纷开始建造酒店来接待旅游者。这一时期在海滨地区建造的酒店主要以奥斯曼风格为主流。除此之外，当时的旅游者在海滨地区并无自己名下的别墅，因此他们选择租赁华丽壮观的名声响亮的别墅成为他们度假时期的居所，这类可供租赁的别墅数量也在19世纪末期大幅增长。

建造一个旅游度假地同时也是在建造一个"新城市"。旅游度假地发展之初，必然会经历从贫瘠的乡村地区过渡到可创造高价值的城市地区的过程，而旅游在这一改造中发挥了重要作用。这些区域根据严格的标准被分割、分块，旨在创造经济效益的最大化。以建造房屋为例，尽管每个房屋的装饰可以多种多样，但其建造蓝本必须严格遵照标准制定。

在这些新兴旅游度假地中，其他旅游设施如雨后春笋般出现：例如赌场，他们不论如何翻新都非常壮观华丽，除此之外还有高尔夫球场、网球场等。这些设施丰富旅游者——特别是当时的英国旅游者——在海滨旅游度假地的活动。这些旅游者群体逐渐形成，并在每年夏天他们都会前往属于自己的度假地度假。

因此,布洛涅地区第一次旅游发展,即是“第一时期”反映了一种征服式的发展理念。首先,在海滨地区最开始发展旅游活动的一定是面对大海、直接进入海滩的地区,尽管这些地区有时会遭受大海最直接的威胁。风雨或者海浪这些恶劣天气都是在旅游发展中必须考虑和提前采取预防措施的环节。1924 年至 1927 年之间,温默荷市在海边别墅和海滩最高低之间建造了一道坚固的石砌堤坝,目的是为了阻止潮水对海滩的冲击。这道堤坝的建立标志着温默荷旅游发展进入了征服自然的阶段。与此同时,当时法国的城市资本主义阶层自以为傲,对自己所掌握的科学技术十分信任,因此他们在海滩城市化过程中发挥了重要作用。海滨城市化在 20 世纪前 10 年达到其巅峰阶段,在这过程中所建造的海滨度假地也符合法国著名建筑师理查德·克莱恩(Richard Klein, 1998)所提出的“可供度假的城市”这一概念。

20 世纪 30 年代,温默荷的旅游活动发展速度逐渐减慢,整个旅游度假地运转渐缓。1929 年的欧洲经济大萧条让这一窘况愈演愈烈,而第二次世界大战使得布洛涅地区旅游发展戛然而止。在 1945 年第二次世界大战结束之后,旅游者不再喜欢冰冷的海水,他们更倾向于欧洲南部温暖的海水。海滨旅游因此转型,发展模式也发生转变。

二、1990 年至 21 世纪 10 年代:回归自然的时代

从 20 世纪 50 年代到 80 年代,温默荷已不再像以前一样小有名气。随着城市的不断扩张,之前作为海滨度假地建造的别墅仍然沿用老式的规划方式,而且维护这些别墅所需要的费用昂贵,导致这些别墅并没有随城市扩张而发展,反而每况愈下。温默荷由原来的海滨度假地变成滨海布洛涅的市郊,改头换面成为名为“好空气”的街区,部分市民选择此地置业。正是在这段看上去和旅游发展似乎无关的时期,巨大的改变正在温默荷酝酿着。

(一)一个崭新的环境

首先是当地产业结构的改变。当地意识到传统的经济活动,包括旅游活动,它们曾为当地创造不少财富,并让布洛涅作为一个港口和海滨度假地名声鹊起。然而,随着跨英吉利海峡的交通逐渐减少,传统的经济活动日益衰退,将布洛涅和温默荷市带入经济萧条的无限深渊。尽管当地曾将渔业活动转型成为鱼类加工业,但仍然无法改变这一地区经济萎靡不振的状况。

这一状况直到 1993 年英吉利海峡隧道的建成之后才得以改善。当时欧洲一体化进程逐步推进,这些都为布洛涅地区的经济产业转型提供不少机遇。之后“滨海大环线”高速公路在通车之后,成功地打通了法国北部的海滨地区与欧洲其他地区,特别是比利时和德国的交通要道。交通的发展是促使当地经济结构转型的一大诱因,同时改变了布洛涅海滨地带的可进入性。

其次,欧洲人的生活方式也发生了翻天覆地的改变。得益于交通条件的改善,欧洲人在日常环境中的出行活动日益频繁,欧洲从此进入了“全民出行的社会”阶段(Lazzarotti, 2007a),其特点如下:人们的出行距离也许会缩短,但出行频率却不断提高。与此同时,当时欧洲海滨城市化程度越来越高,海滨人口数量也在增加,这改变了之前欧洲人口的地理分布状况。因此,海岸地区也成为了人们的居住地区,大量的房屋临海而建,也在一定程度上提

升了海岸地区的旅游价值。

这也意味着在海滨地区的人类社会与自然的关系发生了改变,尤其是在20世纪80年代,可持续发展理念在欧洲产生并得到广泛宣传,人类社会看待自然的视角也产生变化:人类社会与自然的关系已不再是之前的"征服与被征服"的关系,人们更多地将注意力放在对自然的保护并采取一定措施,拯救所谓的自然空间,使其不受到破坏,并取得了成功。这也成为当时的主流观念,并在海滨地区得到很好的体现。特别是在1975年法国政府颁布了《海滨空间和湖岸保护条例》之后,人们重新利用海滨地区,目的是合理利用自然空间以达到保护自然环境的目的。再次,1989年温默荷市政府完成了换届,这也为保证温默荷市的旅游的良好发展打下坚实基础。

(二)海滨地区的自然化

从20世纪80年代开始,布洛涅海滨地区成为各个环境保护机构的试验田。首先是北部加莱海峡大区从1978年在全大区范围内设立了"大区级自然空间";其次加莱海峡省自然保护协会(EDEN 62)成立,主要负责管理加莱省的几个自然景点;同样是从1978年开始的还有"非凡景点项目",主要负责管理格里内角地(Gris - Nez)和布朗内角(Blanc - Nez)之间的海滨空间。

在这一系列的保护措施中,位于格里内角地(Gris - Nez)和布朗内角(Blanc - Nez)之间斯拉克沙丘是最具有代表性的案例。斯拉克沙丘占地200公顷,呈三角形状,中间有一条公路横穿而过。沙丘的大部分位于温默荷市的北部,并与安布雷多斯(Ambleteuse)市接壤。斯拉克沙丘同时也属于"欧洲自然2000"(Natura 2000)的保护范围。它的历史非常具有警示意义。在1930年代的时候,斯拉克沙丘曾被当作旅游度假地开发,而当旅游活动在布洛涅逐渐衰落之时,当地的水泥大亨隆戈迪(Lonquéty)家族决定对斯拉克区域进行投资。在第二次世界大战之后,一部分斯拉克区域也曾被当作是"表层采矿场",只是人们并不是从中提取矿产,而是沙子。因此沙子开采和搬运成为了斯拉克地区的主要经济来源,共有90万立方米沙子被搬走。这一活动对斯拉克沙丘的整体生态平衡产生了恶劣影响,并时常发生沙尘暴,周围的道路等地区常常被沙尘侵袭。(Lazzarotti, 2007b)

久而久之,这样恶劣的状况让人无法忍受。随后,本部位于温默荷的海洋保护厅买下斯拉克沙丘,与加莱海峡省自然保护协会共同管理和保护斯拉克沙丘。为了解决斯拉克沙丘环境的问题,两大机构秉持可持续发展的理念,采取三项主要措施,其中旅游活动扮演了重要角色。第一项措施是停止开采搬运沙子,第二项措施是管理沙丘的两个停车场,分别设在沙丘北部、南部两个入口处。若要停放汽车,汽车数目必须受所剩停车空位的数量严格控制。第三项措施是在沙丘内部开辟一条开放式徒步道,并设有明显的标识。参观者可通过这条徒步道进入几块位于沙丘中心的区域,但范围十分有限,并且除了这几块区域之外,其他区域均不对外开放。另外还有一条环线连接南北两个停车场,长约5千米,涵盖了从沙丘一直到海边沙滩的区域。参观者通过这条环线,只需要按照指示牌,就可以参观沙丘全景,避免使用穿过沙丘的公路。而环线两旁的指示牌传递着如何进行"正确"的土地使用,以达到保护环境的目的,既具有教育意义、又有一定的强制性。

斯拉克沙丘得到了参观者的广泛好评。2007年在“我的小幸福”[①]博客网站上面，有一篇关于斯拉克沙丘的博文发表，并配有相应图片。该篇博文写道：“这是一个宁静而又美好的地方，在这里漫步，耳畔只有北风的呼啸声和鸟儿的歌唱声……千万不要肆意破坏这份安宁，不要离开徒步道，只需轻声细语、侧耳倾听……说实话，这真是一个净化心灵的过程!!!”

自2000年以来，斯拉克沙丘的形象得到提升，而对该地区的土地使用也得到改善，特别是旅游活动在斯拉克沙丘取得了巨大成功。2011年，法国导演布鲁诺·杜蒙(Bruno Dumont)的电影《撒旦之外》，正是以斯拉克沙丘为拍摄地。该电影展示了斯拉克沙丘的神秘的一面，并获得成功[②]。

这也是温默荷地区的旅游发展第二个标志性时期——回归自然的时期。实际上这一时期具有双重性特征，一方面将海滨地区作为旅游地对旅游者开放，另一方面却对他们的旅游活动进行严格控制。换言之，这种控制是相对于温默荷旅游的第一发展时期而言，在那一时期，旅游活动并没有像现在一样，受到环境保护和可持续发展理念的影响。

因此，温默荷所经历的两段旅游发展时期，代表了两种不同的旅游发展模式，引人深思。

三、价值开发：是富足还是匮乏？

如果说温默荷旅游发展的第一阶段，即“城市化阶段”是通过接待游客而对外开放的阶段，那么能不能称温默荷旅游发展的第二阶段，即自然化的阶段是通过限制游客的进入，而对外封闭的一个阶段呢？通过其他案例的分析，例如位于法国南部的世界文化遗产加尔桥(Pont du Gard)，我们也能找到类似的发展模式和逻辑(Deprest, 1997)。

(一)旅游化的两种地理学模式

通过对温默荷旅游发展的分析，我们可以发现在其旅游发展的第一阶段，海滨地区的城市化发挥了重要作用，而第二阶段中则是“自然化进程”占据了主导地位。在第一阶段之时，欧洲大部分的地区也在通过城市化发生着巨大变革，与此同时，紧密的交通网络也在逐渐形成之中。不论是在海滨还是在山地，以法国为例，大部分的城市中心也随着城市规模的扩张而不断扩大，其范围甚至可达与其他地区的边境之处。而作为产生于城市的旅游活动，也具有着强烈的城市特征，即是居住在城市中的旅游者前往另一个城市地区进行参观游览活动。那一时期的海滨度假地都是按照具有那一时代特色的城市规划模式而建造。城市化为海滨地区带来翻天覆地的变化，抹去了海滨地区原有的“外表特征”，原来的海滨沙丘或者入海口等都已改头换面，不复存在。这些新建设施不仅仅是旅游度假地的标准配备，还参与了整个旅游度假地的运转之中。

第二阶段从其发展形式上来说，与第一阶段完全相反。在这一时期，人们不再将旅游发展的重点放在对海滨地区的改造上。从某种意义上来说，对海滨地区的改造已不再能为当地带来经济效益。大部分的旅游者已不愿或者说不再青睐位于北部的缺少阳光的海滨地

---

① 博客网站：http://monptitbonheur.skynetblogs.be/archive/2007/09/09/balade-dans-les-dunes-de-la-slack.html

② DUMONT, Bruno (2011). -*Hors Satan*. Film français, 1 heure 49, avec David Dewaele, Alexandra Lematre, ...

区。相反地，以发展旅游为目的的空间整治方案将与“自然”相关的措施视为重中之重，换言之即是那些被感知为与“自然”相关的措施。具体来说，首先是要停止“城市人口集中化”；再次是要平衡“遗产化”与“城市化调停”之间的关系，此处可参照学者贝尔纳·卡劳拉（Bernard Kalaora）和安·克尼茨（Anne Konitz）在2004年所提出的观点。换言之，旅游曾经被看作是破坏“自然”空间的元凶，而在第二发展阶段则需要通过一定程度上限制旅游来达到合理整治空间的目的。

因此，上述两种旅游发展模式是截然不同的。前者强调的是发生在旅游者之间的具有城市化特征的人际交流关系，即通常所说的城市“社交活动”；后者则更强调人与自然的关系，以及这种关系给人带来的收获，且与城市化特征相悖：在自然中重新找回自我、重新获得力量、逃避现实压力等。通过上文提到的博客，我们可以看出这种方式获得巨大成功。在此期间，自然创造出许多积极的、使人陶醉其中的形象。可以说这与当下欧洲社会主流阶层的观念不无关系。

（二）区域价值开发的两种经济学模式

从经济学角度解读，温默荷旅游发展的第一阶段是建造旅游度假地的阶段，大量的私有资本大量注入旅游度假地的建造和设施配备中。他们同时对这些设施进行更新和维修，这都保证了旅游度假地资金的流动和私有投资者利益的获得。这一模式同时融入了大量的金融投机活动，特别是在地产业。这种经济模式所创造的收益与旅游者到访人数密切相关，旅游者人数越多，旅游度假地所创造的经济效益越高。当时旅游者为旅游度假地带来收益的方式反映了现在经济学中的“实时经济”的概念，该概念由经济学家克里斯托弗·特里耶（Christophe Terrier）于2006年提出，并于2008年得到另一位经济学家洛朗·达夫茨（Laurent Davezie）的论证。在这类经济活动中（尤其是服务业），存在于某一区域的人，既是生产者又是消费者（译者注）。他们在生产产品或服务的过程中也创造了对此产品或服务的需求，尤其以地产类产品或服务最具代表性。并且这一经济发展模式的目的也是创造或获得“位移收益”，这类收益伴随着旅游者的进入和进出而产生。

而第二发展阶段则是“自然主义”的阶段。与前者相比，在这一模式中公有资本取代私有资本成为主要投资者，并颁布相关规章管理制度，这引起了当地地产行业的巨变并建立了相应的公共秩序。尽管并没有统计出具体数据，但我们仍可判断这一时期公共资本对空间整治的投入少于前一经济模式。具体来说，2011年加莱海峡省自然保护协会成为综合协会的预算仅有700万欧元，就算仅将其投入至斯拉克沙丘的管理，也是比较局限的。

这类以保护自然为主的发展模式会产生双重结果，首先，目的地的可进入性降低，有时只有一条公路可进入，另外，对停车位数量的限制其实仅仅是从数量上限制了可进入目的地的旅游者。这些结果引出了两个问题。其一是政策问题：既然通过限制停车数量来限制游客数量，那么是否已经提前告知其他游客他们也许没有办法停留或进入到目的地呢？其二是经济问题：如果将第二种模式极端化，是否意味着以后进入海滨地区都是需要收费的呢？相较于前一阶段中海滨地区是社会公共资源，不需付费便可进入，在第二阶段游客需要支付停车费甚至是海滨地区入场费，是否意味着以后传统的社会共享的自然资源都将收费？谁将会是最终受益者呢？

其次，目的地附近的别墅拥有者，凭借其优越的地理条件，对土地的投资和使用将会更加方便，从而将会获利更多。从这一角度来看，对海滨地区的自然化将会巩固目的地居民（不论他们之前是否以旅游者的身份来到此地）的地位，并反作用于之后到来的旅游者。因此，区域价值开发实际上是基于区域“定位收益”，旅游者几乎不参与该收益创造过程，甚至有时被直接排除在外。而对于本地居民则不然，他们既可以享受到居住环境改善所带来的好处，同时他们所拥有的房产也将因此大幅升值。

（三）政治模式：分两步走？

简而言之，从时间上来看，温默荷旅游发展的第一种模式是海滨城市人口集中化。其逻辑是只要所创造的财富能够被消费，就尽可能地创造大量财富。而第二种自然化模式的发展逻辑则大相径庭：它创造的不是富足，而是匮乏。这两种模式所产生的收益完全不同，其中的参与者、投资者和获利者也完全不一样，但这两种模式的初衷则可类比。这两种发展模式是否存在相互矛盾之处？

并且在这两种发展模式中，推动发展的决定性因素都涉及对地理空间、社会和经济的控制，即是人类通过位移活动，包括旅游位移活动实现对地理空间、社会和经济的控制，换言之也就是对位移活动的结构和其产生的收益的控制。这些决定性因素是否具有相似性？换言之，在第二种发展模式中，当一个城市决定通过接待旅游者来开放其海滨地区时，它在实现保护海滨地区自然资源的同时，是否也实现了和第一种模式中相同的控制，即对地理空间、社会和经济的控制？与第一种模式相比，第二种模式在某种意义上回避了当地城市居民的“垄断”角色。不论是在哪种模式中，这些当地居民自始至终都未曾改变，都是城市居民，都具有一定的出行能力，都在目的地中占据着统治地位，只是“垄断”方式有所不同而已。尽管这两种发展模式所处时代背景不同，但似乎相同的故事，至少是其中一部分似乎正在重复上演。

结论：开放还是封闭：旅游发展进程的核心问题？

在对温默荷旅游发展的案例研究中，笔者发现两种不同发展模式的矛盾之处愈发明显。这些矛盾来自于这两种发展模式本身大相径庭的发展逻辑。然而，不论是这两种模式中的参与者、发展逻辑还是他们所代表的不同“时期”都不尽相同，这些因素之间的相互联系也不一样。尽管时间可以改变但这些改变都是徒劳无功的，因为随着时间而产生的改变会被之后产生的更新的改变而取代。

如果从这一角度重新看待布洛涅海滨地区的案例，我们可以发现在第一发展阶段，旅游发展创造了可与城市相媲美的旅游度假地。伴随着旅游活动和旅游理念的传播，旅游成为了当时具有时代特征的活动。然而发展到后期，旅游逐渐成为当地人所批判的对象，认为旅游活动影响甚至破坏了他们的日常生活。这些地区以往都是“度假者”的专享之地，而随着旅游活动的发展，常住居民的人口也在增加。其中部分常住人口之前也是到访此地的旅游者，被此地吸引并决定定居于此。同时他们的居所的用途和治理方式也在改变，他们居住此地的时间也在改变。这些地区通常在冬季的常住人口多于夏季。这些区域改变皆因旅游而起,此时却成为这些地区决定停止发展旅游的原因。如果说第一阶段城市化是最主要的特征,第二阶段最主要的特征则是具有城市特征的社交活动:"到一个地方像旅游者一样生活,在度假地工作"成为时下法国社会的比较流行的生活方式。如果城市居民可以控制和管理旅游地甚至是自然,那么他们不仅应该懂得如何管理旅游地的构成因素,还应该懂得将旅游活动与他们的日常生活相结合并共同管理。

本文试图阐述一个地区如何通过对游客开放来达到限制并保护环境的目的,期望为其他研究者,尤其是从区域社会变革角度,提供相关研究思路。"开放"意味着鼓励创新思潮、发展创新活动并及时跟进,产生社会变革引起社会格局的改变。"封闭"意味着找出引起改变的因子,同时将可能会引发的政治政策问题中立化。旅游活动改变了一个地区的形象甚至是空间的利用方式,并通过一系列手段使其成为一定的社会准则。而创新在其中则起到了巩固已有的准则的作用。如果从这一角度分析,"开放"与"封闭"之间反而不是矛盾而是相互继承的关系,尽管他们之中仍有许多不同。因此,这些结论事实上并不仅仅揭示旅游的本质,而且还着重强调了旅游活动的发展过程。从定义上来说,旅游是一个充满各种改变的社会化进程,其中包括了旅游地的产生、发展甚至变化过程。因此我们可以说旅游化进程即是旅游作为一个系统自我变化的过程。如果要深究自然在这其中所起到的作用,要定义"自然是什么"以及"自然的基本属性"是相当困难的,所以我们可以从自然所反映的"某一特定时期的特征",或者更简单地说是自然所反映的"某一时期"来了解自然的本质。在这之中我们可以了解到自然原来作为一个不受重视的"边缘地带",如何变成人类活动,特别是本地居民的"中心地带"。这也值得学者们对其更深入地研究和探讨。

参考文献

[1] BERTHAUD, Karine (2010). – Boulogne – les – Bains, photographies 1850 – 1914. Boulogne – sur – Mer, archives municipales, 96 p.

[2] CORBIN, Alain (1988). – Le territoire du vide. L'Occident et le désir du rivage, 1750 – 1840. Paris, coll. historique, Aubier, 412 p.

[3] DAVEZIES, Laurent (2008). – La République des territoires. La circulation invisible des richesses. Paris, coll. La République des idées, Seuil, 112 p.

[4] DEPREST, Florence (1997). – Enquête sur le tourisme de masse. L'écologie face au territoire. Coll. Mappemonde, Belin, 207 p.

[5] DEWAILLY, Jean – Michel (1985). – Tourisme et loisirs dans le Nord – Pas – de – Calais. Diffusion de la société de géographie de Lille, Tome 1 et 2, 1161 p.

[6] EQUIPE MIT (2005). – Tourisme 2, Moments de lieux. Paris, Coll. Mappemonde, Belin, 350 p.

[7]KALAORA, Bernard et KONITZ, Anne (2004). – Le Conservatoire du littoral: entre patrimonialisation et médiation. Annales de géographie, n° 635, janvier – février 2004, p. 87 – 99.

[8] KLEIN, Richard (dir.) (1998). – La Côte d'Opale, architectures des années 20 et 30. Institut Français d'Architecture, 192 p.

[9] LAZZAROTTI, Olivier (2008). – Wimereux, station balnéaire de villégiature (1860 – 1930): La 《machine à habiter. In Situ, revue en ligne de l'inventaire, ministère de la Culture, n° 9, 17 avril 2008, 16 p.

http://www. revue. inventaire. culture. gouv. fr/insitu/insitu/article. xsp? numero = 9&id_article = lazzarotti

-578

[10] LAZZAROTTI, Olivier (2007a). - L'habiter touristique et la ville. In Duhamel, Philippe et Knafou, Rémy (dir.). - *Les mondes urbains du tourisme*, Paris, coll. Mappemonde, Belin, 2007, 366 p., p. 323-332

[11] LAZZAROTTI, Olivier (2007b). - *Rivages Boulonnais - Formes et dynamiques littorales de Wissant à Wimereux*, suivi de *Les perrés des hommes: un siècle de conquêtes et de défenses du littoral.* A. M. A. éditions, 2007, 246 p.

[12] LOBEZ, Jean-Yves (1965). - Le tourisme dans le Boulonnais. Diplôme d'Etudes Supérieures de Géographie. Université de Lille, 1964-1965, 128 p.

[13] TERRIER, Christophe (dir.) (2006). - *Mobilité touristique et population présente - Les bases de l'économie présentielle des départements.* Paris, Direction du tourisme, Département de la stratégie, de la prospective, de l'évaluation et des statistiques, 128 p.

马赛港作为地中海区域邮轮业重要参与者所取得的发展

维若尼可 · 蒙杜[①]著　李颖[②]译

摘　要　在全球海洋邮轮业迅猛发展的当下，马赛将自身定位为邮轮港并出台了一项发展计划。这项计划承载着多重使命：邮轮航线所经停的港口尤其是始发港通过接待邮轮获得丰厚的经济收益，激活因工业运输衰退而不振的港口运输业，整治游离于城市整体之外的一些区块。因此它想达到的具体目标也是双重的：引进新产业，借助港口修建工程建设城市新区。

10 年来，海洋邮轮业通过更新产品供给和国际化得到了强劲发展（2012 年全球邮轮乘客达到 2000 余万人次，比 2001 年翻番），是当前旅游行业最具活力的分支之一。然而风险也与之并存：过剩的接待能力对邮轮公司的收益构成威胁（日益庞大的新船投入市场迫使邮轮公司开展促销以求最大程度提高满舱率）；世界金融危机影响了一些市场（2012 年度西班牙和意大利的邮轮乘客人次因此下降）。

地中海已是仅次于加勒比海之后的全球第二大邮轮航行海域。加勒比海区域的发展得益于毗邻北美的地理优势；而地中海区域则因停靠港口的多样性、北岸港口群完善的基础设施以及欧洲居民的旅游消费潜力，成为所有邮轮公司争相觊觎的宝地。

在地中海北岸也就是欧洲一侧的港口中，西班牙的巴塞罗那港和意大利的几个港口（热那亚、萨沃纳、那不勒斯、威尼斯）占据了大部分市场，而马赛港的表现也令人刮目相看，其邮轮乘客年接待量从 15 年前微不足道发展到了如今的近 100 万人次。为此，马赛转变了工业港的部分职能用以接待中低端的大众邮轮，最近又完成了对毗邻老港、紧挨新落成的地中海文化博物馆的区块地整治，用于接待游艇和高端小型邮轮。此外，马赛还开启了新一轮的城市改造，兴建了一批由国际建筑界大腕设计的地标性建筑，使一些在此前城市发展中被忽视并且不受游客青睐的区块提升了品质。可见，邮轮业是马赛为打造具有鲜明旅游形象的欧洲大都市而主动实施的一项强有力的政策。

关键词　马赛　海洋邮轮业　邮轮港　邮轮乘客　地中海

一、引言

伴随着上半年货物运输量 4 个百分点的降低以及前往科西嘉岛和北非的邮轮游客数首

---

① Véronique MONDOU，女，法国人，法国昂热大学旅游、建筑、服务业管理学院副教授，法国国家科研中心空间和社会研究所昂热研究室研究员。

② 李颖，女，浙江舟山人，宁波大学人文与传媒学院暨中欧旅游与文化学院助教。

次超过常规航线游客人数,2013 年对于马赛港的发展具有突破性的意义。它自身邮轮港口的定位不仅奠定了其在法国国内的地位(从 15 年前几乎不涉及邮轮领域到现今跃身成为法国第一大港),并且使它得以跻身地中海区域众多知名港口之列 —— 成为邮轮公司规划线路中几乎绕不过去的港口。本文旨在了解其草拟转型之初各项因素间的逻辑:正是这些因素的合力使这座过去被打上深刻工业印记,且并非坐落于主要旅游景点城市的港口(如与巴塞罗那 —— 欧洲第一大邮轮港口相比)在邮轮领域得以取得巨大的发展。但是在这之前,了解在何种背景下,邮轮业在世界范围及地中海区域发展壮大是非常必要的。最后,我们将了解,对于马赛,发展邮轮业已不单单着眼于经济发展,邮轮以及它们带来的改变成为了刺激城市活力以及重新评估现今为止依然和城市其他地区脱离的区域的一项有力工具。

二、有利的发展背景

(一)世界范围内邮轮游客数的增长

海上邮轮行业在供求双方面同时增长的背景下发展。

对于世界范围内邮轮游客人数发展的分析使我们得以窥见游客对此类假期旅游活动的兴趣。近 10 年,邮轮游客人次几乎翻番(见表 1),并在 2012 年达到 2 000 万游客人次(CLIA)。游客人次的增长归功于两种现象,首先是新客户群的到来,它无疑是邮轮公司众多促销活动的结果,但是这个行业同时得益于顾客忠实度,专注这项产品的顾客群是行业得以发展的一项显著利好条件。然而游客人次的增长具有相对性,因为这一行业仅代表了旅游国际市场的 2% ~4%(Cappato,2012)。这一相对性解释了邮轮公司的雄心壮志,解释了他们从 10 年前开始不断追加投资的行为。事实上,他们深信在未来数年,游客人次将继续增长,并且为了更好适应未来行业发展,他们大规模地进行船只翻新。这项策略具备双重好处,其一,它提供了设备翻新的船只;其二,投入市场的船只具备更大的载客量。新近投入使用的船只一方面得益于一种全新观念:宽敞的公共空间,更多面向大海的场所(散步场所、酒吧),更加宽敞并自带阳台的房间。另一方面得益于一些新的配套设施(溜冰场、水上公园、水上透明滑梯、攀岩墙、为冲浪设计的人造海浪……)。通过以上策略,邮轮公司旨在更新供给并强化这项产品作为陆上假期俱乐部替代产品的概念。即便海上邮轮旅游的一大卖点即每日停靠不同的中途港,邮轮公司试图将观光客留在船上,从而使他们在船上的消费最大化。邮轮作为真正的浮动度假村,就地提供给乘客各式各样,品类繁多的休闲活动。在运营商间竞争愈演愈烈的行业背景下,邮轮旅游的定价有下降的趋势,邮轮公司不惜以促销降价的方式来使邮轮载客量最大化。因而,与船上消费相关的附加收入成为了邮轮公司收入模式的重要组成部分。前文提及的第二大好处与造新船有关,即能够扩大单个船只规模,大部分新建船只载客量超过 3 000 人次,皇家加勒比公司“海洋绿洲号”系列的两艘邮轮甚至可载客 6 300 人次。投建大型船只的主要目的在于能够实现规模经济,尤其在船组工作人员方面 —— 大型邮轮在等比例条件下,和较小船只相比,所需工作人员更少。也就是说,邮轮公司可以在增加提供产品,改善提供服务质量的同时使运营成本合理化。

表 1 分区域游客人数统计及欧洲邮轮游客占邮轮国际市场比例

年度	北美地区/百万人	欧洲地区/百万人	其他地区/百万人	总和/百万人	欧洲地区所占份额/%
2000	6.88	2.06	0.78	9.72	21.19
2001	6.91	2.14	0.87	9.92	21.57
2002	7.70	2.39	0.97	11.06	21.60
2003	8.23	2.76	1.05	12.04	22.92
2004	9.14	2.87	1.13	13.14	21.84
2005	9.96	3.19	1.21	14.36	22.21
2006	10.38	3.48	1.29	15.15	22.97
2007	10.45	4.05	1.37	15.87	25.52
2008	10.29	4.46	1.45	16.20	27.53
2009	10.40	5.00	2.10	17.51	28.57
2010	10.78	5.57	2.40	18.75	29.71
2011	11.52	6.18	2.91	20.61	29.98
2012	11.60	6.26	3.04	20.90	29.95

来源：CLIA

这种对更新供给的追求反映在最近几年新船只投入市场的速度不断加快。20 世纪 80 年代，共有 40 艘新船投入使用，这个数字在接下去的 10 年中翻了一倍，达到 80 艘，最后，在 2000 年到 2013 年间共有 167 艘新船投入使用，还有更多的船只在建中，预计在未来几年交付使用（CLIA）。如果说，就目前而言，船务公司赌赢了，因为供给的更新迎来了强劲的需求增长，那么超负荷的风险依然横亘在这项业务之上。当然整体而言，从 2008 年世界性危机始，我们并没有发现经营式微的迹象，然而我们观察到游客人数的增长基于价格促销。游轮游客人数逆市增长的背后掩藏了船务公司由于单个乘客收入降低导致的经济脆弱。尽管如此，和旅游国际市场相比，这项业务依然凭借稳定的增长率，在时下经济危机中体现了最大程度的韧力，然而，正如我们之后将展开的对于邮轮和欧洲游客的分析，这一成果和寻找新兴市场息息相关（主要是亚洲）。

这些现象存在于两大美国集团供给集中化的行动中：嘉年华邮轮集团，通过收购成为 9 家公司的母公司（9 家公司包括美国公司和欧洲公司）；皇家加勒比邮轮名下拥有 6 家公司。其他最重要的船务公司均为欧洲公司，包括目前被一家投资管理公司（阿波罗全球管理公司）持有的 NCL（挪威公司）和 MSC（意大利瑞士公司），后者是全球第二大集装箱船务公司地中海航运的分支。

（二）欧洲市场和地中海流域的发展

马赛港得益于地中海流域的吸引力和欧洲市场的发展。更宽泛地说，是地中海区域的旅游获得了巨大发展，与 1970 年 5 800 万国际游客到达人数（OMT, Plan Bleu）相比，2011 年国际游客数达28 300万人次，即欧洲国际游客到达总数的30%。

地中海流域由同名海域构成，与黑海相连，它是目前第二大航行流域，仅列加勒比海域之后，后者享有众多优势（包括几乎全年适宜的气候条件，岛屿的多样性以及毗邻美国市场）。目前，所有邮轮公司都有邮轮在地中海区域航行，主要是夏天，尽管我们注意到有季节性船只减少的现象存在。和其他旅游业务参与者投资固定一地相比，可以根据潜在需求量的多少来移动船只构成了邮轮公司一大主要优势。2012年共有171艘邮船光顾地中海，共计带来2 958艘邮轮（ECC）。

马赛港发展依托的第二要素是欧洲邮轮游客人数的增长。正如表1所示，欧洲邮轮游客的增势强于世界市场平均水平，2002年至2012年间，欧洲邮轮游客人数增长率达到162%，而世界市场平均增长率为89%。从相对数据来看，欧洲市场的增长也可以通过和美国市场的比较得出：2012年，欧洲市场占世界市场份额为30%，而这一数据在10年前仅为21%。然而这个市场并不具同质性，国与国间存在巨大差异。英国人占大部分（170万），紧随其后的分别是德国（154万），意大利（79.9万），西班牙（58.7万）和法国（48.1万）。然而我们注意到欧洲市场增速减缓，因为2011年到2012年间增长率仅略微超过1%，这一增速减缓是意大利和西班牙市场衰退的结果（两者分别减少9%和18%）。沉重打击上述两个国家的经济危机无疑是这一衰退的直接原因。最后说到法国，尽管它在欧洲国家排行榜上仅列第五位，它的增长率却超过了欧洲平均水平，2012年达到9%，尽管这一数字和之前相比略有降低，因为它在之前六年保持了平均11%的年增长率。

欧洲和地中海区域的港口主要吸引欧洲顾客群。2012年，共有570万乘客从欧洲港口登船进行海上邮轮旅游（相比2011年，这一数字增长了2.5%）。这一顾客群大多拥有欧洲国籍，仅有90万乘客来自欧洲以外国家，即，欧洲游客占了84%的比例。在这片区域内，尽管北欧的邮轮旅游取得了不俗成绩，地中海依然是最具吸引力的旅游目的地。56%的欧洲游客选择了地中海（根据2012年数据共计350万游客）。最后，值得关注的是，2011年到2012年间，选择在法国港口登船进行邮轮旅游的游客人数增长了56%。和欧洲其他国家游客相比，法国人更倾向于选择地中海，因为其中68%的游客选择了地中海作为出发港。

所有这些要素构成了马赛港发展的有利环境。

（三）对优势地理位置的利用

地中海邮轮码头的分布呈现北面——即欧洲一边与其东面和南面的巨大反差。密集的人口构成了潜在市场，完善的基础设施使主要登船码头，甚至是中途停靠港集中在这片流域的北部。除了埃及和突尼斯（但即便在这两个国家，邮轮港口的经营，由于政治事件的冲击，也呈现衰退），其他非洲国家都没有出现在邮轮港口地理分布图上。在叙利亚、黎巴嫩、以色列以及巴勒斯坦地区也是同样情况。仅拥有港口基础设施不足以吸引邮轮公司。就这一点，突尼斯给我们提供了一个很好的经验教训。它在2009年建成一个邮轮停靠终端（古莱特终端站，位于突尼斯市城市圈的北面），目的在于进一步增加游客人流量。但由于深受2011年春季爆发的群众革命运动的负面影响，从2010年到2012年，港口运输量下跌54%：2010年突尼斯港接待游客89.6万人次，而这一数据在2012年仅为58.2万人次（ECC）。船务公司出于安全考虑取消了这一中途停靠港，并且尽管他们公布了2014年的提前预定，他们的最终证实依然受政治风向影响悬而未决。

马赛成为西地中海区域一个新的竞争对手,城市和港口拥有的众多优势使它成为这片流域必经的中途停靠站。第一个关键点在于马赛毗邻重要客源区城市:它坐落在拥有百万人口的区域中心,通过自身交通网,它可以吸引国内顾客群和国际顾客群。高速公路网、国际机场,使它距离巴黎三个小时车程的高速铁路专线,这三者构成了吸引船务公司的几大因素。最后,它得益于船务公司营销策略,因它是从巴塞罗那和意大利北部诸港口(萨沃纳,热那亚)出发的邮轮经过一夜航行后的到达地。这片区域港口的高度密集对邮轮公司来说构成一大优势,因为这使他们可以每天安排中途停靠而不需要在两个停靠港间花太多的航行时间。煤油价格的高幅上涨使邮轮公司通过降低船只航行速度来减少能耗。邮轮的航行速度从之前 18 海里降低到目前大致保持在 15 海里左右每小时的水平,因此对于邮轮七日游来说,想要游览地中海东部区域几乎是不可能的事,也正因为如此,在西班牙、意大利和法国的主要上船码头就近享受密集的产品服务供给显得尤为重要。

三、港口发展各要素

(一)十五年前几乎不存在的业务

马赛成功地从一个业务量微不足道的港口(1992 年仅接待乘客 8 550 人次)成长到在法国市场具有举足轻重的地位,并在优质港口林立的欧洲层面也具有竞争实力。2012 年,马赛全年接待旅客人次达 91 万,接近当地行业参与者希望的百万人次。另一个对当地经济来说的重要指数则是这些乘客中的三分之一是将马赛作为出发港。这代表了分属 27 个不同邮轮公司的 58 艘邮轮的载客人次。正如图 1 所示,2007 年是马赛港发展进程中具关键意义的年份, 正是从这一年起,游客人数成倍增长。乐观估计,在 2016 年初,马赛港游客人次将达到 160 万。

在欧洲范围内,马赛排在第十一位(MedCruise), 主要落后于意大利港口(它落后于奇维塔韦基亚,但它且同时落后于威尼斯、那不勒斯、里窝那、萨沃纳)和西班牙港口,包括巴利阿里群岛以及巴塞罗那,后者因年接待游客人次 270 万而成为欧洲第一大港口(MedCruise)。尽管马赛的发展模式与巴塞罗那如出一辙,然而要达到它的高度,马赛还有漫漫长路要走。

在数据之外令人感兴趣的则是马赛成功地实现了从不被看好,甚至放弃的港口到地中海区域颇具分量的港口的转型。歌诗达邮轮公司曾声称永远不会来马赛。马赛 - 普罗旺斯邮轮俱乐部创始人雅克·特吕欧曾在一次访谈中讲述了 20 世纪 90 年代初马赛港初步转型阶段,歌诗达邮轮的回应:“即便您拱手送上港口供我们免费停靠,我们也不会来马赛”。然而,恰恰歌诗达邮轮是第一个在马赛港投放船只的大型邮轮公司(歌诗达“经典”号), 自在 1996 年投放第一艘船只后,陆续又有新的船只定位马赛。同样是这家公司,2007 年在马赛为豪华游轮歌诗达“赛琳娜”号揭幕。接下来我们将讨论促成马赛成功转型的各要素。

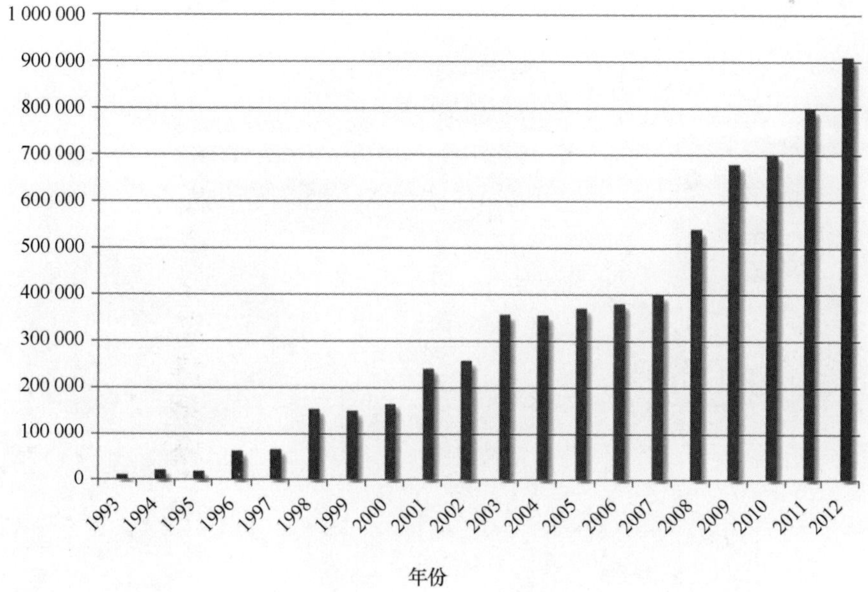

图1 马赛游客人次的演变

数据来源：马赛大型海洋港口

(二)集体支持的倾向性政策

马赛作为邮轮港口的复兴离不开当地各团体(马赛市工商业协会)和马赛独立港口的密切合作，离不开前者掌握的多种发展工具和对港口的巨大投资。1992 年独立港口五年发展计划的起草标志着转型的开始，紧随其后在 1993 年起草的“邮轮宪章”则在这一传统商业工业港口给邮轮辟出一席之地。1996 年由马赛市、马赛工商业协会和马赛港共同投资建成的邮轮俱乐部具体呈现了这一政策意愿。很快，专业人士联合会以及一些机构组织纷纷加入俱乐部。它的举措囊括三方面：对邮轮公司实行港口减价优惠政策，保证乘客接待质量以及提供和运营商需求相适应的港口设施及服务。邮轮俱乐部介入的这些方面和法国 ODIT 定义的港口吸引力决定因素相重合(图 2)。他们都建立在满足三种参与者之上：即邮轮游客、船务公司和船队。由此可见，港口必须在技术层面表现优秀以满足越来越大船只的接待要求。然而总体上来说，目的地的名声对于激发游客购物行为起至关重要的作用。在这之外还要加上形形色色各式各样激发游客下船游览的产品供给。

再回头看看邮轮俱乐部采取的三方面举措：减价促销、游客接待和船只接待。

俱乐部面临的首个挑战无疑是如何使船务公司了解目的地。马赛两大邮轮公司均为意大利公司，即歌诗达和 MSC，但是要知道最主要的两大邮轮集团嘉年华和皇家加勒比都是美国公司。除此之外，歌诗达在 2000 年被嘉年华集团收购了。它采取的第一个举措是参加迈阿密海洋交易会，从 1994 年开始，它就成为了海上邮轮业界专业人士的年度聚会。马赛参加海交会的目的是双重的：一方面使城市本身为人所知；另一方面结合目的地和目的地介绍，尤其是推广马赛周边普罗旺斯地区，使薰衣草田的图像能和这座城市完美结合。马赛还

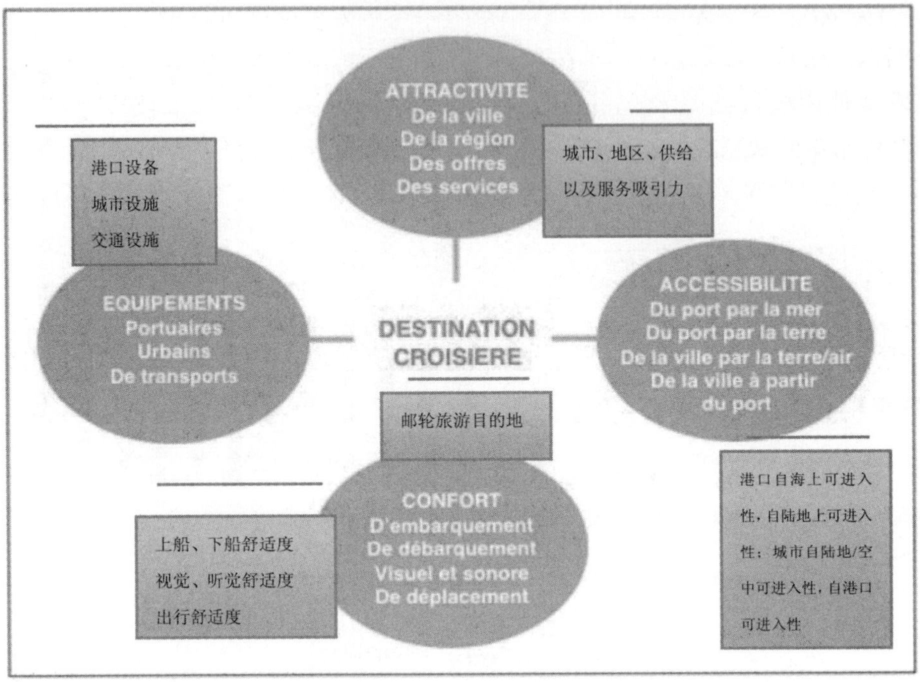

图 2　邮轮旅游目的地的成功必备因素

来源：法国本土与海外海上邮轮旅游，法国 ODIT，2007

将自身定位为大型活动组织者，它曾在 2000 年组织了顶尖游艇邮轮年度沙龙。这使得马赛能在专业渠道将自身定位为主要参与者。在这之外，为了吸引船务公司，城市还需要充分展示港口在基础设施和作为旅游目的地的优势。这就需要目的地市场和游说团队来逐渐转变人们的固有印象。和当地机构参与者共同合作对于信息筛选是必不可少的。马赛在 2012 年借助成为欧洲文化首都的机会向船务公司宣布文化活动的日期。种种举措的目的并不在于在邮轮停靠期间能观看一场演出，而是希望如果马赛是出发港，游客可以在上船前或下船后在城市继续逗留。

第二和第三个工作指导方针在于建设海上站台（迎接邮轮游客，处理行李并为船只设有基础设施的终端站）和应用邮轮游客接待设置。不管是政府参与还是私人参与，和旅游参与者的合作对保证统一收费是必不可少的（演出、咨询服务、专项出租车、班车、信息协调等）。在投资方面，重点建设一座海上站台，它将象征着这片港口区域从原先货运港和工业港发展至今的一路历程（世界报，Mas，2005）。马赛港得益于石油化学工业和冶金工业的发展，在 21 世纪上半叶取得了快速发展。1973—1974 年油价暴跌使港口深陷危机，自此，港口转向集装箱运输。在后来几十年间，同质港口间竞争越发激烈，尤其是北欧港口的统治地位使马赛的运输量下降。寻找港口多元化业务因此成为必要，正是在这种逻辑下马赛开始发展邮轮旅游。在 2004 年到 2009 年战略发展计划中，邮轮业务在集装箱运输业务之后成为第二个优先发展业务。它不仅涉及金融投资，港口转型彻底并甚至触及马赛港中心业务。在这一背景下，港口空间规划的变化成为了重中之重。这一变化分不同时期完成。首先是将原先用作载货和轮船休息的雷恩－古海突码头转变为用来发展旅游业务。2003 年建成一座海上站台来迎接 MPCT 邮轮。2007 年 6 月，马赛独立港发表申明转让雷恩－古海突码头上邮轮设备 25 年使用权。歌诗达邮轮公司、路易邮轮和 MSC 在 2008 年 2 月共同取得了这一在 2009 年由欧洲委员会宣布生效的转让权（2013 年，路易邮轮把它持有的股份卖给了另外两家股份公司，之后两家公司各持有 50% 股份）。对于当地团体组织来说，这一举措减轻了他们的投资压力，因为这样一来在 1 200 万的投资中，三分之二由船务公司来承担。这一投资主要在于拓展站台以来接待长度达 300 米的船只。这是一个很大的挑战，因为我们已经在第一部分了解到了船只平均规模的扩大。这一系列金融组合拳照搬了其他欧洲港口如巴塞罗那、萨沃纳、热那亚、那不勒斯或者奇维塔韦基亚的经验，和马赛一样，在那些港口，邮轮公司采取或单独或合作形式进行了投资。

四、局限

（一）并非单一给马赛市带来好处的业务

根据马赛工商协会的官方数据，2011 年旅游收入 9 400 万欧元，其中每个游客根据他们是中途停靠还是从马赛出发花费从 105 欧元到 152 欧元不等。这里就需要一些具体数据来证实或区别，尤其因为不是所有乘客都在登船前一天或前几天就到马赛，也并非所有乘客都从船上下来游览城市了。

在这些方面之外，需要注意两个现象。一方面，邮轮码头入口和老港间八千米的距离限制了邮轮旅游对当地的经济影响力；另一方面，我们发现马赛如果作为纯粹的旅游目的地，有诸多问题存在。

如果港口作为中途港，游客可以待在船上，并且如果他们下船了，也可以向船务公司买一日游套票或者用他们自己的方式参观旅游。马赛的情况是邮轮码头远离市中心，特别是远离老港的现况并不利于游客个人去城市商业区参观游览。再加上马赛作为旅游目的地更多则是被介绍为进入普罗旺斯的门户。两种类型的港口需要做区分：一方面，是作为主要旅游目的地的港口，在这种情况下，港口和旅游地点两者不作太大区分；另一方面，是仅仅作为中间地带或过渡区域的港口。前者的典型是巴塞罗那和威尼斯；后者我们可以举出奇维塔韦基亚，它连接游客和罗马，两者距离仅 80 千米。对于马赛产品供给的研究展示了这座城市作为中间角色的情况。如果我们分析马赛两大主要邮轮公司歌诗达和 MSC 以及邮轮俱乐部的产品说明书，我们发现马赛是和普罗旺斯联系起来的。我们系统性找到一篇关于马赛的文章，重点突出三点：它的历史遗产、文化活动和景点。然而马赛同时也被介绍为普罗旺斯的心脏，一个小时的车程后就能欣赏到神话般的景色（网址：http://www.marseille－cruise.com）。歌诗达和 MSC 在马赛的产品供给可以和他们在巴塞罗那或威尼斯提供的产品作比较。我们同时发现（表 2）在巴塞罗那和威尼斯，旅游产品供给品种繁多，而在马赛通常只有两种产品供给：参观城市和在腹地徒步游览，然而在巴塞罗那和威尼斯，产品供给更多集中在城市本身。

表2 马赛、巴塞罗那和威尼斯徒步旅游比较(歌诗达,MSC)

公司	游览地	总数	参观城市	徒步旅游	两项结合
歌诗达	马赛	5	3	2	/
	巴塞罗那	17	12	4	1
	威尼斯	4	3	1	/
MSC	马赛	6	2	3	1
	巴塞罗那	13	7	4	2
	威尼斯	17	16	/	1

来源:邮轮公司网站。

(二)蓝色海岸的激烈竞争

马赛并不是唯一的一个尝试港口转型的城市,并且在法国蓝色海岸或更大范围上地中海区域已经存在或者正在发展的竞争对手比比皆是。正如前文强调的,马赛港固然接待游客接近百万人次,然而和地中海第一大港巴塞罗那接待游客2800万人次相比差距甚远。另外,临近的意大利港口,例如萨沃纳和热那亚的发展计划展示了他们想要加强在欧洲一流港口中地位的决心。从地中海区域来看,法国占据了一个中庸的位置。2010年,在24个出发港口中,只有3个法国港口;而在152个经停港口中,法国港口近15个(Cappato,2011)。在法国,马赛成功地占据统治地位,因为排在它之后的由尼斯整片地区、弗兰什市和戛纳组成的第二大港接待游客总人数70万,而由土伦和拉塞纳苏梅尔组成的第三大港在2012年接待人次仅31.1万。

那些竞争港口从马赛的劣势中得利:尼斯、弗兰什市和戛纳拥有非常积极的正面形象,这使得它们不但能够吸引针对大众市场的邮轮公司,而且能吸引高端邮轮公司。然而这个港口的发展受限,弗兰什市因为承载能力有限不能接待使用海湾锚地的超大型船只,而备受游艇公司好评的尼斯则暂停了站台扩大计划。土伦的游客承载量比马赛少得多,但是它通过对拉塞纳苏梅尔以前用作造船军用码头的改造,具有了接待超大型船只的绝佳条件,从而获得了一定竞争优势。目前马赛港的基础设施还不能使船只在强西北风的天气条件下靠岸,因此大多船只会转而驶向土伦。这在预计停靠马赛的邮轮中占了10%~15%(就2012年度也就是15艘船)。土伦得益于这一优势,并在港口做的宣传中得到了很好体现(图3)。但是单有技术上的优势并不够,它预计在2013年的时候交通量会有下降(与2012年129艘邮轮在这里停靠相比2013年仅有91艘邮轮停靠土伦,这使得游客人次降到25万人)。这一减少主要由于德国邮轮公司爱达邮轮(嘉年华集团)名下船只不再定位在地中海而是转移到北欧地区。2014年情况也不会改善,因为RCI(皇家加勒比集团)已经决定将它的产品供给重新集中到马赛。这一决定也可以解释为是和北欧竞争的结果,因为RCI将它名下"海洋传说号"邮轮定位波罗的海,所以地中海地区只剩下"海洋自由号",在这种情况下,公司需要在土伦和马赛间做个选择。后者在选择中胜出因为马赛地区交通网密集,可以带来更多法国乃至欧洲游客。

图3　土伦/拉塞纳苏梅尔港的广告

五、投入实施的举措

（一）港口的扩大

2012 年 12 月，一份宪章的签署使得港口整治翻新能继续推进。这一协议把马赛大海洋港、城市、城区、省、地区和工商业协会联系起来，它主要涉及以下两个方面：港口空间重新规划和 4 亿 5 千万欧元的投资。即便这一计划并不仅仅和邮轮相关,邮轮在其中占了优先地位。从而两大指导方针满满展现:加强对于大型船只的接待能力和发展高端邮轮旅游产品。这也即是在增加接待能力(因为基础设施已经达到饱和)的同时改善港口在刮西北风的情况下的进港条件。2012 年 3 月新建成一个邮轮终端,它是由原先一个仓库改造的(仓库 19)。这一终端接受投资 1 500 万欧元,能够接待旅客,处理靠 2 号、3 号和 186 号位的船只上的箱包(图 4)。尽管这些停位并没有转让给歌诗达和 MSC,这两家邮轮公司也享有同等价格以及操作条件。但是注意到客流量的增长,且有 850 万资金投入改造仓库 24,港口已决定建设第三个海上码头。在这些投资的帮助下,港口目前能够同时接待 6 艘船只,其中两艘还可以是作为航程起点;港口还同时可以接待 6 000 名的游客,其中 3 000 名是到达的游客,另外 3 000 名是走的游客,这归功于三个邮轮终端站。另外北部航道的扩建已经获得同意(它将从 170 米扩到 220 米),这样一方面能够加强对大型船只的接待能力;另一方面能够在大风天气使船只顺利进港。计划还包括重新使用地中海最大的干船坞。2012 年 GPMM 和一家名下有 CNDM 的公司集团签署开发协议。这一干船坞长达 465 米,宽 85 米,它可以接待目前世界上最大的船只入内进行技术保养。两艘最大的邮船,长达 362 米的“海洋绿洲号”和“海洋魅力号”也可以驶入船坞内。游龙公司借助于这些技术暂停组织在此之前或之后的附近邮轮旅游(2014 年 9 月,“海洋绿洲号”要去芬兰做技术检查,邮轮公司利用它需要横跨大西洋,组织邮轮旅游正是一个很好的例子)。这种机会主义的影响也许在 2015 年之后可以使马赛从中获利。

最后一个指导方针在于吸引高端邮轮公司。马赛为了达到这个目的并不单单着眼于技术性基础设施的改善而更看重产品供给的整体改善。高端邮轮码头靠近老港,距离地中海和欧洲文明博物馆几步之遥,建在 GPMM 转让的一片土地上。2013 年我们观察到游客人次的增长,跟 2012 年只有十几艘船只相比,2013 年接待了 40 多艘船只。

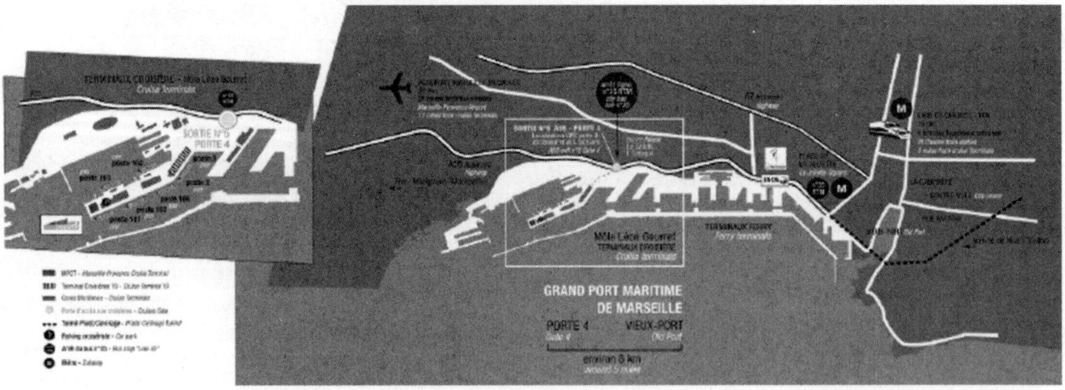

图 4　邮轮码头平面图

(二)港口作为城区翻新的工具

港口改造工程是在城区翻新的大背景下展开的。正如很多别的港口,马赛港并不和城市相连。他们曾经各自发展,然而港口碰到的难题(人流量减少)和城市碰到的问题(被周别地区吸引的人口降低）使他们决定在一份共同发展计划下携手共进（2005）。关于如何为城市注入新活力的思考倾向了被第一产业抛弃的地区。在建筑密度大，中心地区稀缺的环境下，那块地方能真正带来地产收益（Ducruet, 2005）。它面朝大海的地理位置成为了众人关注的焦点，一些作家用《合乎逻辑的滨海地区》（Bergsli, 2008）或《玻璃经济》（Rodrigues - Malta, 2001）来点名这片区域的新用途以及它们的《象征吸引力》（Bergsli, 2008）。这毫无疑问是参照毕尔巴鄂或巴塞罗那的结果。

在马赛，这项城区翻新活动被称为欧元地中海计划。因为它是由国家和当地团体在1995年共同发起的。它的目标是“使马赛跻身欧洲国际大都市之列”。这项行动以建设地中海大都市为方向，共涉及480公顷土地的整治：60万平方米办公室计划来安置从事海洋业务，工业或第三产业相关的企业。这项城市计划中的一个重要组成部分是寻求明星建筑师建造一流建筑，这批建筑将成为地区象征并使这块紧邻港口的地区更具魅力。因此CMA CGM（集装箱运输公司）的公司总部是由扎哈·哈地德设计的（图5），地中海和欧洲文明博物馆是由卢比·里奇奥迪（图6）设计建造的，距博物馆不远就是游艇和小型邮轮停靠点，除了这些，未来计划里还包括易夫·里盎或者是让·努威尔。这些建筑师拥有享誉国际的名声，得过著名奖项，其中大多数人得过普利兹克奖，他们个人代表了高质量的建筑。我们在这里发现有追求“毕尔巴鄂效果”，也就是说一个可以成为象征的建筑，可以让人留下深刻印象，并将这种印象和颇具吸引力的当地相结合的建筑。欧元地中海计划的目标是建设马赛的空中轮廓线。因此这项计划实则是双重的：通过重新评估平海地区给予马赛新的形象以及给予马赛人民一个新的可进入空间。

图5　CMA CGM公司总部

（由英国伊拉克籍建筑师扎哈·哈地德设计建造）

图 6　法国建筑师卢比·里奇奥迪设计建造的地中海和欧洲文明博物馆

六、总结

马赛港口翻建既满足了对长期抛弃的地区重新合理规划的需求也符合经济多元化策略的要求。海上邮轮行业自从美国发起,在世界范围内都取得了很大的发展,固然加勒比海域是它主要的航行流域,然而地中海由于欧洲游客的光顾成为了所有邮轮公司瞩目的焦点。20 世纪 90 年代初马赛当地政府机关采取的策略性选择,使它今天拥有不可忽视的地位。但是行业在发展,港口需要继续努力,接待规模越来越大的船只。并且,为了使邮轮相关收入最大化,马赛市需要加强它的吸引力。

法国在司法保护海滨方面的实践

陶逸福[①]著 任小丽[②]译

摘 要 在全球沿海经济和旅游业迅猛发展的背景下，各方利益冲突愈演愈烈，给海滨保护和保护形式带来重重困难。许多国家，如意大利、希腊乃至美国，都在正式或者隐秘地推进部分海岸与海滩的私有化，而法国则反其道而行之，通过强化相关立法来寻求更好地维护海滨的公共属性，让所有人都能自由进入海岸和海滩。50 多年来，法国一直推行兼顾海滨地区保护与整治的政策，还出台了海滨法，该法已成为许多国家在海滨立法时的重要参照。法国在对海滨地区进行司法保护的过程中，强调了沿海公共区域这一基本概念及其延伸部分，即滨海步行道。除此之外还有两个关键要素，即设立于 1975 年的海滨保护机构和创立于 1986 年的《海滨法》。海滩是海滨旅游发展的重要组成部分，法国政府针对海滩的开发，于 2006 年 5 月 26 日颁布了专项法令——《海滩法令》。该法令在简化私人占用海滩条件的同时加强了对海滩的保护。但实际中，要推行这些政策及法律并使之得到切实遵守并非易事，尤其是在法国著名的蔚蓝海岸一带更是难上加难。相比之下，中国对海滨地区的司法保护有所不同，在国家级层面还未颁布相关法令或设立相关机构来执行此类保护政策。

关键词 海滨司法保护 法国 滨海步行道 海滨保护机构 《海滨法》

在全球沿海城市、经济和旅游迅猛发展以及滨海旅游普及的背景下，海滨保护成为了政治及司法工作的重心。许多国家，如意大利、希腊也包括美国，都在正式或者隐秘地推进部分海岸与海滩的私有化，而法国则反其道而行之，它力求通过强化相关立法来更好地维护海滨的公共属性，意在让所有人都能自由进入海岸和海滩。中国的海滨和海滩上人口密度高并且经济活动频繁，中国今后在关注海滨保护的同时也要将海滨与海滩上出现的旅游新风潮考虑在内。

一、法国和中国在海滨保护政策上的差异

（一）法国的海滨保护政策由来已久

法国本土拥有 5 500 千米海岸线，它濒临三大海（英吉利海峡、北海、地中海）一大洋，即

① Yves DOLAIS，男，法国人，法国昂热大学法律与经济管理学院教授。

② 任小丽，女，浙江新昌人，宁波大学人文与传媒学院暨中欧旅游与文化学院助教、法国国家科研中心空间和社会研究所昂热研究室博士研究生。

大西洋。在1681年的《科尔伯特法典》中，我们可以发现在法国最早由专门政策进行管理的自然地中，海滨就已经是其中之一了。然而海滨司法管理在很长时间内都存在着许多不足，直到20世纪50年代政界开始意识到这一问题后，海滨立法才得以全面展开。

这50多年来，法国一直推行兼顾海滨地区保护与治理的政策，还出台了《海滨法》，该法已成为许多国家在海滨立法时的重要参照。但是不少报告中指出法国的这一政策仍存在不足和缺陷。

在法国海滨旅游发展中，国家起到了至关重要的作用，这在20世纪60年代法国于朗格多克鲁西永地区以及之后的阿基坦地区执行的规划政策中得到了充分体现。旅游的迅速崛起推动了政府来主导海滨规划及发展，一个大型投资计划应运而生。在朗格多克鲁西永和阿基坦推行的这一大型政策旨在使游客在一些热门旅游点和一些自然保护区之间合理分布。为此在1964年至1974年间，150个游艇停泊港经规划生成。

在法国中央集权制的传统下，国家曾经是海滨的规划者和立法者。法国的海滨司法保护机制建立在沿海自然公共空间这一概念以及两部法律上。这两部法律指的是由国家海滨保护机构于1986年颁布的《海滨法》和2006年出台的《海滩法令》。

法国海滨保护政策的重点在于维护海岸的自然面以及海岸的可进入性。

（二）中国的新保护政策

相比之下，到目前为止在中国还没有国家级层面的相关法令或机构来执行海滨保护政策。在中国，一直存在的一个难题是国家不同的行政部门之间以及国家和地方之间的管辖权限的冲突。另外，由于经济生产活动使中国的海滨环境遭到了破坏，目前中国权力机关的关注重点是海滨环境的保护。

在国家层面上，中国国家环保总局于2006年颁布了一项《沿海环境保护评价规划》，即《保护海洋环境免受陆基活动影响中国行动计划编制技术大纲》。

该规划中介绍了海滨保护的必要性。与此同时，为了对中国海滨在2006年至2020年期间的变化与发展进行科学评估，规划中也指出开展一些有利于认识中国海滨状态的研究的必要性。

该规划中规定通过以下步骤来实现对海滨的保护：

第一，明确及评估海滨环境问题；

第二，确定保护重点；

第三，确立海滨管理目的；

第四，确定战略规划的评估和执行措施；

第五，确定战略规划的评估和执行标准；

第六，国家及地方认证。

明确这些步骤的目的在于为规划的执行提供参照，从而实现海滨保护。

此外，另一个国家部门，即国家海洋局于2009年出台了一个有关海洋发展与保护的通告。

该部门给地方海洋局设立了以下任务：

——建立与海滨状况相关的数据库；

——对海滨区块不同类型的功能（旅游,渔业等）进行梳理；

——确定各海滨区块的功能；

——保护海滨。

这些任务由国家海洋局和地方分局共同承担。

从地方层面上看,各省市的情况存在着差别。海南省已经在开展海滨保护,但是在中国的其他省市,海滨保护仅限在国家自然保护区内,像是中国的天津、河北抑或是山东就是这样的情况。

从全球层面上来看,中国是于1995年通过的《保护海洋环境免受陆基活动影响全球行动计划》的国际协定成员国。

二、法国海滨保护的主旨:维护公众进入海岸海滩的权益

法国对海滨的司法保护建立在沿海公共区域这一基本概念及其延伸部分,即滨海步行道上。除此之外还有两个关键要素,即设立于1975年的海滨保护机构和1986年1月3日颁布的《海滨法》。海滩是海滨旅游发展的重要组成部分,法国政府针对海滩的开发,于2006年5月26日颁布了专项法令——《海滩法令》。该法令在简化私人占用海滩条件的同时加强了对海滩的保护。但实际中,要推行这些政策及法律并使之得到切实遵守并非易事。尤其是在法国著名的蔚蓝海岸一带,面对地方的政治和经济效益,海滨保护规定的实施并非易事。

(一)法国海滨的法律框架

在法国,与海滨相关的规定和条文从罗马时期开始就已经存在了。更确切地说是有关海洋与陆地的界限划分以及空间归属权的一些界定。在公元553年由东罗马帝国皇帝查士丁尼一世下令而生效的《法学阶梯》中(第二部第一章第三节)明确指出:“海岸一直延伸到冬天最大的浪头所触及的地方”。

在中世纪,海岸在理论上归君王所有。

面对沿岸居民对君主制的抗议,皇室重申了弗朗索瓦一世于1539年6月30日颁布的有关海岸归皇室永久所有且不得转让的法令,从而巩固了它对海岸的所有权。

1544年3月10日,在巴黎议会上制定了一项新法令,该法令中规定海岸正式归皇室所有。

1. 沿海公共区域的定义

沿海公共区域的定义在1566年的《穆兰法令》中被正式确立。1804年的《法国民法典》第538条对沿海公共区域的内容做出了说明:“海岸、海滨冲击地、海滨浅滩、港口、船埠、港口水域……都是公共空间”。为此,海滨是公共空间,不能对其进行私有化。

在不少欧洲国家也包括美国,海边或者是海上的建筑是可以完全私有的,这使得拥有港口或者是沿海基础设施的公司因此而增值,但在法国情况却正好相反。另外像在里斯本这样的一些国家,不存在其他规定来限制海滨的属性,海滨是属于公有的还是私有的全由世袭

制决定。

a. 沿海公共区域的司法体制

沿海公共区域享有严格的保护机制。它是不可分割的，为此不能为个人所有，同时它也是永久有效的，因而永不得转让。

沿海自然公共区域包括：

· 陆上部分与潮间带，指的是高潮线至天气影响下的波浪作用上限之间的陆上地带，以及介于高潮线和低潮线之间的地带。

· 与海洋直接相通，自然形成并且持久稳定的咸水水塘。

· 海滨冲击地（海水最终会从中退去）和海滨浅滩（冲击滞留区）。

海岸线的位置根据国家所做的观察来界定。一般情况下，领海的界限划分在一定时间内是静止不动的，但是随着海洋的推进，领海的范围也会扩大。不过相反的，当海洋有所消退时，原先确定的界限依然有效不做调整。

法律原则在海岸线的界限上起着至关重要的作用。为此，法国最高行政法院，即最高行政司法机关没有将受天气影响明显的潮汐作为界定标准，而是参照多年观测到的平均大潮高潮（或者是地中海的平均最高海面）期间的水陆分界线来确定海岸线。

b. 一个重要的目标：自由进入公共海岸

为了能够确保自由以及免费进入海岸和海滩的方针得以实施，国家开展了两方面道路建设，其中纵向的建设指的平行于海岸建的步行道，横向建设指的是垂直于海岸建的小道或实施的其他工程以便公众进入海岸及海滩。

滨海步行道也被称作海关道路或者海关小径，是在沿海公共区域旁设立的专供行人散步行走的空间。滨海步行道与海岸平行，它的建设是在 1976 年 12 月 31 日颁布的法律中被提出的，它的提出符合《海滨法》的相关规定。滨海步行道是位于沿海公共区域上宽为 3 米的沿着海岸的道路。这些道路可以由私人所建或者穿过私人领地。《城市化法典》第 160 条第 6 款规定“沿海公共区域的沿岸私人业主需要为专供行人使用的宽为三米的步行道的建设纳税”。

滨海步行道由来已久。它的前身是建于大革命时期的海关小路，是海关部门为了监视海岸修建的。海滨步行道由市政联合生态、能源、可持续发展和海洋部的地方指挥办公室共同管理。

海滨法的推行引起了许多的违法行为。其中一个有名的例子就是：为了在蓝色海岸上修建海滨步行道，一位居住在此的知名音乐制作人的房产围墙被军队强行摧毁。但是如今滨海步行道的建设已经得到普及。在蔚蓝海岸的安蒂贝斯半岛上居住着众多亿万富翁，该小岛上的滨海步行道正是由一些环境保护协会向这些富人不停施压才得以建成的。

2. 海滨的保护

海滨保护机构是一个建于 1975 年的国家公共行政机关。该机构的决策部门是它的理事会，该理事会由从全国、各省以及各大区选出的数量相等的代表构成，这些人里有国家代表也有高素质人才。海滨保护机构在每个大区都有 10 个代表团。该机构通过实施土地获取政策来实现对海滨自然空间以及海岸风光的保护。海滨保护机构最终就保护地的选取确定了以下三个主要标准：

——受城市化、分解化以及人工化(例如人工填埋湿地)威胁的海滨区域;
——衰退并急需使其重新恢复活力的区域;
——没向公众开放但是理应向大众开放的区域。

通过与不同省份及市镇间的直接交涉,海滨保护机构通过这些诉讼介入到当地已经制定的土地政策中。

海滨保护机构获得保护地的方式有和解(61%的诉讼),也可能是通过优先购买或者是强制征用。一些资产可以归海滨保护机构所有或者交予原业主。在完成所需的整修工程后,海滨保护机构作为相关地块名义上的所有者,原则上将授权该地块所在的市政对其进行管理。

至2013年2月1日,隶属于海滨保护机构的地产共计153 000亩,即15 000多千米的海岸,占据了法国海岸线总长的12%。该机构的初始计划是获得全国三分之一的海滨以使这部分海滨不被建设。它如今的目标是到2050年时,确保法国本土20%的海滨得到良好的保护。但是在2013年1月28日有关海滨保护机构管理的政府报告中,法国审计法院指出如果要实现这一目标,海滨保护机构的运作成本需要翻倍。

3.《海滨法》

在1986年1月3日《海滨法》通过之前,海滨的城市化和建设正处于毫无章法地迅猛增长的阶段。自20世纪90年代初开始,得益于《海滨法》中所做的一系列规定,我们看到这一现象有所缓解。

在继1982年对去中央化的一些法律作出决议后,《海滨法》力求将有关海滨空间的整治、保护及开发的各项政策联合在一起,并且力图调整及衔接国家和地方团体之间的举措。该法律通过赋予海滨不可争议的法律价值稳固了公众的海滨权益。

《海滨法》的6项整治原则是:
——在靠近海岸的空间内限制城市化扩张;
——禁止在城市化区域以外的海岸100米线范围内建筑施工;
——自由进入海岸;
——保护有特色的自然空间;
——在海岸2000米内禁止新建沿海马路和过境道路。

一项法律的推行总是漫长、棘手并且不完整的。由于海滨拥有居住、旅游和经济这三重吸引力,再加上海滨上一些利益的角逐,《海滨法》很难被完全贯彻落实。《海滨法》的设施通常以说明、整改、限制以及对轻微违法行为进行整顿的方式为主。滨海保护的道路依然还很漫长。如果《海滨法》的效用是被一致承认的,那么它就需要被进一步完善。

(二)海滩法律框架

海滩是被大众觊觎的空间。1986年的《海滨法》强调了自由、免费使用每一片海滩的原则。但是海滨旅游中存在的需求却是相互矛盾的:大家都喜欢享受自然,可许多人在享受自然时也想要就近享有一些服务。

有关于海滩租赁的《海滩法令》于2006年5月26日出台。该法令就海滨保护和海滨休闲供给之间的平衡作出了相关规定。该法令的推出主要有两个目标,即沿海公共区域的逐步开放以及更大可能地自由进入海滩。《海滩法令》还提出由各市镇负责人对其海滩整治负责以及对设施开发份额的配给要力争实现透明化。

法国的海滩从很早以前开始就已经被认为是沿海公共区域的一部分，而沿海公共区域是不可分割且不受时效约束的。法国国家最高行政法院长久以来一直强调"海岸属于沿海公共区域，所有人都有权利自由进入海岸"。海滩是全民共有的，步行者可自由进入海滩。公众可自由、免费使用海滩的规定使其成为了大众目的地。所有在沿海公共区域内的建筑以及公共空间的个人使用都需要首先获取地产使用证。该证以个人的名义受领并且可以变更及废除，也就是说如果有地方利益或者公共利益做担保，地产使用权能随时终止且不需要交付任何赔偿金。不过海滩上的经营活动必须确保海滩上交通的通畅以及保证公众在沿海有足够大的可自由使用的空间。

海滩的租赁和开发协议并没有在现有的法律中涉及，在沿海公共区域从事商业活动并不意味着特许权受让人持有该空间的所有权。需要注意的是在沿海公共区域不能有永久性建筑。为此，所有的设施都要是可拆卸的。海滩上可进行特许经营的面积是有限的，特许权受让人被允许的活动必须与大众能自由、免费进入海滩的原则相符，且必须对沿海景点、风光和生物资源以及近陆地空间进行保护。

1. 海滩经济开发的条件

尽管在法国从140多年前开始就由国家负责海滩开发，但是海滩开发的相关法令却是姗姗来迟。1872年12月20日颁布的《经济法》中指出，国家可向独立法人或个人出租部分海滩用于开发海水浴。1912年12月30日出台的文书中则对海滩租赁规章进行了说明。但是一直到20世纪70年代初海滩的租赁体制才通过三份通告的出台而正式得以实施。在这些通告中指出，国家能够将自然海滩让与地方团体或者是个人经营，期限最长为15年。特许权受让人能够将其拥有海滩的30%分包给其他开发商经营。

目前，海滩上的特许经营涉及两种法律体制，即临时租赁和临时授权。在海滩特许经营权申请中，市镇具有优先权。但是，不少海滩是由国家直接管理的。海滩的个人租赁意味着暂时占用海滩的许可。在由市镇转租的情况下，市镇与每一个个体承包商签订一份合同并收取相应承包金。在由国家管理的情况下，国家与每一片沿海公共区域的特许权受让人签订一份合同，并由国家直接收取经营权转让费。

众多国家部门参与到《海滩法令》的执行中，其中租赁或者是授权使用海滩的权利归省长所有。

《海滩法令》对经济活动开发的严格限定：

——特许经营权的最长期限改为12年而不再是先前的15年；为此，与市镇海滩开发相关的分租合同不得超过此期限。

——海滩被准许的开发范围仅限于海岸线的20%以及沿海公共区域的20%，而不再是先前的30%。

——特殊情况除外，海滩上每年至少有六个月不存在任何经营活动。

——特殊情况除外，所有的个人设施都要求是能拆卸的。

沿海市镇的市长或镇长是其所在的市镇海滩上以下两方面事务的负责人：于其所在的市镇海滩上执行刑事权利；使其所在市镇海滩富有活力。

举例说明:一个海滩俱乐部获得的特许经营权的期限通常为两个月,即从 7 月 1 日至 8 月 31 日,而对一个海滩餐馆来说,经营期限通常是 4 到 6 个月,甚至每年如此。

2.《海滩法令》执行中的困难

在法国本土的一些海岸上,《海滩法令》中的一些规定没有被很好地遵守,这使得国家不再与这些市镇签订租赁合同。在这种情况下,国家将特许经营权给予分包商并且对其进行管理。这正是 2009 年在大西洋海岸的罗扬这座城市里发生的情况。该城市不愿意对海滩上的几家餐馆进行强制拆除,国家为此没有再新签与罗扬的租赁合同。目前,由国家对该城市海滩的特许经营权进行直接管理。不过,这些问题餐馆依旧没有被拆除,它们还在继续营业。这些餐馆里的其中一家还经常被住在附近的法国前总统萨科齐的母亲光顾。

《海滩法令》曾受到争议并且争议还在继续中。与此同时,该法令的执行显得困难重重。海滩经营权是根据《海滩法令》获得的地产使用权,为此海滨旅游的经济效益以及滨海浴场经营者的经营活动都因为《海滩法令》的重重规定而受限。该法令的执行难题在于:签新租赁合同之前必须要拆除原先所有的固有建筑,并且经营权获得的前提是每年在限定时间内营业。这使得现如今在夏天旺季以外到来的数量不断增长的游客的需求难以被满足。

两个有名的案例:

第一个是有关"草屋"的案例。"草屋"指的是科西嘉海滩上的餐馆,在这座小岛上法律总是很难被遵守。2012 年 12 月,科西嘉市长决定执行《海滨法》,他给阿雅克修附近五所餐馆的负责人发函,要求他们在 2013 年 1 月 15 日之前拆除违章建筑。这是国家从早些年的听之任之到 1999 年"草屋事件"发生的许多年之后首次介入其中来推行《海滨法》。1999 年 4 月,一场火灾摧毁了一个叫 chez Francis 的海滩餐厅,这家餐厅位于阿雅克修南部,属违章建筑。火灾调查很快就指向了宪兵和科西嘉市长贝尔纳·鲍奈。科西嘉市长被判入狱 3 年。这一事件使得国家在之后的很多年里都难以在科西嘉树立起威信。

第二个案例是位于蔚蓝海岸圣托贝著名的庞珀罗纳海滩,它被司法行政机关评定为"独特的自然空间",它同时也是全球富人及明星的旅游胜地。在它长为 4.5 千米的海岸上,每天接待的游客量在 2 万至 3 万之间。

事实上近 20 年来因为环境保护的问题,国家和庞珀罗纳 27 个海滩经营者之间一直进行着司法斗争。海滩经营者在海滩上建立的餐厅以及相关设施占据了海滩面积的 30%。这些经常有明星光顾的餐馆每年的营业额达 4 200 万欧元,并且旺季时能提供 800 个就业岗位。国家想要在此执行《海滩法》。由于国家授予圣托贝市 15 年特许经营权对庞珀罗纳海滩进行管理的合同已到期,相关行政部门意图将由个体海滩经营者占据的海滩面积比例从现在的 30% 下调到 20%。如果要实现这一目标,那就要减少四家餐馆。除此之外,还需要拆除海滩上现有的其他餐馆,以便在离海岸远一些的地方新建一些可拆卸的临时餐馆。

作为一个知名旅游地,庞珀罗纳海滩的游客人数在 20 世纪 60 年代时不断攀升,而且在此期间许多缺乏统一规划的房产开始在海滩上出现。再加上当地自然环境本身的改变,庞珀罗纳海滩为此面临着多方面的危害及破坏。为了维持海滨经济的同时能够更好地保护这片独特的自然空间,庞珀罗纳海滩新的整改规划正在审核中,司法斗争也依然没有停止。

结语

海滨是竞争及矛盾的多发地，这使得在不同海滨上很难执行完全一致的规章制度。事实上，海岸上执行的法律往往是处于变更中的，并且这些法律制度力求在海岸景观的保护、生物多样性保护、经济发展与旅游发展上实现共赢。法国的《海滨法》并不是一项准则，它是参照了多部法律后形成的一系列规则的集合。它参照的法律包括：《公共财产权法》、《城市化法》、《环境法》，同时也包括《欧盟法》中的相关条例。此外，海滨与《海滨法》是沿海地方参与者（国家、地方团体、协会、经营者）的活动要素。如果说国家在海滨地带起到的作用是不能不考虑的并且是决断性的，那么地方团体、个体参与者和协会在使《海滨法》成为一部很好地衔接国家和地方的法律上也起着十分重要的作用。

基于邮轮旅游的城市—港口关系探析

——以巴西为例

贝尔唐·郭孜克[①]著　任小丽[②]译

摘　要　邮轮旅游业正在全球范围内飞速发展,许多之前很少涉足该产业的新兴地区也纷纷加盟,特别是东南亚地区和拉丁美洲地区。许多国家为了满足邮轮企业和乘客的需求,顺应邮轮旅游两大发展趋势,采取了一系列措施,甚至连在邮轮旅游发展成熟的北美地区这类政策也得到了大力而广泛的推行。笔者将主要以巴西为例展开探讨。巴西的邮轮旅游业10余年来有了重大发展。为了满足巴西游客渴望尝试这种新型度假形式的需求,多家国际邮轮公司涌入市场,邮轮产品供给大幅提升。巴西当局发现了邮轮旅游的重要性,对该产业给予大力支持。而为了使邮轮能够停靠在自己城市的港口,一些巴西城市选择落后破败的街区,对其进行改造,新的城市规划便得以实施。本文将从以下三方面展开讨论:首先简述邮轮市场在全球以及在巴西的发展历程和现状;其次阐述政府和私营机构在城市中心区所采取的新发展战略;最后探讨巴西港口城市因旅游而产生的新城区内所衍生出的新关系。

关键词　邮轮旅游　港口城市　巴西

引言

如我们所见,20世纪60年代主要起源于美国的邮轮旅游正发生着日新月异的变化。逐渐的,这一类型的旅游增长越来越多地触及了一些新的区域。在这些区域中不乏极具潜力的市场,像是东南亚,尤其是中国和位于拉丁美洲拥有长约7 500千米海岸线的巴西。

巴西的邮轮旅游业近十余年来有了重大发展,笔者在本文中将主要以巴西为例展开探讨。为了满足巴西游客渴望尝试这种新型度假形式的需求,多家国际邮轮公司涌入该国市场,邮轮产品供给大幅提升。巴西当局发现了邮轮旅游的重要性,对该产业给予大力支持。而为了使邮轮能够停靠在自己城市的港口,巴西正通过一些新的城市规划的执行对其落后破败的街区进行改造。

本文将从以下三方面展开讨论:首先简述邮轮市场在全球以及在巴西的发展历程和现状;其次阐述政府和私营机构在城市中心区所采取的新发展战略;最后探讨巴西港口城市因旅游而产生的新城区内所衍生出的新关系。

---

① Bertrand COZIC,男,法国人,巴西伯南布格州联邦大学地理系副教授。

② 任小丽,女,浙江新昌人,宁波大学人文与传媒学院暨中欧旅游与文化学院助教、法国国家科研中心空间和社会研究所昂热研究室博士研究生。

一、全球与巴西邮轮旅游业的发展

(一)国际历史背景和新近发展

为了了解该产业的新发展,我们需要从早期出发来认识邮轮业发展的起因。这一时期可追溯到60年代前,邮轮活动形成的标志性时期可认为是在20世纪初(精确地说是20年代)。根据AMARAL的研究(2009, p. 2),航船起先只被用作连接一地与另一地的交通工具,这样的交通方式在连接欧洲和美洲(主要是美国)的航线上出现了新用途:人们在该航线上开始在把消遣、娱乐添加到其中。不过,这种消遣仅供当时的一些权贵。在那个年代,社会阶层的划分无处不在,当然在航船上也不例外(不同的社会群体进入与之相对应的"公共空间")。

AMARAL在研究中还指出,1923年由美国运通举办的"大富豪巡航"(*Millionaire Cruise*)是主题巡航的先例之一。在该巡航中,每一个套间的时价是25 000美元,而此时新斯科舍(Nouvelle Ecosse)和纽约之间航线的售价约为50美元。运通依据其潜在客户的经济支付能力而组织的这次巡航,是主题巡航的早期实践之一。

在该时期,围绕着巡航出行的一些其他探索,例如"环游欧洲"(tour d'Europe),也是早期邮轮旅游的写照。

不过我们现今所熟悉的邮轮旅游方式是在第二次世界大战以后逐步发展形成的。面对与航空业在乘客运输上的竞争,船运业发生了转变。在20世纪50年代,航船成为休闲旅游的消遣空间,横渡大西洋的航船也因而变成了邮轮。

在GARIN (2005, 出自AMARAL, 2009, p. 3)的研究中我们发现,航海系统的调控中心从纽约逐步向佛罗里达的迈阿密转移。自60年代起,若干邮轮公司以及大批的新邮轮入驻迈阿密,该地每年可接待的乘客数预计可达250 000人。受来自美国其他州居民的内部移民潮的影响,佛罗里达尤其是迈阿密这一时期的房产数有了大量增长。与此同时,得益于加勒比海行程的推广,邮轮旅游取得了巨大的成功。也正是在这一时期,创立皇家加勒比邮轮公司(1967),而嘉年华则于1970年推出了"趣味航行"(fun ship),这两家公司对邮轮业的发展都起到了重要的作用。

目前,邮轮业在全球范围内迅猛发展。拉丁美洲的邮轮业虽有发展,但相对来说仍处于主要邮轮市场的边缘位置。在邮轮目的地分布上,拉丁美洲占据了4%,地中海占据37%,欧洲占33%,后两者集中了全球邮轮目的地的70% (CLIA, 2013)。北美(美国与加拿大)是全球最大的邮轮客源市场。2011年,来自北美(美国与加拿大)的乘客数量占全球乘客总量的60.2%(CLIA, 2013)。而2011年巴西邮轮乘客数量为695 000人次,仅占全球总量的3.7% (CLIA, 2013)。不过,在一些传统市场稳定增长的同时,我们也发现像巴西在内的拉丁美洲或者是地中海区域以及中国在内的东南亚在未来几年的发展力度不可小觑。例如,2011年巴西邮轮旅游者人数为792 752人,其中国内游客139 430人,国外游客792 752人。相较于2005年接待的139 430人次,几年间巴西的邮轮旅游者人数翻了五倍(FGV, ABREMAR, 2012)。而巴西邮轮业近两年来的发展形势与这一趋势相反,邮轮公司在上两季(2011—2012年; 2012—2013年)中提供的床位数减少了15%(CLIA ABREMAR,2013),

邮轮协会预计新一季的邮轮旅游者人数将比上一季减少12%（2012—2013年接待游客量为762 000人次,预计2013—2014年接待的邮轮旅客人数将约为668 000）。导致这一现象的主要原因是巴西邮轮旅游尤其是港口基础设施上的欠缺。事实上,巴西大部分港口城市的邮轮港建设都尚未完成,在巴西只有圣多斯(圣保罗港)和里约热内卢这两个拥有新邮轮港的城市能满足邮轮旅游产业的需求。此外,尽管近几年来巴西有降低港口税的趋势,但巴西的港口税依然高到令人咋舌。

邮轮旅游的一大特点体现在供给的高集中性上。邮轮产品主要由数量有限的几家邮轮公司提供,这些公司通过收购比他们小的公司来实现增长,并且很多邮轮公司都来自美国(Mondou V., Taunay B. 2012, p. 44)。大部分的邮轮市场由以下三大巨头分摊,它们是嘉年华、皇家加勒比邮轮公司和阿波罗。这三家都是美国邮轮公司,并且在全球大部分市场都有出现,其他公司在全球市场占据的比重大小不一(见表1)。

表1 邮轮品牌与2013年市场定位

邮轮公司	国家	品牌	邮轮数量	市场定位
嘉年华	美国	嘉年华邮轮	23	时尚休闲
	美国	公主邮轮	17	传统经典
	美国	荷美邮轮	15	传统经典
	美国	熙邦邮轮	6	快航邮轮
	英国	冠达邮轮	3	顶级奢华
	英国	P&O公主邮轮	7	时尚休闲
	德国	爱达邮轮	9	时尚休闲
	德国	歌诗达邮轮	15	时尚休闲
	德国	依比罗邮轮	3	时尚休闲
	澳大利亚	澳大利亚P&O公主邮轮	3	时尚休闲
皇家加勒比	美国	皇家加勒比国际	21	时尚休闲
	美国	名人号邮轮	11	传统经典
	马耳他	金钻会邮轮	2	顶级奢华
	德国	普尔曼邮轮	5	时尚休闲
	德国	德国邮轮	1	时尚休闲
阿波罗	美国	丽晶七海邮轮	3	顶级奢华
	美国	大洋邮轮	4	传经经典
阿波罗+云顶	美国	挪威邮轮	12	时尚休闲
云顶	马来西亚	丽星邮轮	4	时尚休闲
地中海航运	德国	地中海邮轮	12	时尚休闲
路易斯	塞浦路斯	路易斯邮轮	7	时尚休闲
阿卡迪亚	德国	经典国际邮轮	5	时尚休闲
德国旅游航运	德国	赫伯罗特邮轮	4	顶级奢华
	英国	汤姆逊邮轮	5	时尚休闲
途易+皇家加勒比	德国	途易邮轮	2	时尚休闲
迪士尼	美国	迪士尼邮轮	4	时尚休闲
日邮	美国	水晶邮轮	2	时尚休闲

来源;2011年法国海运经济研究所新闻信息汇总

为了对巴西邮轮业的发展有所了解，笔者将对90年代前的巴西邮轮史进行简要回顾。

邮轮旅游主要起源于北美，在其增长初期，巴西也对邮轮旅游业的发展产生了兴趣，并在1962年夏季第一波邮轮到来之际快速组建了“航海邮轮部”（Département des Croisières Maritimes）。巴西的邮轮活动在70—80年代得以维持，但由于1988年的宪法明令禁止在巴西海岸的沿海航行，该活动在这之后就被中止了。在此期间，除了若干个中转港之外，所有悬挂外国旗帜的航船都禁止出入巴西的其他海岸。邮轮业的发展因而受到了严重影响，巴西的邮轮活动在当时仅限于旅游季才能开展，并且得严格遵循出航班次的安排。巴西这期间的邮轮活动由像阿卡斯图旅游（AGAXTUR Turismo）（1963年至1998年间拥有71艘邮轮；Amaral, 2009）或者歌诗达邮轮（属嘉年华旗下，见表1）这样的老牌运营公司组织，这两家公司在巴西的运营时间都已有60多年。

（二）巴西邮轮旅游的主要参与者与运营商

从十多年前开始，阿卡斯图旅游（AGAXTUR Turismo）不再经营船只租赁，而转型成了邮轮旅游产品销售公司，但巴西的邮轮产品供给数并没有因为这家重量级公司的转型而减少。该公司依然是巴西邮轮旅游业的参照，并且与歌诗达邮轮在内的大部分国际运营商都有密切合作。

歌诗达邮轮（嘉年华）是巴西最早的邮轮业运营商之一，在巴西的运营时间已达60多年。在2000年期间，嘉年华收购了歌诗达邮轮，并于2004年又收购了爱伊达邮轮（德国最大的邮轮公司）。自2008年后，歌诗达邮轮直接出租其邮轮，阿卡斯图旅行社也照旧出售歌诗达的“邮轮”产品，但不承担与邮轮租赁相关的经济风险也不介入邮轮的操作。在很长时间内，歌诗达邮轮几乎独占巴西邮轮市场，当然这已不再是现如今的情况。

2002年，地中海邮轮公司在巴西开设了办事处，这标志着该邮轮公司开始涉足巴西市场。对于地中海邮轮而言，拉丁美洲和巴西是重要的空白市场。事实上，地中海邮轮同时也是海洋运输中重要的国际船商（集装箱、散装固体或液体运输轮等），它的经营内容包括货物运输和乘客运输。地中海邮轮选择拉丁美洲市场作为发展战略，主要是考虑到该市场的发展空间。相比较而言，在像加勒比海这样邮轮市场趋于饱和的区域，市场竞争也是异常激烈。

皇家加勒比于2000年后开始进军拉丁美洲市场，但2001年9月11号的袭击事件后，该公司中断了它的国际化战略而重新转向北美市场，不过战略搁置时间并不长。皇家加勒比在这些稳定化了的市场中重新定位的同时，也证实了拉丁美洲市场尤其是其中的巴西邮轮旅游市场正在迅猛发展。在巴西得以开展的两个旅游季期间的运营过程中，皇家加勒比尝试着推出了适合巴西顾客的新供给形式（高度灵活的用餐时间，晚会自由着装等）以满足巴西游客的需求。2008年，皇家加勒比宣布在巴西开设办事处并参与到了该地的邮轮业发展中。

CVC是目前巴西主要的旅游运营商之一，面对着邮轮业的发展，该公司也成了主要的邮轮经销商和租赁商。2005年CVC在巴西以及在拉丁美洲的其他国家（像是乌拉圭、阿根廷和智利）拥有大约200个销售处。CVC主要和西班牙的伯曼邮轮（皇家加勒比）以及伊比罗邮轮（嘉年华）合作。在由邮轮业翘楚收购这两家公司并设立门市部后，CVC成为了与阿卡斯图(AGAXTUR)一样出售旅游产品的旅行社。如今，CVC 主要出售伯曼、皇家加勒比国际邮轮（皇家加勒比邮轮）、伊比罗（嘉年华）、地中海邮轮以及与路易斯邮轮合作的巴西邮轮总公司（Brazilian Cruises Representation）这几家公司的邮轮产品,其中只有路易斯邮轮公司的邮轮才能在费尔南多的迪诺罗尼亚群岛经停。

二、邮轮对巴西城市港口空间的影响

(一)巴西城市港口的重建

全球货流量的增长在海运方面体现得尤为明显,这对世界上大部分港口的结构和管理都提出了新的挑战。全球产销物品 90% 的运输都是通过海洋来实现的,为此起着“贸易中枢”(Frémont, 2007)作用的港口必须能有效支撑国际贸易的不断增长。随着在物资生产以及在第三产业中国际化的不断提高,海洋运输业在有形物资和无形服务的全球流通及组织上起着越来越重要的作用。这些无形的服务在变得越来越复杂的同时,也对专业化不断提出新的要求,服务的方式和方法在此就显得尤为重要。全球贸易体系通常建立在城市和城市港口中,这主要是因为城市和城市港口集中了技术资源、技术设施,且同时拥有高级人力资源和开放性。从全球新的劳动分配来看,城市和港口占据了众多的竞争优势和主要资源(Sassen, 1994)。由此可见,城市集中了主要的生产方式,而地方或大区正是通过这些生产方式参与到国际贸易竞争体系中的（Veltz, 1996）。

面对福特制积累方式的危机和全球资本结构的重组,港口世界及港口空间所涉及的大量活动都在逐渐衰退。在大量的港口城市中随后出现了因为没有及时实施新规划而失去活力并因此被荒废的大片空间。自 80 年代以来,尤其是在北美,这些废弃的区域开始被重视并被加以利用,但成效有大有小（Vermeersch, 1998）。由于形成于工业时期的大部分港口是 70—80 年代的危机中心,因此巴西港口也面临着大量活动的缩减而进入了严重的衰退期。在这个时期,港口缺乏革新且港口硬件设施没有及时改进,因此集装箱的升级和航船规模的扩大使得大量的港口空间因为没法满足新需求而失去了作用,这些空间就都被闲置了。

从国际层面上来看,如今的港口不仅要注重港口设施的现代化,以接纳更大的航船以及新的活动(例如集装箱的装卸)。与此同时,被闲置的不再用于港口活动的废弃空间也需要被更新和重新利用。

为此,巴西意图通过制定及实施一些以发展旅游或贸易为目的的规划,赋予已经衰退了的港口空间新的活力。由此我们不能不提到自 2007 年后,巴西在国际体育赛事的承办上充分显示了它在国际舞台上的重要性(2007 年在里约热内卢的泛美运动会,2014 年世界杯足球赛,2016 年奥林匹克运动会……)。

(二)巴西政府及私营机构在衰退城市港口空间实施的新决策

巴西现如今作为国际舞台上体育盛事的重要承办方,毋庸置疑,这对它衰退了的城市港口空间的重组来说是非常重要的机遇。正如 RAMALHO 和 VASCONCELOS（2013, p. 40）所说的,“许多城市和国家都报名参与到这场国际竞争中为承办体育盛事而展开角逐,由此可见它能带动举办国的发展”。在举办此类赛事带来的众多益处中,其中就包括相关城市能借此提高国际知名度,并以此为契机吸引国际游客的到来。不过这些城市的规格要完全符合相关规定,即它们需要满足管理这些赛事的国际机构提出的严格要求(FIFA etc.)。换言之,这些城市需要在规定的有限时间内开展一些耗资巨大的大型工程(例如基础设施建设),而这些工程只能通过政府和私营机构的合作才能得以实现。

显而易见,自巴西成为体育盛事的重要承办方后,它被闲置的港口空间正向休闲空间转变。有关城市港口闲置空间的规划在很久前就已经存在了,但直到目前为止,极少有规划被付诸实施。在巴西以城市营销为特点的现行新城市体系下,我们不妨先来分析一下当前的城市港口空间规划趋势。巴西和拉丁美洲现行的城市管理借鉴的是90年代起源于西班牙,尤其是巴塞罗那的模式。在巴西,当国家作为城市空间的管理者又难以筹集城市规划所需资金而被严重指责的情况下,联合私营机构就成了这个管理难题的最好解决办法,而且与新自由主义观点吻合。因此,巴西的城市新问题(并非只是这一个)核心是城市竞争力。事实上,城市既可以被看做是商品(城市是一件可以被逐步销售到越来越具备竞争力的市场上的商品)也可以被认为是企业(城市成为了一家公司,在这样的情况下城市不再是被出售的商品,而是像公司一样运作)。

HARVEY (2006) 把这种形式的城市管理称作是城市承包商协会管理模式。他认为,城市化建设中必须要明确谁是承包商并且是关于什么的承包商。这主要是因为城市生活改建的实际代理方通常是在其他地方,并且不仅仅是政府部门。这样的代理方存在于一个大型合作体系中,在此体系中政府起着统筹协调的作用。HARVEY (2006)介绍了这一模式的三种表现形式,第一种形式是政府和私营机构的合作关键通过城市承包商协会来实现。在这样的形式下,地方传统倡议以及地方政府的需求(包括找寻与吸引一些外部经济来源、一些新投资及其一些新工作岗位来源)会介入到城市整治中。第二种形式指由政府和私营机构合作形成的承包商协会是投机性质的(这样形式下的承包商协会克服所有与投机发展相关的阻碍与风险,可能会与计划并统筹的合理规划相违背)。第三种形式指的是城市承包商协会专注于经济政策但对地方并不关注(城市承包商注重投资及经济增长,他们在地方进行投机建设,但是不考虑地方条件的改善)。HARVEY (2006) 同时指出了城市承包商协会的四种选择:第一种是通过财政激励和土地获取方面的优惠来吸引国内和国际投资。第二种是用新的消费行为(体育场、购物中心等)使大区或者衰退的城市空间增值。第三种是收集信息并使用(媒体),行使高等财政及政府的监控权。第四种是确保由中央政府就社会发展(健康、教育、居住环境)对收益进行分配。

从目前的情况来看,笔者将重点关注第二种方式。为此我们将对正在进行中的规划进行分析,我们可以发现这些规划都是以振兴缺乏吸引力或者衰退的城市空间以及使这些地方增值为其目的的。

RAMALHO 和 VASCONCELOS (2013) 认为:由于民众追求的利益不同以及巴西城市不断的改革运动,巴西很多制定的规划都没有被实施,它们总在被新的规划不断取代。巴西的城市改革运动持续了几十年,这确实为建立更公正、更民主的城市起到了积极的作用。如果说现如今巴西的港口城市治理规划很大程度上是参照了巴塞罗那的方式,那么我们将探讨为什么巴塞罗那规划中最重要的因素,即加泰罗尼亚公民的频繁参与,没有在巴西的管理及整治规划中体现出来。

我们已经知道巴西当局或私营机构执行的战略规划主要从其他城市借鉴而来。这些在巴西被视作规划范本的城市都具有很大的知名度,它们的规划模式被认为是能同时满足公共及个人参与者需求的创新城市规划模式。巴西现在的主要问题是规划制定的单向性,即公民没有参与到规划的制定中(或者只是在意识上觉得参与到了其中)。正如 SANCHEZ (2001, p. 33) 所强调的,"城市向商品的转化表明了该地在商业化进程中上升到了新的台阶。(…) 作为新现象的城市市场的存在,使得空间在资本主义国家的重要性被逐步彰显。在打造空间竞争力的战略方针上,主要是将城市作为整体在全球市场上进行传播,强调的是社会空间的整体生产。旅游市场与城市市场关系密切,前者在后者的基础上进行市场划分(城市旅游、商务旅游、文化旅游、购物旅游等等)"。

巴西邮轮旅游的发展,不仅提升了巴西城市在全球范围内的竞争力,同时也能促进它的城市空间新关系的发展。在邮轮旅游的带动下,巴西城市空间正在转型(从贸易和工业区转变为旅游区)并将被赋予新的活力(衰落的空间)。

(三)在巴西港口城市打造以旅游发展为目的的新城市空间:复杂的新关系和冲突

尤其是在 1975 年后,由美国引领的港口空间转型规划引起了重视。全球众多港口城市开始纷纷效仿美国来改造它们失去了活力的港口空间,如今这些港口空间上开展的活动已不再与港口密切相关。城市港口空间的发展变化与 MIT 团队(2005)提出的"地方与时机"的原理以及与以革新为特色的"旅游地发展阶段"(MIT 团队, 2005, p. 8 –9) 的演变规律相吻合。事实上,从全球经验(笔者无法在此展开)出发来深入研究的话,我们将从世界上越来越多的城市港口闲置空间的转型中发现:这样的转型发展是在特定的时期(全球一体化)及特定的空间(城市港口)(MIT 团队, 2005, p. 9)中发生的。随着时代的发展,人们将参与到不同的国际化发展中,邮轮旅游正是国际化模式下的不同规划中(70 年代:多伦多、蒙特利尔、巴尔的摩、波士顿;80 年代:伦敦、阿姆斯特丹;90 年代:巴塞罗那、布宜诺斯艾利斯等)都涉及的一个关键因素。

巴西自 90 年代后开始参与到发展邮轮旅游的进程中。在该时期,若干项邮轮旅游发展规划在巴西形成,其中一项在巴西北部的贝伦市。随着邮轮旅游的逐步发展,一些港口城市觉察到了这一旅游形式的发展潜力,以及利用旅游尤其是邮轮旅游来复苏港口荒地的重要性。

巴西新建有邮轮港口的主要港口城市中自然包含了巴西的大都市,例如圣保罗的圣托斯、里约热内卢、萨尔瓦多、马塞约、累西腓,也包含了其他一些规模相对小但旅游潜力巨大的城市。表 1 显示了巴西主要的邮轮港口以及 2010—2011 季这些港口的邮轮停靠数统计。在这些港口中,一些重大的规划正在被实施。

除此之外,我们知道巴西目前的情况(经济增长以及得益于体育大赛事的举办而引起的国际游客量的增长)极有利于这些规划的实施,但我们已经发现市民和决策者之间存在的众多矛盾和冲突。

事实上,就巴西大部分港口的现有条件(堤岸、仓库)来说,在有百来年历史的旧港中新建一个邮轮港耗资巨大；这也是为什么需要选择具有缜密发展规划的港口城市来开展邮轮旅游的原因，可惜的是巴西的大量港口城市都不符合这样的情况。巴西当局总是被这些装点了他们港口并且节约了大量人力的巨型船舶所迷惑（KLEIN，2009，in MARSH，2012，p. 192）。在认为收益肯定会大大超过投资总额的情况下，相关城市在设施和基础建设上进行了大量投资（KLEIN，2009，In MARSH，2012，p. 192）。但事实上收益与原先所设想的相去甚远；根据邮轮业统计，预计一个乘客在航船经过的港口停留时平均消费额约为100美元，但根据最新的研究（不是由邮轮业组织的研究）显示，该数值更接近于预计收益的一半，约为44美元（KLEIN，2009，in MARSH，2012，p. 192）。另一项研究也表明，尽管邮轮旅游占据了加勒比游客总数的40%，但这部分游客的消费额仅占总消费的12%（GOODWIN，2008，p. 10）。此外，当地的旅游运营商必须和邮轮公司就游客选择的游轮行程进行商谈，而且通常处于不利的位置（邮轮乘客需要向在当地的邮轮公司办事处预付25%～50%的费用）（MARSH，2012，p. 193）。需要注意的是：由公共部门在现代化、设备和基础设施建设上投入的巨大金额都属于长期投资；这些投资可能需要几十年才能收回，而这些收益中的绝大部分都直接归属于邮轮公司。很重要的另一点在于邮轮旅游具有季节性，由于它只在短期内（巴西为12月至第二年4月）进行，为此这一类型的旅游接待需要结合季节性作出良好的安排。表2向我们简述了影响地方接待邮轮数量的因素。

表2　邮轮旅游的影响

	直接影响		间接影响	
	正面影响	负面影响	正面影响	负面影响
自然环境方面	赋予自然、沿海与城市景观价值 增强邮轮游客对海洋地带的感知力	空气、海洋与海底噪音污染 对珊瑚礁的破坏 干扰水生动物	能促进对自然空间的保护	环境破坏（垃圾、污水）
当地社群方面	促进经济发展 增加季节性就业岗位	道路拥堵 引起服务业季节性高峰期	带动就业与经济的增长	城市区域的绅士化

来源：GRENIER，2008，p. 45（作者整改）

巴西城市港口空间的转型规划引起了公共/个人权利及公民社会（有组织的或没有的）之间的复杂关系。关系的复杂化还在于：没有人怀疑闲置城市空间更新或转型的必要性；然而这些转变的本质和为了实现这些转变采用的方式却成了众矢之的。也正是为此，从7月初开始巴西就一直被大规模的游行风潮困扰着。

在大范围的改造下，巴西市民感觉到欣喜的同时也觉得自己是在受骗。事实上，巴西人民"就好像是加入到了一场城市转变的表演中，他们被邀请坐到一个重要的位置上，但是和他们有关的戏份却是微乎其微。市民看着现代化了的城市，感觉自己像是打了城市化标签的大广告中的配角。"（SANCHEZ，2001，p. 42）。和在巴塞罗那的情况一致，我们在巴西城市工地上听到一些用来激励相关人员以使规划得以实现的言论。这些规划被宣传成为提升城市竞争力和促进城市现代化的必要条件，为此对规划有异议的人员就被认为是违背了进步和现代化的守旧者。此外，我们如今还能在巴西找到与90年代的巴塞罗那相似的其他因素："在巴塞罗那的不均衡现象得到了缓解，但这并不是由于大众阶层转变成了高层，确切地说是由拥有更高权利的阶层取代了或驱赶了大众阶层的结果"（FAVB，1992，p. 60，in SANCHEZ，2001，p. 42）。自2010年起，围绕着《马拉维亚港》（良港）规划在里约热内卢发生的专断、暴力和非法驱赶事件，就很好地印证了这一点（cf. RIBAS，SZANIECKI，2012）。

这些复杂的关系和冲突引发了有关港口城市空间转型以及对于到目前为止很少被遵守的民主政治的深入讨论。如果这些衰退的街区必须要进行转型，那么问题就在于如何实现转型以及为了谁进行港口空间的转型？目前，全球公民社会都围绕着并且越来越重视可持续发展，由此看来，巴西需要重新审视正进行中的城市转型战略。

三、结语

近几十年来邮轮旅游迅猛发展，并且越来越多的新区域加入其中。拉丁美洲，尤其是巴西就是这样的情况，但到目前为止巴西占有的市场份额还很有限。尽管缺少基础设施以及用来接待邮轮与乘客的设备，但像巴西这样旅游潜力巨大的国家是邮轮业的战略市场（加勒比海区域市场已经饱和）。巴西人正越来越多地被这种方式的旅游所吸引。与此同时，巴西大部分接待邮轮的港口城市也意识到了满足邮轮公司及邮轮乘客需求的必要性。近几十年来，全球范围内的生产活动以及港口空间的根本转变使港口城市中出现了大量的荒地。为了赋予这些闲置的城市空间新的价值，许多规划应运而生。由于2014年的世界杯足球赛及2016年的奥林匹克运动会等大型体育赛事都将在巴西举办，这使得巴西不计投入地开展城市化改革。这些没有和市民商议过的城市化改革引起了众多有关改革有效性的激烈争议。这样的争议是否能促成投资方和市民之间的协商，并最终制定出一项真正具有创新性的可持续发展规划呢？

参考文献

［1］ Amaral R. *Uma análise do mercado de cruzeiros marítimos：evolução，previsão e expansão no Brasil e no mundo*，thèse de doctorat，Universidade de São Paulo（USP），2009.

［2］ Cruise Lines International Association（CLIA），2011 *cruise market profile study*，à partir de http://www. cruising. org/regulatory/industry – welcome，consulté le 20/03/2013.

［3］ Cruise Lines International Association（CLIA），*the overview*，2011 *CLIA Cruise market overview*，à partir de http://www. cruising. org/regulatory/industry – welcome，consulté le 20/03/2013.

［4］ CLIA ABREMAR，*Cruzeiros marítimos：Estudo de perfil e impactos econômicos no Brasil* 2010 – 2011，2012，à partir de http://www. abremar. com. br/dados – do – setor/，consulté le 20/01/2013.

［5］ Équipe MIT，*Tourismes 2：Moments de lieux*，Belin，2005，349 p.

［6］ FAVB（Federación de las Asociaciones de Vecinos de Barcelona）.《La Barcelona de Maragall》，1992，Nov. – dez. n° 10 – 11.

［7］ Fremont A.，*Le monde en boîtes，conteneurisation et mondialisation*，Les collections de l'INRETS， synthèse n° 53, 2007, 145 p.

[8] Goodwin J.《Sustainable tourism development in the Caribbean island nation – states》, *Michigan Journal of Public Affairs*, 2008, Vol. 5, pp. 1 – 16.

[9] Grenier A. A.《Le tourisme de croisière》, *Téoros*, 2008, 27 – 2, pp. 36 – 48, à partir de http://teoros. revues. org/135, consulté le 11/12/2012.

[10] Harvey D. A produção capitalista do espaço, Annablume, 2006, 249 p.

[11] Marsh E. A.《The effects of cruise ship tourism in coastal heritage cities: a case of study of Charleston, South Carolina》, Journal of cultural heritage Management and sustainable development, 2012, Vol. 2, pp. 190 – 199.

[12] Mondou V., Taunay B.《The adaptation strategies of the cruise lines to the Chinese tourists》, Tourism, 2012, Vol. 60, n° 1, pp. 43 – 54.

[13] Ramalho A. M., Vasconcelos F.《A copa de 2014: Impactos ou legado para as cidades – sede do Nordeste ?》, in Zimerman A. (org.), Desigualdade regional e as políticas públicas: copa do mundo de 2014, impactos e legado, Universidade Federal do ABC, 2013, 139 p.

[14] Ribas C., Szaniecki B.,《Occupy Rio: cidade viva》, 2012, Revue Multitudes, à partir de http:// multitudes. samizdat. net/Occupy – Rio – Cidade – Viva, consulté le 14/07/2013.

[15] Sánchez F.,《The reinvention of cities at the turn of the century: agents, strategies and political action scales》, *Revista de sociología política*, 2001, Junho, n° 16, pp. 31 – 49.

[16] Sassen S., *As cidades na Economia Mundial*, Studio Nobel, 1998, 190 p.

[17] Tourret P.《La croisière》, 2011, Note de synthèse ISEMAR, n° 140, à partir de http:// www. isemar. asso. fr/fr/institut/accueil. php, consulté le 12/06/2013.

[18] Veltz P., Mondialisation, villes et territoires: l'économie d'archipel, éd. Puf, collection économie en liberté PUF, 1996, 262 p.

[19] Vermeersch L., La ville américaine et ses paysages portuaires, entre fonction et symbole, éditions L'harmattan, 1998, 206 p.

旅游业的创新与本土居民就业权利的丧失

——试析西班牙兰萨罗特岛本土居民在当地海上运动（冲浪和帆船）教练职业中缺失的原因

克里斯托夫·吉贝尔[①]著　王月娇[②]译

摘　要　位于非洲西北面大西洋海域的加那利群岛（Les Iles des Canaries）隶属西班牙。与西班牙其他自治区相同，加那利群岛由当地自治区政府管辖，名为加那利群岛自治区政府（Gobierno de Canarias）。除了自治区政府外，每一个岛屿上都有一个本岛行政机关（Cabildo Insular）负责管辖当地公共事务，而岛上的市镇则构成了当地最小行政区划单位。兰萨罗特岛（Lanzarote）是加那利群岛主要岛屿之一，当地行政机关在1960—1970年代时曾做出了一个重大决定：将旅游作为兰萨罗特岛区域发展的重要行业。在接下来的30年间，当地政府大力推行促进旅游行业发展的各项政策，包括建造机场和公路，对兰萨罗特岛进行空间整治和区域规划，提高当地住宿业的接待能力等。因此，当地产业结构完成了有序并稳定的转型，支柱产业由原来的渔业和农业转变成旅游业（兰萨罗特岛用于农耕的土地面积在1972年至1990年间减少了80%）。近几年兰萨罗特岛的旅游以大众旅游为主，这与加那利群岛其他岛屿类似。加那利群岛之所以能够吸引旅游者，得益于其与欧洲大陆便捷的交通和常年温暖宜人的气候。根据加那利自治区政府旅游部门的统计，2006年中有90%的旅游者认为“气候和阳光”是吸引他们前来加那利群岛的重要因素。而受气候条件的影响，对于那些以旅游作为支柱产业的国家和地区（如法国）而言，旅游活动的季节性往往是制约其发展的要素之一，但加那利群岛几乎不受其影响。兰萨罗特岛月均外国游客到访量约为17.3万人次，其中5月份约为14万人次，8月份可达20万人次；而冬季（11月至次年3月）月均外国游客到访量约为16.5万人次，仅略低于全年月均外国游客到访量。这些外国游客主要来自于西班牙本土、德国、爱尔兰和英国。但是，加那利群岛的旅游优势（即气候宜人、旅游季节性不明显、风景优美等）随着近年来游客数量的逐步下滑而减弱。根据当地政府的统计，导致加那利群岛旅游下滑的原因如下：首先旅游者对于加那利群岛的整体感知形象比较负面，认为加那利群岛“并没有想像中的富有异域风情”，“已不再是时下最流行的旅游目的地”，“整体形象逐渐减弱”，“已沦为被遗忘或淘汰的目的地”，“旅游业过度大众化”等；其次旅游者认为加那利群岛提供的旅游活动文化性不强，“缺少传统文化”，“缺少具有原真性的文化活动”，特别是“缺少美食”。兰萨罗特岛数据统计中心（Centro de Datos）在2012年针对游客到访

---

① Christophe GUIBERT，男，法国人，法国昂热大学旅游、建筑、服务业管理学院副教授，法国国家科研中心空间和社会研究所昂热研究室研究员。

② 王月娇，女，贵州贵阳人，宁波大学人文与传媒学院暨中欧旅游与文化学院助教、法国国家科研中心空间和社会研究所昂热研究室博士研究生。

量的数据统计为上述现象提供了有力佐证。此外,在1990年代,兰萨罗特岛客房入住率(以酒店和套房出租为主)约为90%,但在2000年代末降至70%(以2009年为例,仅为65%)。与之矛盾的是,兰萨罗特岛整个住宿业提供的床位数却在逐年增加,从1993年的4.7万张床位增加到2011年的7.4万张床位,在18年间增幅高达58%。为了减少兰萨罗特岛游客量下降(相较于当地所提供床位数或游客逗留时间长度)对当地经济带来的消极影响,当地政府采取了一系列措施,期望能改变兰萨罗特岛的原有形象,将其打造成海上运动目的地。从1990年代初开始,兰萨罗特岛变成了许多人在冬季从事冲浪和风帆冲浪的首选目的地。基于该岛长久以来的优势,2012年,兰萨罗特岛政府和当地市镇旅游局联合当地体育服务企业管理者共同创建了"兰萨罗特海滨度假地协会(Estaciones nauticas Lanzarote)"。该协会聚集了当地政界代表和40多家专营海上运动和户外运动的企业,主要目标是通过推广海上运动来宣传兰萨罗特岛。兰萨罗特政府也借此为该岛冠上"欧洲运动之都"的名号,并通过网站推出各种体育活动项目。协会主席是一名已在兰萨罗特岛生活近20年的法国籍帆船教练,拥有法国体育运动科学与技术专业的硕士文凭和法国国家帆船协会证书,经营着位于特吉塞海滩(Costa Teguise)的一家企业,主营风帆冲浪和风筝冲浪培训及相关器材租赁。该协会旨在吸引经济条件好、购买力强的旅游者前来岛上旅游。为此,有时还会有许多来自其他国家的从业者在兰萨罗特岛从事海上运动,其中以来自巴西(通常他们都没有正规的教练证书或相关证明)、德国和法国的帆船教练最具代表性。随着外国籍从业者数量增多,加那利本土从业者在海上运动服务业中的地位也饱受威胁。尽管发展户外运动、建造海上运动度假地对兰萨罗特岛的旅游发展来说属于一大创新,但其中最大受益者却是外国从业者,他们的付出得到了"肯定"。这一现象,即外国从业者团体轨迹①的上升,也与当地丰富的经济、文化和象征资源不无关系。笔者首先将从"加那利群岛旅游资源与海上运动之间的联系"、"该地区海上运动服务就业市场整体形态"、"旅游季节性对当地带来的社会经济影响"以及"政策法规监管"四个方面仔细研读并分析相关文献资料;其次,笔者在2012年4月完成了相关的实证调查研究,完成了对特定群体的采访(包括体育运动培训学校的负责人、体育教练、当地旅游局负责人、当地政界代表等)。此外,笔者还在旅游景点拍照、搜集第一手资料(特别是旅游资料或宣传册),以补充相关的定性研究材料。

关键词 兰萨罗特岛 海上运动 就业 社会轨迹

引言:以法国研究案例地为研究"出发点"

旅游活动的季节性变化在法国的海滩边比较明显,冬季时旅游活动比较冷清,而在夏季旅游活动则比较旺盛,主要体现在:夏季更多的是拥有从业资格执照的人在从事水上活动,更多以竞赛形式进行,有专门的技术指导教练;而冬季则相反,从事水上活动的更多是没有从业资格执照的人,相应的体育赛事也比较少,而从事技术指导的教练在夏天也会指导冲浪者,只是冬天指导时更多是初学式技术指导为主(Guibert, Slimani, 2011)。由于从事者流动性很大,水上运动在时间上两极集中性很难用数据去衡量,且水上运动可获得的经济效益

---

① 译者注:"轨迹"(trajectoire)由法国社会学家布迪厄提出,专门用来表现个人或团体上升与下降趋势的概念。

也不大。水上运动不论是否和旅游活动联系紧密，它的独特性决定了水上运动教练和技术指导等职业的季节性。因此其中有一部分的教练和技术指导在淡季时在水上运动领域处于失业状态，这一比例也比较难以用数据统计，因为这个数据会随着每年从事水上运动的人数的变化而变化。而水上运动的季节性在法国更加明显，甚至会从技术层面影响水上运动在全年内以协会的形式发展和相关商业活动的开展。因此在旅游淡季，整体就业市场显得相当萧条，特别是水上运动领域，会有更多的季节性从业者处于失业状态。并且在部分法国海滨地区（例如朗德省、旺代省等）水上运动是当地主要经济来源，在这一领域的相关就业人数相当可观，但因为旅游强烈的季节性，因此这些海滩全年中经常相互交替出现“空无一人”和“人满为患”两种状态。并且在这些地区可从事的水上运动项目相对比较成熟，对器械配备要求也比较高，大多以冲浪（阿基坦大区）和帆船（布列塔尼大区）为主要运动，因此许多当地政客对水上运动进行投资，期望将水上运动发展成可提高该地的识别度的活动（Guibert，2006）。所以越来越多的水上运动管理者和政策制定者开始关注水上运动教练在夏季之外的其他时间“蒸发消失”的现象和水上教练的自身职业和社会发展前途。水上运动教练时而失业时而复业的现象引人深思。当地政客认为部分教练的工作是脆弱和不稳定的，但这些教练却是当地旅游就业市场中重要的组成部分。这部分教练每年10月到次年5月都被认为是“多余的”或“没用的”人。正如Robert Castel所说：“在当地公民和政策计划中他们的地位也是一无是处的[…]所以他们会引发问题，进而更容易受到关注并且会引发他人的担心。”

本文将重点分析两项水上运动：帆板和冲浪，基于他们的社会经济重要性、历史发展和他们在当地旅游发展中所带来的影响，将这两项运动作为主要研究对象。笔者将以对在法国从事和开展这两项运动所需要的条件的研究为基础（Guibert，2007，2008，2010），并对他们的职业发展状况进行对比。法国的水上运动在特定区域、旅游发展和社会背景下的特殊性是否只存在于法国？其他国家是否也有类似的发展逻辑？就业结构发展在当地区域发展中是否能以协会模式存在？旅游水上活动中教练的职业化进程的社会、经济和区域发展逻辑有哪些？西班牙加那利群岛中的兰萨罗特岛是著名的冲浪和帆板胜地，气候对旅游季节性的影响并不是最明显的①，而这两项活动在历史发展、当地经济活动、其社会属性、气候环境、两项活动的象征和感知意义都具有独特之处，因此兰萨罗特岛是很好的研究对象。而在法国由于水上运动被旅游发展所利用，它与当地旅游到访人次关系紧密，因此活动本身和参与到该活动中的教练职业也具有季节性。兰萨罗特岛地理位置特殊，是一个“封闭”的空间，经济结构单一，淡季时没有其他经济活动，这样背景下兰萨罗特岛内的整体发展又如何？这类地区，特别是法国海滨地区，属于社会化程度高、发展连续性强、限制少、相对开放、不同参与者（包括政策制定者）都参与到区域发展中（Lussault，2007），因此当地制定发展策略，寄希望于通过开发“海滩地区”和发展“滑行类运动”来加强自身区域识别度，能够为当地带来一定经济和象征效益，但参与其中的运动教练却并不能享受到这些运动所带来的种种效益。这种差距是否也存在于西班牙兰萨罗特岛的水上运动发展之中？是否还有其他阻碍对水上

---

① 对于生活在欧洲大陆的人来说，加那利群岛兰萨罗特岛属于地中海式气候，冬季气候与欧洲大陆地区相比并不严酷，最低温度几乎不会低于12度。

运动教练职业的就业环境产生负面影响？

本文首先采用的研究方法是收集阅读相关文献，从下列几方面总结文献综述：加那利旅游发展和水上运动、不同地区水上运动职业的总体意识形态、旅游季节性带来的社会经济影响、政策制定形式。其次，本文将采用实证调查法，于 2012 年 4 月在田野调查过程中收集的实证材料。所有访谈都是与受访者面对面完成，其中包括与水上运动相关的上层管理人员（运动俱乐部和培训学校的管理者、体育教练、当地旅游局负责人、当地政策决定者）。此外，笔者还对旅游景点进行拍照，同时搜集第一手资料（主要是旅游宣传册），以补充定性调查结果。

笔者注意到在社会科学领域与兰萨罗特岛旅游发展相关的法语研究寥寥无几，说明西班牙案例对于法国研究者相对缺乏吸引力。笔者利用社科类文献搜索引擎“Persee”和“Cairn”搜索“兰萨罗特岛”和“旅游”两个关键词，与之相关的文献凤毛麟角，也证实了笔者上述观点。一些法国地理学刊杂志发表了部分相关文章，但大多都是外国研究者所著文章的翻译。其中西班牙地理学者 Manuel de Teran 在 20 世纪 60 年代发表了一篇关于加那利群岛的文章[①]，但他的研究只是从地质学角度分析加那利群岛的地质构造、气候等，而非从社会学角度。除了西班牙学者外，一些德国和英国学者也以加那利群岛为研究对象发表部分文章，大多是与兰萨罗特岛旅游主要客源地相关。

一、兰萨罗特岛旅游：新近发展结构完整但快速进入衰退的经济行业

加那利群岛是西班牙自治区之一，由加那利群岛自治区政府（Gobierno de Canarias）管辖。除了自治政区府外，每一个岛屿上都有一个本岛行政机关（Cabildo Insular）负责管辖当地公共事务，而岛上的市镇则构成了当地最小行政区划单位。

（一）旅游：发展势头良好的行业，但具有季节性的缺陷

兰萨罗特本岛行政机关在 20 世纪 60 至 70 年代时，决定将旅游作为本岛主要产业。接下来的 30 年时间，当地政府通过各种规划和整治对兰萨罗特岛进行改造，包括发展建造机场和公路、大量建造住宿酒店等。笔者采访了特吉塞[②]旅游局（Teguise Turismo）的局长 Inma Armas Lasso 女士，她主要负责制定特吉塞岛的旅游发展规划。她解释道：“上世纪 60 年代旅游开始在特吉塞发展，最开始是在卡门港（Puerto del Carmen）建造了第一批酒店。而第一批到访的游客主要是德国人和英国人，他们乘船从欧洲大陆来到特吉塞。当时他们都是散客，而现在很多欧洲大型旅行社，比如途易（Tui）、托马斯库克（Cook）都将他们的旅游团发到特吉塞来。这里是他们重要的目的地。”[③]

① 参考资料：Manuel de Teran，《Quelques aspects de la géographie des Iles Canaries》，Revue de géographie de Lyon，1963，n°38，p. 165 – 204.

② 译者注：特吉塞是西班牙加那利群岛拉斯帕尔马斯省的一个市。

③ 访谈完成于 2012 年 4 月，在特吉塞旅游局办公室进行。途易旅行社是一家德国旅行社，而托马斯库克是一家英国旅行社。

因此，岛上原来以传统的渔业和农业为主导的经济格局发生了有序且循序渐进的变化。Inma Armas Lasso 女士表示："尽管每个岛的变化有细微差别，但整个群岛上游客到访量和客房数都有明显增长，与此同时农业也进入衰退期。[…]以完全将主要产业转向旅游的岛屿为例，比如兰萨罗特岛，岛上农耕面积从 1972 年到 1999 年减少了 80%，主要原因是大量的劳动力都从第一产业转入第三产业。[…]第二产业中与建造业有关的副产业也得到增长，特别是旅游基础设施建造，同时随着旅游发展有许多新居民进入岛内定居，他们的住宅房屋建造使得建造业从 1996 年到 2001 年多增长了 5 个百分点。"①

得益于旅游业的发展，加那利群岛人口实现增长而农耕土地逐渐减少，证明了加那利群岛的经济结构完全向旅游业转型。兰萨罗特岛与加那利群岛的其他岛一样，也在最近几十年间逐渐发展成大众旅游目的地。加那利群岛之所以可以吸引旅游者，是因为它距离欧洲大陆近，全年气候温暖。根据加那利自治区政府旅游部门所做的关于旅游者旅游动机的调查表明，2006 年有近 90% 的旅游者将"气候/阳光"作为首选动机（表 1）。

表 1 2006 年旅游者选择加那利群岛作为目的地的动机

旅游动机	占比/%
气候/阳光	88.54
宁静/休息/放松	39.49
海滩	33.89
景致	26.75
探索发现新目的地	17.42
价格	12.50
方便出行	8.22
环境质量	7.65
适宜带小孩度假	6.77
环境、美食/娱乐活动	6.34
安全	5.09
购物	3.63
旅游供给	3.35
水上活动	1.65
文化活动	1.56
高尔夫	1.25
休闲活动公园	1.22
疗养旅游	0.96
乡村旅游活动	0.86
其他体育活动	0.83
面临自然灾害的安全系数	0.73
其他	5.11

① 资料来源：Hernadez Luis J. A.，《Tourisme et indicateurs de développement aux Iles Canaries. La nécessité de formes alternatives de tourisme en relation avec le patrimoine culturel》，in Breton J. – M.，Patrimoine culturel et tourisme alternatif –（Afrique，Amériques，Caraïbe，Europe），Editions Karthala，2009，p. 77 – 104.

上述由大加那利帕尔马大学①的研究成果列举了加那利群岛作为旅游目的地吸引旅游者的原因，同时也有不愿意来到加那利群岛的原因。不论来自哪国的旅游者，加那利群岛最能吸引他们的就是“丰富多样的自然资源（海滩、山、火山、森林）”、“旅游基础设施的品质和名气（有许多高端酒店产品）”、“进出岛屿便利”、“热情好客”、“适宜全家前往的目的地”，还包括“水上运动项目（冲浪、帆板、海钓、海下潜水等）”。

而在法国的海滨度假地，由于气候而产生的旅游活动季节性带来的影响会更明显，甚至直接影响当地的旅游经济发展，但加那利群岛却不受此类限制。Inma Armas Lasso 女士解释道：“根据不同季节，来到加那利群岛的游客各有不同。夏季大多是携家带口的旅游者，但在4、5、6 月份更多的是来从事冲浪或者风筝冲浪的旅游者，冬季则更多是老年人。”② 此外，兰萨罗特岛外国游客到访量在全年平均每月有 17.3 万人次，5 月份约 14 万人次，而到了 8 月份则会达到 20 万人次。冬季（11 月到次年 3 月）游客到访量平均每月约为 16.5 万人次，略低于全年平均值。来自西班牙本土、德国、爱尔兰和英国的游客数量变化较小，每月到访人次相差无几（表 2）。

表 2　2011 年每月兰萨罗特岛游客到访人次（根据客源国统计）

国家	1 月	2 月	3 月	4 月	5 月	6 月	7 月	8 月	9 月	10 月	11 月	12 月	总计
德国	34 060	32 165	36 656	26 868	20 098	20 475	26 755	23 104	22 723	26 824	35 031	26 235	330 994
奥地利	1 079	4 476	1 538	1 044	1 003	298	481	389	329	762	1 560	1 035	13 994
比利时	2 952	3 215	3 531	3 958	2 111	1 506	3 137	2 881	2 713	3 182	2 765	2 434	34 385
法国	562	202	363	1 075	60	279	1 034	1 197	766	137	852	1 257	7 784
荷兰	1 865	5 152	4 207	4 262	4 238	3 184	2 176	2 077	4 398	7 253	4 774	5 585	49 171
爱尔兰	13 556	11 522	10 125	11 167	15 162	18 394	20 636	17 461	17 074	16 218	10 685	10 507	172 507
意大利	1 521	3 391	1 840	3 163	3 558	3 665	4 164	5 086	3 507	4 188	2 427	2 276	38 786
英国	54 600	66 872	80 242	82 300	66 154	75 996	80 707	77 601	84 723	84 818	63 316	64 904	882 233
丹麦	2 923	5 318	3 783	3 657	2 056	1 251	1 382	1 024	1 373	1 988	2 534	2 690	29 979
芬兰	2 470	3 427	3 200	1 055	61		237			2 390	2 397	2 854	18 091
挪威	5 306	6 106	6 289	4 724	175	21	51	40	375	3 371	4 523	4 751	35 732
波兰	449	546	474	536	233	537	1 487	714	665	778	576	758	7 753
瑞典	3 837	6 213	7 747	4 148	175	148				2 078	4 057	4 710	33 113
瑞士	1 691	1 818	1 779	2 299	1 422	1 509	2 135	1 924	1 915	2 601	1 539	1 284	21 916
其他国家	1 119	1 437	1 243	3 642	2 483	3 154	3 138	6 773	3 065	1 898	2 952	1 151	32 055
西班牙	19 538	18 281	19 965	25 377	21 690	26 946	46 535	61 431	42 367	32 342	24 962	28 147	367 581
总计	147 528	170 141	182 982	179 275	140 679	157 363	194 055	201 701	185 991	190 828	164 950	160 578	2 076 071

数据来源：兰萨罗特岛本岛行政中心，数据统计中心，2012 年。

① 资料来源：Gouvernement des Canaries – Université de Las Palmas (Gran Canaria), Une élaboration de la stratégie de positionnement touristique des divers produits-destinations, 2011, 112p.

② 资料来源：Gouvernement des Canaries-Université de Las Palmas (Gran Canaria), Une élaboration de la stratégie de positionnement touristique des divers produits-destinations, 2011, 112p.

因此,这些吸引旅游者前往加那利群岛的元素(气候、季节并不明显、景致等)并没有使得群岛游客到访量继续增长。在游客眼中加那利群岛旅游产品缺少文化性,群岛的形象也发生改变,这些都能很好解释加那利群岛游客到访量下降这一现象。

(二)一个正在衰退的目的地?

除了前文中提到的吸引旅游者来到加那利群岛的度假的优势之外,加那利群岛也给旅游者留下负面印象,旅游者表示在岛上很少有与"文化"有关的活动,"缺少传统文化氛围","缺少具有原真性的文化活动(特别是美食)"。除此之外,加那利群岛上其他方面也有负面评价,比如岛上消费过高、岛上"异域风情"形象逐渐减弱、"已不再是时下最流行的旅游目的地"、"逐渐过时"、"已成为被荒废的目的地",而更重要的是加那利群岛被认为是大众旅游的目的地。这些负面印象也印证了加那利群岛本身缺乏自身的区域形象,在上述调查中可知,在外国旅游者眼里加那利群岛已变成过时的目的地,从社会和象征意义来说,这里不会是他们首选目的地。在2012年由兰萨罗特岛数据中心统计的数据中,与净游客到访量有关的数据(客房入住率和逗留天数)印证了上述负面印象。在20世纪90年代,兰萨罗特岛的客房入住率(包括酒店和套房)约90%,但这一数据在本世纪头10年末只有70%(2009年约65%)。然而兰萨罗特岛的客房床位数却在上升,1993年全岛可供住宿床位数为47 000张,到了2011年增长至74 000张(18年间增长幅度高达58.3%)(表3)。

表3 1993—2011年兰萨罗特岛休闲类住宿业(酒店和套房)客房入住率变化趋势(根据床位数统计)

年份	客房入住率/%	所提供床位数
1993	78.8	46,864
1994	89.2	45,460
1995	88.5	48,570
1996	88.5	52,830
1997	84.5	53,898
1998	88.5	56,114
1999	89.0	56,145
2000	84.3	58,132
2001	83.4	59,735
2002	80.2	60,846
2003	79.0	64,811
2004	74.5	65,867
2005	75.8	65,428
2006	74.5	65,293
2007	74.8	69,197
2008	73.0	72,507
2009	65.0	73,953
2010	69.4	74,324
2011	77.1	74,223

数据来源:兰萨罗特岛本岛行政中心,数据统计中心,2012年。

与酒店客房入住率的变化趋势类似，旅游者每次平均在兰萨罗特岛的逗留天数进入21世纪以来也在逐渐下降。2000年时旅游者平均每次逗留天数为11.35天，而2005年时为9.24天，2011年只有8.74天，相当于10年间平均逗留天数减少了3天(表4)。

表4 2000—2011年旅游者逗留天数变化趋势

年份	天数
2000	11.35
2001	11.07
2002	10.59
2003	10.19
2004	10.19
2005	9.24
2006	9.34
2007	9.69
2008	9.29
2009	9.11
2010	9.24
2011	8.74

数据来源：兰萨罗特岛本岛行政中心，数据统计中心，2012年。

(三)复杂的旅游化进程

面对上述变化，兰萨罗特岛采取了新的措施，开始大力推行岛屿的遗产化，丰富旅游活动类型，推出新的旅游活动。在所有影响旅游活动和加那利群岛旅游目的地的新的发展趋势之中，有一些被看做是至关重要的：新的发展趋势所带来的效应促使当地采取新的发展政策，对岛上旅游活动进行"重新定位"①。2011年加那利群岛自治政府列举了新的发展趋势：

——目的地竞争对手的数量和质量都在提高；

——游客的要求越来越严格：有一些是专家级别旅游者，满足其要求将会越来越难；

——加那利群岛的相对度假成本提高(包括石油价格、航线减少、经济危机等)。

此外，在对前来兰萨罗特岛的旅游者期望的深度调查中，下述变化也得到印证：

——平均年龄的提高：旅游者大多是年纪偏大的游客，但他们仍然活力十足，期望通过旅游来"唤醒青春"，对安全的要求也比较高，并且具有怀旧情结；

——非传统的新型家庭形式：单身人士、丁克家族、同性情侣、空巢老人；

——对环境敏感度提高：更加关注气候变化、更加具有环保生态意识；

——追求精神层面：关注自我价值、追求原真性、关心自身、追求完美卓越的倾向；

——获取并储存信息的方式发生变化：网上预定以获得低廉价格、大幅度利用Web 2.0；

① 资料来源：Gouvernement des Canaries-Université de Las Palmas (Gran Canaria), Une élaboration de la stratégie de positionnement touristique des divers produits-destinations, 2011, 112p.

——运用多元手段去享受假期：获得经验、健康和享乐的能力，从固守陈规到欣赏具有异域风情的事物，舒适便捷的度假环境（所有都安排好），人性化的技术支持；

——“多元化旅游者”：旅游者凭借不同的经验和所到过的不同目的地，在不同度假背景下呈现出不同的状态。

与此同时，当地政府也察觉到整个兰萨罗特岛作为旅游目的地它的竞争性逐渐下降。如今在旅游者眼里兰萨罗特岛是“传统”和“过度大众化”的目的地，缺少创新和多元化，附加产品匮乏，并未及时回应顾客需求，但最重要的一点是住宅建设进展过于缓慢。在此背景下，当地决策者有必要立即重新定义兰萨罗特岛作为旅游目的地的发展战略。为了重塑其竞争力和发展支柱（Richie, Crouch, 2003），兰萨罗特岛有必要根据旅游者的新需求来适时做出调整。然而对目的地的重新定位一定是基于已有资源，或是创造新资源，因此创新的挑战同时也是对区域资源的重新整合的挑战。兰萨罗特岛应将创新建立在自己的气候优势上，并突出自身特色和吸引力，以与其他类似岛屿（例如马德拉岛①）进行区分。

二、水上运动作为旅游活动的创新：兰萨罗特海滨度假地协会（Estaciones nauticas Lanzarote）的建立

（一）水上运动：确定的目标市场

自20世纪90年代以来，兰萨罗特岛对于欧洲人而言是冬季从事冲浪和滑浪风帆的理想目的地。在纸质媒体（特别是法国两大主流冲浪杂志《冲浪报刊》和《滑浪风帆画报》）经常出现关于该地的报道；许多在专项的世界运动机构（例如职业冲浪协会）支持下所举办的职业锦标赛也在该地举行；除此之外兰萨罗特岛上还有许多著名的适宜从事冲浪运动的景点，例如埃尔玛克多（el Quemao），有许多专业冲浪媒体多次提及，戏称其为“加那利管道”，并将埃尔玛克多的浪花与夏威夷瓦胡岛传奇的“大管道浪（pipeline）”相提并论。特吉塞旅游局局长 Inma Armas Lasso 女士赞同这样的观点，并表示兰萨罗特岛有诸多优势，换言之有诸多可待开发和为旅游所用的“区域资源”，这些资源是当地社会构造的结果，并且具有独特的象征意义（Gumuchian et Pecqueur, 2004）：

冲浪运动本身当然具有良好的形象。我们需要发展这项活动，因为我们需要和别人区分开来！我们经常举办大型体育竞赛，例如在拉圣塔（La Santa）每年都有一项由一家私人企业（拉圣塔冲浪）和我们协作主办的比赛，主要涉及冲浪、滑浪风帆、风筝冲浪等项目。但冲浪是最重要的运动，因为每年10月份都有一项国际级别大赛。我们在此与所有人一同协作发展冲浪运动，包括所有级别的政府机关、旅游局、培训学校、住宿业从业者等。我们所制定的发展战略使我们可以将兰萨罗特岛作为运动胜地大力宣传。

兰萨罗特岛的冲浪和滑浪风帆培训学校的招生广告展示了当地体育服务项目的国际化程度。其中不同外语的运用显示出不同的客源国，包括西班牙、英国、德国和意大利。培训

① 马德拉群岛位于非洲西海岸外北大西洋上，隶属于葡萄牙。

学校所收取的学费属于当地旅游收入的缝隙部分,而交学费从事这些体育运动的人也凭此跻身拥有优厚经济实力的社会群体行列。当地企业会对从事冲浪的旅游者提供租借冲浪装备(按天或星期)服务,但相比之下培训学校的培训课更能创造可观的经济收入,正如兰萨罗特海滨度假地协会会长 Eric 所说:

如果创办一个培训学校,要使其运转,最重要就是所开设的课程。其实如果我们租借设备(例如冲浪板)的话,收入会比较少。我们 70% 的收入都是从开设的课程中来,因为我们所用的冲浪板都是教学用板,比起一般外面租借的冲浪板来说要便宜和简陋,而顾客往往希望租借最好的冲浪板,所以出租冲浪板更多是形象工程,要在形象上下足功夫,使得旅游者能够前来购买。而我们的目标是上好培训课,所以我们都是亲自授课。

表 5　水上运动学校观摩课和深度培训课的价格对比

体育项目	冲浪	滑浪风帆	风筝冲浪
单节课价格(每节课 1.5 小时)	30 – 40 欧	40 – 45 欧	60 欧
长期培训价格(5 天)	180 欧(共 5 天)	155 – 180 欧(共 5 天)	280 – 325 欧(共 3 天)

为了将兰萨罗特岛打造成运动目的地、降低逐渐下降的游客到访量(与当地可提供的床位数以及游客平均逗留天数相关)所带来的负面经济效应,兰萨罗特岛本岛行政机关联合每个市镇的旅游局、体育服务企业相关管理人员,以协会的形式共同创建了兰萨罗特海滨度假地协会(Estaciones nauticas Lanzarote)。该协会中不仅集结了公共政府机构,还包括了 40 余家水上运动和户外运动专项企业,其主要目标是通过体育项目宣传兰萨罗特岛,因此本岛行政机关主管旅游发展的部门推出了兰萨罗特岛的宣传标语“欧洲运动目的地”,并且还在他们的网站上推出大量相关产品(图 1)。

图 1　兰萨罗特岛水上中心所提供的旅游体育项目分布地图,2013 年[①]

① 资料来源:http://www.turismolanzarote.com/deportes/Guia_LESD_-_castellano.pdf, [en ligne], 访问于 2013 年 5 月 22 日。

(二)战略和政策的合理化:权力更大的调节方式

兰萨罗特海滨度假地协会的会长名叫 Eric，他是一名 20 年来全年长期居住在兰萨罗特岛上的法国籍帆船教练。他拥有法国体育运动科学与技术专业的硕士文凭和法国国家帆船协会证书[①]。现在他和另一名法国人 Laurent 在特吉塞海滩(见图 2)共同经营一家滑浪风帆和风筝冲浪培训学校和设备租赁公司,从 2012 年初开始 Eric 便接手管理协会。他表示:“这是一个复合型协会,主要负责通过体育项目(风筝冲浪、钓鱼和冲浪)来宣传推广兰萨罗特岛,即出售‘体育商品’。同时也期望能够帮助岛内小型企业的自身发展。”建造这样一个将所有企业(包括存在竞争的企业)重组的协会,可以使他们享受每月税收,其中有四分之三的企业都是由外国人管理(法国人、德国人、英国人等)。此外,发展体育项目还可以改变原来兰萨罗特岛“旅游过度大众化”、家庭和退休人士专享目的地等负面形象。对于 Eric 而言,最明确的目标就是吸引具有强大经济基础和购买力的旅游者来到兰萨罗特岛:

创建协会最初是当地政府授意,因为他们意识到当地旅游供给远小于当地旅游需求。当然协会的创建也将帮助中小企业作为目标,特别是那些水上运动专项旅行社作为目标之一。但自从经济危机以来,大众旅游逐渐走向衰退,旅游者的消费和游客到访量都在下降。因此在这样条件下还要维持大众旅游,是很有风险的。我们主要期望将兰萨罗特岛打造成体育目的地,让旅游者来到这里能够玩滑浪风帆、冲浪、自行车等运动,这好比是保证我们职业生涯能够顺利进行下去的保障合同,能够让我们继续生存下去。我们的目的其实就是调动酒店管理人员、旅行社,使他们能够帮助小型旅游体育企业,共同为顾客提供‘体育套餐’,提供更对口的服务。由于经济危机对西班牙打击实在是严重,因此酒店、旅行社包括政府界人士更应当在此时团结起来共同合作。[②]

三、被隔离和限权的当地人:西班牙本土居民在旅游水上运动商业活动中就业权利的丧失

在兰萨罗特岛这样一个以发展水上运动为主的旅游目的地中,西班牙本土居民在就业市场中所占的比例少之又少。仅仅在法玛拉(Famara)少数经营冲浪装备租赁的是西班牙人,而其他位于更加繁华的旅游地(例如岛屿东部的拉斯库查拉斯(Las Cucharas)海滩(见图 3))的企业都是由外国人管理(特别是法国人和德国人)。而位于岛屿西部的冲浪培训学校大多都是巴西教练,不过大多都没有正规的从业文凭或执照。旅游局局长 Inma Armas Lasso 女士证实了这一点:

大部分的运动教练都是外国人:法国人、德国人、巴西人等。可能本地人并没有完全做

---

① 资料来源:2012 年 4 月在风筝冲浪俱乐部和 Eric 的访谈:“我上过体育老师培训课程,然后在法国卡昂大学获得法国体育运动科学与技术专业的硕士文凭,主攻体育和休闲管理方向。在当时我是为数不多从事这个行业的。我还获得了法国国家一级帆船教练执照,之后又在无意之中进入了酒店行业……尽管我在酒店业干的不错,但我更喜欢从事与体育项目有关的职业。”

② 资料来源:2012 年 4 月在风筝冲浪俱乐部访谈。

好准备去指导旅游者从事体育项目或者进行冲浪课程教学……或者他们可能更喜欢自己去冲浪而不是在和冲浪有关的行业工作……我也不太知道其中原因！

特吉塞海滨：被外国人垄断的体育服务公司（照片拍摄：Christophe Guibert，2012 年 4 月）

“滑浪风帆俱乐部（Windsurf club）”位于兰萨罗特岛内最适合进行滑浪风帆的海滩边，是由法国人管理，同时也是“滑浪风帆天堂”公司的直接竞争者。“滑浪风帆天堂”是由德国人经营的公司，主营装备出租，冲浪、滑浪风帆和风筝冲浪的课堂教学，与“滑浪风帆俱乐部”仅几步之遥。这两家也是兰萨罗特岛仅有的提供滑浪风帆教学的培训学校。

图 2

“滑浪风帆天堂（Windsurf Paradise）”和“冲浪火山（Volcano surf）”都是由德国人经营的两家公司，他们均位于进入兰萨罗特岛著名旅游景点拉斯库查拉斯海滩的唯一道路上。这些公司都构成了具有当地象征代表性的地标。

图 3

(一)促进旅游业创新的水上运动教练网络

值得注意的是,期望对兰萨罗特岛的旅游目的地形象进行重新定位的并不是当地政府,而是法国和巴西的冲浪者。而本土冲浪者仅仅将冲浪限制在很小的范围内,仅当作是一项娱乐活动而非工作。而外国冲浪者则是将冲浪和他们的职业生涯结合在一起,或用一种管理企业的方式来经营冲浪。换言之,该现象证明了旅游资源是如何被参与者和他们的国际化属性所创造(Gumuchian, Pecqueur, 2004)。兰萨罗特岛本身具有独特的地理和气候条件,适宜冲浪,而外国教练和管理者则把这一优势转化成旅游资源。

而笔者在调查过程中遇到的法国企业管理者都拥有高水平的资格(不仅拥有相关的大学文凭,还拥有国家青年体育文凭)。而和其他体育运动一样,法国对体育运动从业资格证书颁发要求都十分严格。一个冲浪者要获得法国冲浪教练资格证书,必须经过近一年的学习,而对于一个西班牙教练获得相关文凭只需要3天的培训。除此细节之外,法国冲浪教练的培训课程有较高的质量,冲浪教练不仅在体育技术上可以满足整个职业生涯的要求,并且还能将他们本身的项目和他们的才华,与经济发展项目相结合。这同时也是Laurent和Eric两人的观点和看法,得益于此,两人最终成为了兰萨罗特岛的真正的企业管理者。而其他受访的冲浪教练都表示他们的工作非常辛苦难以忍受:Russel是一名英国教练,他表示这样的职业可以成为终生职业,只要"我们有勇气进行下去"。因为冲浪运动本身对冲浪者体能要求比较高,因为一名冲浪教练可能要整天浸泡在海水里和处在风吹日晒的环境下,而且冲浪运动要求教练必须有快速的反应和应急能力,并能掌握多种外语。因此要从事这样的职业光靠一腔热血是不够的,而且冲浪教练本身收入也并没有特别吸引人,每个月约1 500欧元左右。这些冲浪教练通常都喜欢出游、遇见新的人,常常在他们的言谈感觉出他们将自己标榜成"游牧主义者",追求与众不同,但在人生的某一阶段,这样的想法往往被稳定的职业生涯和家庭的需求所取代。

(二)法国籍水上运动教练的社会资本:支撑其职业活动的发展

而兰萨罗特岛上的水上运动管理人员凭借一腔热情来从事他们的职业。他们其所经营的冲浪企业和自己的人生规划紧密结合,而兰萨罗特岛则成为了一个稳定的地理空间。管理者冲浪培训学校的法国人Laurent就安顿在他岳父的公司旁边,他的岳父经营着一家与徒步相关的商店。他们共同雇佣了一名行政人员,然后共同向顾客推出一套完整的旅游产品。

这些企业管理者应当创造出良好的就业环境,而兰萨罗特海滨度假地协会同时也关注着法国企业管理者,让他们能够得到更好的自我发展,可识别度更强,帮助他们在特吉塞市政府名下获得必要的空间和环境来发展他们的企业。具体来说,就是改善企业的生存环境,以帮助实现其经济活动。对于与来到兰萨罗特发展经济活动的企业家来说,他们在之前的经历和职业生涯中已经获得了社会资本(Bourdieu, 1980),但鲜有学者就社会资本和旅游企业家及其活动之间的关系进行研究(Zhao et al, 2011)。个体所拥有的人际关系的社会资本中主要是指个体所拥有的社会关系的稳定度,而这也是了解冲浪企业管理者他们社会轨迹形成的重要因素。他们在当地的人际关系网和他们在当地的适应和融入有着本质的区别,这正是他们能在兰萨罗特岛背景下更具有创新性的原因,同时也可以解释这些人为什么会与当地政府和本土居民产生矛盾。社会资本能创造出共同的社会象征、个体在认知上的默契、共同的语言以及共同的爱好。

对于冲浪企业管理者来说，社会资本同时为这些公司提供了优势（Nahapiet, Goshal, 1998; Bolino et al, 2002）。冲浪企业管理者的人际交往、经验和精湛的运动技术使得他们名声大噪，年年都能为他们吸引顾客和有能力的培训教练。而事实上，能够成功运转冲浪企业，最核心的就是可靠并技术精湛的培训教练。Juan 是一名西班牙籍冲浪俱乐部负责人，他的俱乐部聘用了大量的巴西培训教练，他表示："你了解这些教练，他们赚了钱然后就走了。"但事实上顾客们每年来兰萨罗特岛时都喜欢看到固定的教练。所以一个俱乐部内部教练团队的稳定度实际上也是质量的保证，并能给旅游者的旅游体验中带来不陌生的感觉。受访者 Laurent 强调在其团队内部为教练营造良好的氛围，降低教练的流动性，因为他们的顾客期望能在每次来时都看到熟悉的面孔。除了良好的工作氛围之外，提高冲浪教练忠诚度的因素还有他们在工作中所获得的职业经验，公司所代表的高超的运动水平，以及公司自身的名誉。因此每年夏季，俱乐部中总会有顾客的小孩或者爱好冲浪的朋友短期工作或实习，一方面可以找到一份最佳的学生工作；另一方面还可以使得整个工作环境更加"友好亲近"。

四、结论

兰萨罗特岛上的水上体育运动已不单单是多数人所从事的体育活动，它已成为宣传推广当地特色的工具，并逐渐成为具有当地特色、提高地区识别度的标志。然而现在岛内的相关政策制定却并没有迎合上述现象。面对大批游客，岛内一些著名景点的可进入的难度越来越大，有些可从事水上运动的空间会被当地政府所实施的所谓的"地方保护"政策限制，或者被官方的"自然保护"政策约束，甚至有些地方采取了限制水上运动（冲浪、风筝冲浪、滑浪风帆等）培训学校开展相关业务的政策。因此，受此限制，许多相关的服务业务并不能得到大规模的开展。

除此之外，在大多数的水上运动相关企业中，管理层的相关工作都是被有相关从业执照的外国人所占领，特别是法国人，他们知道如何利用自身所拥有的"社会资本"为自己所用。而许多重复性很强的工作（例如冲浪培训教练）都是由巴西冲浪者担任，他们并没有相关的从业执照或文凭，但他们仍可以利用自身的"社会资本"（Lévy, 2003），因为他们通常都有很强的在外生活经验，并且他们所来自的巴西是世界上著名的冲浪胜地，在那里冲浪运动发展比较成熟，因此他们的实践经验比较丰富。而部分当地参与者所表现的"本土资本"却使他们在就业市场中处于不利位置，因此，西班牙或者兰萨罗特本土居民的就职潜力被逐渐隐藏，最后从社会经济角度来看，影响兰萨罗特岛水上运动教练就业的归属的并不是旅游的季节性，而是就业市场外部环境结构，以及就业市场本身形成过程和发展局势过于本土化所导致的结果。

参考文献

[1] BOLINO M. C., TURNLEY W. H., BLOODGOOD J. M., 2002,《Citizenship Behavior and the Crea-

tion of Social Capital in Organizations》, Academy of Management Review, vol. 27, n°4, p. 505 – 522.

[2] BOURDIEU P., 1980, 《Le capital social》, Actes de la Recherche en Sciences Sociales, n°31, p. 2 – 3.

[3] CASTEL R., 1999, Les métamorphoses de la question sociale, une chronique du salariat, Paris: Gallimard, 813 p.

[4] Gouvernement des Canaries-Université de Las Palmas (Gran Canaria), 2011, Une élaboration de la stratégie de positionnement touristique des divers produits-destinations, 112 p.

[5] GUIBERT C. 2006, L'univers du surf et stratégies politiques en Aquitaine, Paris: L'Harmattan, 321 p.

[6] GUIBERT C., CREAC'H C., 2007, Audit de la voile en France, 2nde phase, étude commanditée par la Fédération Française de Voile, 86 p.

[7] GUIBERT C., 2008, Le surf en France: emplois, employabilité et formations, Etude commanditée par la DRDJS Aquitaine – Gironde, 178 p.

[8] GUIBERT C., SLIMANI H., 2011, Emplois sportifs et saisonnalités. L'économie des activités nautiques: enjeux de cohésion sociale, Paris: L'Harmattan, Coll. Logiques sociales, 241 p.

[9] GUIBERT C., 2012, 《Les effets de la saisonnalité touristique sur l'emploi des moniteurs de sports nautiques dans le département des Landes》, Norois, n°223, p. 77 – 92.

[10] GUMUCHIAN H., PECQUEUR B., 2004, La ressource territoriale. Paris: Economica.

[11] HERNADEZ Luis J. A., 2009, 《Tourisme et indicateurs de développement aux Iles Canaries. La nécessité de formes alternatives de tourisme en relation avec le patrimoine culturel》, in BRETON J. – M., Patrimoine culturel et tourisme alternatif – (Afrique, Amériques, Caraïbe, Europe), Editions Karthala, p. 77 – 104.

[12] LÉVY J., 2003, article《capital spatial》, dans LÉVY J., LUSSAULT M. (dir.), Dictionnaire de la géographie et de l'espace des sociétés, Paris: Belin, p. 124 – 126.

[13] LUSSAULT M., 2007, L'Homme spatial. La construction sociale de l'espace humain, coll. 《La couleur des idées》, Paris: Seuil, 363 p.

[14] NAHAPIET et J., GHOSHAL S., 1998, 《Social Capital, Intellectual Capital and the Organizational Advantage》, Academy of Management Review, vol. 23, n°2, p. 242 – 266.

[15] RICHIE J. R. B., CROUCH G. I., 2003, The Competitive Destination: a sustainable tourism perspective. Wallinford, UK, CABI Publishing.

[16] TERAN Manuel de, 1963, 《Quelques aspects de la géographie des Iles Canaries》, Revue de géographie de Lyon, n°38, p. 165 – 204.

[17] ZHAO W., RITCHIE J. R. B., ECHTNER C., M. Echtner, 2011, 《Social capital and tourism entrepreneurship》, Annals of Tourism Research, Vol. 38, n°4, p.

印度海滨旅游的萌芽:西方模式的传播以及与本地文化的融合

伊莎贝尔·萨加罗[①]著　王月娇[②]译

摘　要　尽管拥有漫长的海岸线,但印度在世界上并不算一个海滨旅游胜地。然而这不代表印度海滨罕无人迹,无游客到访。最初到访印度西岸果阿海滩的游客是嬉皮士,接着来自世界各地的“夜店爱好者”也陆续来此。而自20世纪80年代兴起的印度国内旅游,发展至今已逐渐转向常被外国游客所忽略的海滨地区。印度国内游客的海滨旅游行为也有异于其他国家旅游者,反映了另一种人与海滩的关系。和世界上其他地方一样,在印度,许多度假村的诞生和发展往往基于国际旅游的需要。一般的海滨度假村都是以海水浴、日光浴和水上运动为主要活动,而在印度的海滨度假村,仅有海水浴一项旅游活动是与外国旅游者的海滨旅游活动相同。有别于西方海滨旅游,印度旅游者还会进行一些独具特色的旅游活动:海景观赏,在喀拉拉回水海湾上乘坐邮轮,在海滩上或者特殊的度假村进行印度传统的阿育吠陀[③]疗养,参观宗教和历史景点或者举办电子迷幻晚会等。这些特色也促使一些新兴旅游地的诞生,并对传统海滨休闲及旅游模式做出相应改变,融入疗养、参观及社交元素。

关键词　阿育吠陀度假村　海滨　朝圣　海滩　旅游行为　国内旅游　疗养旅游　节庆　果阿邦　喀拉拉邦

一、引言

综观旅游在世界范围内的发展和扩散,我们几乎可以断定全世界的海滨地区都以欧洲海滨旅游为模板而发展起来。然而,印度的海滨旅游是个例外。尽管拥有漫长的海岸线,全部布满了椰子树,属于标准的热带海滨天堂类型,但在印度海滨地区却没有大量国际游客到访的海滨度假地,这并不意味着在印度海滨地区没有旅游活动,也不意味着那些国际游客不去的海滨度假地没有印度本国旅游者到访。现有的数据以及笔者的田野调查观察结果表明,在印度位于海滨地区的邦,例如主要是果阿邦(Goa)和喀拉拉邦(Kerala),另外位于曼德拉斯市(Madras)[④]和朋迪榭里市(Pondichery)的泰米尔纳德邦(Tamilnadu),都有外国游客到

---

① Isabelle Sacareau,女,法国人,法国波尔多第三大学地理系教授,法国整治、发展、环境、健康研究所研究员。

② 王月娇,女,贵州贵阳人,宁波大学人文与传媒学院助教、法国国家科研中心空间和社会研究所昂热研究室博士研究生。

③ 译者注:阿育吠陀是印度传统医学。

④ 译者注:曼德拉斯(Madras)是古地名,是现今的金奈市(Chennai)。

访。而从20世纪80年代以来,越来越多的印度人开始到访海滨地区,并且他们的目的地是外国游客完全不熟悉的。然而,在印度海滨地区发展起来的旅游与西方旅行社所传播的海滨旅游发展模式完全不同,并不是西方模式在印度的简单再造。与其他海滨地区一样,在印度的海滨地区也建造了许多旅游度假村(Resorts),旅游者到此主要的旅游活动为海水浴、晒太阳以及从事水上运动,但这些仅仅是众多海滨旅游活动的其中一种模式。在西方传统的旅游活动模式划分中,包括自身保健、探索发现和社会交往,而海滨旅游模式在全世界范围的推广和传播,加上旅游者(西方旅游者和印度旅游者)在印度海边独特的旅游活动,对海滨传统的旅游活动模式划分产生影响。夜场晚会活动在印度的海滨地区变成了新兴的旅游活动,而印度果阿邦正是这一活动产生地。除此之外,传统的旅游度假村与印度传统医学结合,对自身保健类活动在新的背景下进行重新再造,形成了"阿育吠陀度假村"(Ayurvedic resorts)。这两项创新活动,是国际旅游结合印度国内旅游独特形式的产物,从20世纪80年代起开始在印度全面发展起来。但是印度海滨旅游度假村和海滨旅游活动的形式与欧洲或北美洲旅游者所熟悉的差别微乎其微,印证了全球海滨旅游的发展是欧洲和北美洲模式的统一化这一观点。

二、在国际旅游背景下发展起步较晚且局限性大的印度旅游

印度并不是全球海滨旅游最重要的旅游目的地,印度海滨旅游发展曾受到诸多限制:缺少国际化标准的旅游设施、地区整体卫生条件很差、印度社会与西方旅游者存在的巨大文化差异,以及当地政府缺少有力的旅游发展政策。

(一)海滩:长期被精英阶层遗忘的地方

在许多被欧洲殖民者统治的国家中,殖民者的别墅度假可看作是第一个与现代旅游相关的活动(Équipe MIT, 2011)。然而英国人作为现代旅游的创始者,并没有将他们在欧洲海滨地区的旅游习惯带到印度海滨地区,而是将山区作为他们在印度的主要旅游目的地。尽管部分印度贵族王子在海边拥有自己的别墅,但对于莫高尔王朝的精英以及欧洲殖民者来说,他们的传统度假地都是位于印度西南部的西高止山脉或者喜马拉雅山区的别墅。对于当时的英国人来说,他们习惯于冰冷的海水,并且受19世纪维多利亚时代所崇尚的卫生保健理论以及精神信念的影响,英国人认为热带海滨气候会在精神上和体力上使人意志消沉(Kennedy, 1996)。印度半岛的海滩气候十分炎热,而大海运动剧烈,海滨地区经常受比较危险的海浪冲击,并且这些地区常被渔民的鱼塘以及农民的稻田隔断。这样的海滨地区对英国人毫无任何吸引力,他们寻找的是具有凉爽气候,并能远离嘈杂人群的度假地。

而当时印度精英阶层对于海滨地区的情感也是复杂矛盾的:海滨地区曾是社会劳动阶层的工作空间,这增加了该地区的不纯粹感,但大海本身应该是纯净和能量再生的源泉,从这个角度来说它应该是神圣的。因此当时在印度海滨地区的活动大多都是纯粹的宗教活动,信徒们来到此地做宗教弥撒活动、参与朝圣活动或者宗教节庆活动、参观众多位于海边的庙宇等。殖民时期的印度海滨地区并没有海水浴活动,与其他国家殖民地,例如法国殖民地印度支那头顿市(Demay, 2011),或者德国殖民地中国的青岛大不相同。那时的印度海滨

地区,除了喀拉拉邦的科瓦兰(Kovalam)有20世纪30年代印度国王邀请的欧洲客人到访,以及西孟加拉邦(Bengale occidental)的迪迦(Digha)为英国人所知之外,其他海滨地区在殖民时代几乎无人到访。1780年当时英属印度总理Warren Hasting在写给妻子的信件中,称赞迪迦为"东方布莱顿(Brighton)"。随后,英国旅游者John Franck Smith在1923年到访迪迦,他所撰写的游记让迪迦名声大噪。随着印度的独立,John Franck Smith说服了西孟加拉邦政府,将迪迦打造成一个海滨旅游度假地。而如今迪迦已经成为西孟加拉邦最大的海滨度假地,它距离西孟加拉邦首府加德满都(Calcutta)仅有175千米,每到周末都会有大量的加德满都市民前来此地度假。迪迦也是英国殖民时期唯一一个保留下来的有名气的海滨旅游度假地。

(二)为了发展国际旅游而建造的海滨度假村

在印度脱离英国殖民统治并取得独立之后,印度曾遇到发展旅游活动的巨大阻碍。缺少国际化标准的旅游设施、地区整体卫生条件极差、印度社会与西方旅游者存在的巨大文化差异,这些不仅成为20世纪70年代印度发展国际旅游的阻碍,同样也是20世纪80年代阻碍印度国内旅游发展的因素。1951年印度国际游客到访人次为1.6万人次,而到1960年增长到12.3万人次,1970年为28万人次。到了80年代,印度开始实施经济自由化政策和真正的旅游发展战略,并推出了以"神奇印度(Incredible India)"为口号的宣传广告,因此国际游客到访人次突破了百万。如今这一数字以极快的速度上涨,2011年已达到620万人次。然而受到数据统计和分析的限制,笔者并不能获得不同类型目的地(海滨地区、山区、城市等)的旅游到访人次。但可以得知到访印度的旅游者中,大部分都选择以参观大城市和著名旅游景点为主的旅游线路,而不是到海滨度假村(resort)放松身心。对于西方人而言,印度地理位置遥远,具有独特悠久的历史,因此与在海滨度假村放松身心不同,他们更偏向于参加传统旅游线路,参观大城市和著名景点。而近几年来,与其他发展中国家一样,越来越多的度假村出现在印度海滨地区。法国旅游地理研究团队MIT将度假村(resort)定义为目的地内一个封闭的地点,不是所有人都可以进入,并且有专属的海滩、游泳池,这与另一旅游地类型——旅游度假地(station)不同。旅游度假地是开放的,并且海滩是面向公众开放(Équipe MIT, 2001, 2005)。

尽管印度海滩覆盖面广,并且从审美学角度来说,印度海滩的景致完全符合受欢迎的热带海滩的各种标准(白色的沙滩和椰子树),但是印度海滨地区的海滩比较危险。首先,因为涌潮和海滩的距离比较短,所以并不是在所有海滩地区都可以安全地下海或者游泳。其次,印度海滩如果没有经常清理,或让当地居民不再使用海滩,换言之,如果没有将海滩私有化,是不能够接待外国旅游者的。最后,在印度当地社会中,由于人们对于身体的观念仍然比较保守,他们并不能接受将皮肤暴露在阳光下晒黑的行为,这不仅会使当地人感到惊讶,而且会让那些身着游泳衣的旅游者不自在。因此,旅游度假村这一封闭的空间形式更适合外国旅游者,可让他们免于与当地人混用同一空间,并可以毫无顾忌地晒黑。而印度的首批海滨旅游度假村率先在果阿和喀拉拉两个邦建造起来,之所以是这两个邦,是因为这里社会经济稳定,卫生条件良好并且当地人受教育程度高。这两个邦的海滨地区最开始被葡萄牙人使用,保留了许多与欧洲密切相关的文化元素,并曾有大量基督教徒生活于此,由于印度是一个拥有大量印度教徒和伊斯兰教徒的国家,这些外来元素对于到访的欧洲游客而言,可消除当地的异域感和差异性。

三、印度西方海滩:用来表示旅游发展模式在全球化传播的新名词

尽管印度旅游发展起步较慢,且有较大局限性,但在发展之初仍具有独特之处,不仅与当地参与者的属性有关,而且与某些文化活动在全世界范围内的传播关系密切。

(一)1970年代嬉皮士首先到访海滨地区

位于印度半岛西南部海滨的果阿邦,曾是葡萄牙人殖民地,20世纪60年代,这里曾是欧洲嬉皮士当时流行的"印度之路"①上最重要的一站,他们经过西班牙福门特拉岛(Formentera)、伊比萨岛(Ibiza)、摩洛哥马拉喀什(Marrakech)、土耳其伊斯坦布尔(Istanbul)、阿富汗喀布尔(Kaboul)、尼泊尔加德满都(Katmandou)最终到达印度。这些旅行者崇尚"穷游",试图在旅行中寻找和西方完全不同的新的生活方式。他们之所以选择印度,一方面因为印度对他们来说具有神秘感;另一方面在印度对毒品的贩卖比较自由和宽松。这段旅程对于嬉皮士来说,是带有入教性质的精神之旅,与兴起于17~18世纪欧洲精英的大环游具有类似之处(Équipe MIT, 2011)。而果阿因此成为重要的旅游目的地,而果阿海滨也出现了嬉皮士们所崇尚的胜地,例如阿周那(Arjuna)村、恰朗格乌泰(Calangute)、巴珈(Baga)和科尔瓦(Colva)海滩等。而位于果阿南部580千米的喀拉拉邦海滨旅游的发展与果阿邦类似,当地的沙滩布满椰子树,而旅游活动的发展则以卡瓦兰村为中心散布开来。如果说嬉皮士们在冥想小舍(ashram)②内可以获得精神上的升华,那么当他们来到果阿海滨时,更多体验的是与当地传统的大众旅游完全不同的可达到自我消遣和放纵的夜店晚会。他们直接在海滨上睡觉,伴随着毒品和幻觉剂在摇滚乐中消遣。此外,这帮人还吸引了一些所谓的精神教主前来传授心灵教程,或是瑜伽和按摩课程等(Saldhana, 2002)。此后,许多年轻的背包客也来到此地,他们通常在此地逗留1到3星期,而在这些海滨地区,当地人或者逗留于此的嬉皮士开设了许多小商店、酒吧或者餐厅,目的就是满足背包客的需求。外国背包客在此逗留的同时也吸引了那些崇尚自由和享乐主义的印度年轻人前来海滩地区。

因此,此处的旅游发展是欧洲嬉皮士与部分参与到旅游发展的当地居民紧密互动的结果(Wilson, 1997),然而部分当地人仍受之前传统的葡萄牙天主教殖民文化的影响,担心嬉皮士的行为会对果阿年轻人以及他们的身份认同产生负面影响(Saldhana, 2002)。在果阿邦海滩上的年轻人的各种行为实际上是嬉皮士入教式旅行与传统的但缺乏舒适度的3S海滨度假旅游融合的结果。果阿海滩充斥着震耳欲聋的音乐的夜店晚会构成了果阿海滨旅游

---

① 译者注:印度之路,20世纪60~70年代欧洲嬉皮士从欧洲出发穿越中亚来到印度,该线路是当时嬉皮士所崇尚的精神之旅。

② 译者注:asham,印度乡间可供冥想的小舍。

独特的风景线，得益于此，果阿海滩获得了一定的国际知名度，甚至被称为亚洲的伊比萨岛①。

（二）果阿，电子迷幻晚会的起源地

到了20世纪80年代，果阿邦海滨地区的嬉皮式夜店晚会融入了新的音乐元素——电子迷幻乐以及欧洲和北美年轻人的城市文化。电子迷幻乐最开始由一名名叫Laurent的法国DJ最先引入果阿邦海滨夜店酒吧，这是一种融合70年代的迷幻乐、80年代的电子乐以及印度当地传统民乐的一种新型音乐类型，被命名为"催眠电子舞曲（trance dance）"。这种新型电子迷幻音乐逐渐在果阿邦海滨各大夜店和酒吧流行起来，随后传播到欧洲其他大城市，而在当下，电子乐以及夜总会在欧洲盛行，并用新词"clubbing"来表示去夜总会玩这一活动。英国人甚至创造出一个与果阿相关的商业词汇——"果阿迷幻（Goatrance）"来形容这类迷幻电子音乐，并广泛用于全世界的各大夜总会和夜店。而这类音乐通常用在"纵情狂欢晚会（rave party）"，是在露天但远离居民住地的地方进行，可持续一个夜晚。

"果阿迷幻纵情晚会"创造出一个新型娱乐空间：以大海为背景在海滩边搭建舞池，配上各种颜色的聚光灯，用荧光色作画并装饰在椰子树上。而在海滩后方，"果阿村"逐渐形成扩大，里面有许多商店提供异域特色食物，贩卖印度、尼泊尔或者北非风格的衣物和工艺品首饰，还有按摩、看相、瑜伽教学、碟片等（Saldhana，2002）。果阿村事实上构建了一个理想地，类似于城市，其中有各种商铺、休闲活动，还有这个地区的生活方式和规则，它处于旅游者的迷幻旅行平行世界中，还包括一切超级现代化设施（网络、电子乐、电子产品等）。而时下几乎所有大型的音乐节都配有类似的小村庄，而果阿则是这类音乐节的发源地，又被称为"自由晚会（free party）"，这一名词如今已被各种跨文化群体所接受，并且在其所对应的文化模式传播中得到广泛应用。这类群体大多是年轻人、城市居民，具有极强流动性，相互之间联系紧密，并且都有同样的音乐和舞蹈品味。他们可以用自己的存在方式颠覆原本拥有其他属性的空间：例如海滩、森林、沙漠、田地、草原，甚至是荒芜的土地。而西班牙巴利阿里群岛的伊比萨，尽管也是以夜店和俱乐部出名的岛屿，但大多数的夜店晚会都是由夜店老板组织（Équipe MIT，2005），这也是果阿海滩与伊比萨的不同之处。

（三）从大众海滨旅游到阿育吠陀度假村：对休憩和自身保健活动的重新定义

到了20世纪80年代，印度政府对于旅游发展的态度发生改变。印度政府开始实行经济自由化政策，并允许外国资本进入印度本国，与此同时印度政府还实施了一项国际旅游开放政策，最初开放包机航线，并以内需国内和国际酒店连锁集团出资建造酒店。例如在果阿邦，当地政府最初的目标客源群体十分明确，希望吸引经济条件优厚，但不会对当地社会准则体系造成不良影响的旅游者群体。但随着包机航线的开放，一些出行成本比较低的游客也开始来到果阿地区，另外，印度本国的中产阶级从1980年代开始也逐渐开始养成消费休闲活动的习惯（Borges，Pereira，Stubbes，2000，Kannath，2008）。1980年初，果阿邦印度本

---

① 译者注：伊比萨岛是西班牙地中海巴利阿里群岛的一个岛屿，岛内充斥着各种酒吧夜店，是许多欧洲年轻人寻欢作乐的目的地。

国游客到访人次已达40万人次,而当时国际游客到访人次仅有4万。2012年,果阿邦印度本国游客已达233.749 9万人次,而国际游客为40.053 0万人次。而在出行的印度本国游客中,数量最多的还是属于社会上流人士,一些大酒店的入住率大多由他们贡献,除此之外还有部分喜欢在酒店举行家庭聚会以及度蜜月的印度人。

而印度另一个重要的海滨旅游地——喀拉拉邦也有类似的旅游发展历程。其中以科瓦兰最具有代表性,它是喀拉拉邦游客访问量最大的旅游度假地(2010年国际游客到访人次约10.863 9万),除此之外瓦尔卡拉(Varkala)也是喀拉拉邦旅游胜地,主要客源以旅游成本小的旅游者为主(2010年国际游客到访人次约4.554 5万)。1995年,印度政府在喀拉拉邦北部的本卡尔(Bekal)实施了一项雄心勃勃的规划,即根据国际旅游标准和可持续发展的理念,规划并建造一整个海滨旅游度假地。然而15年之后,该地仅有1 700名游客,其中只有323名外国游客到访。尽管缺少数据去衡量这项政策对于喀拉拉邦海滨地区所带来的影响,但可以确定的是,标准的大众海滨旅游发展模式并没有在该地取得预期的成功。反倒是当地政府并未规划过的果阿邦,当地旅游发展取得了巨大成功。

然而,另一类旅游地类型,即旅游度假村在喀拉拉邦海滨取得成功,当地将海滨旅游与印度传统医学结合起来,形成了新的旅游产品,也称为阿育吠陀疗养度假村(ayurvedic health resorts)或者阿育吠陀水疗村(ayurvedic spas)。此类活动是基于个体自身保健,这也是原先西方海滨旅游发展起来最初的活动形式。阿育吠陀(Ayurveda)是古印度的一种传统理疗方式,20世纪初在英国殖民统治时期喀拉拉邦作为一种印度教科学而被重新利用,这与西方的生物医学理论完全不同,形成了鲜明的对照(Dejouhanet, 2009)。阿育吠陀由梵文书写并流传至今,它倡导注重生命的卫生保健、饮食结构、肢体活动以及按摩的重要性,具有保养与治疗疾病的功效。它的主要手段是沐浴、按摩、涂抹精油、进行瑜伽,并根据气候季节条件以及病人的个体特质来制定合理的饮食计划。

21世纪初,喀拉拉邦政府实施旅游宣传和推广政策,塑造出喀拉拉邦热带天堂的形象。一些印度本土和外国企业与当地阿育吠陀医学从业者一道,共同推出了阿育吠陀疗养度假村,主要针对的客源市场是寻求柔和自然的异域医学,或者寻求通过草药和香薰来治疗疾病的国际旅游者。除此之外,这类疗养度假村还针对居住在世界各地的印度人,他们可能喜欢享受放松身心、恢复体力的假期,往往与瑜伽活动结合起来。而度假村的产品往往包括了旅游者在此逗留的一切活动,对于城市旅游者具有极大吸引力,他们往往希望前往具有异域风情的地方,居住在建筑外观看似传统但内部十分豪华的度假村内,并可以进行自身保健活动(Pordier, 2011)。在印度的许多大城市都可以找到阿育吠陀的医院或者门诊,而在喀拉拉邦,29家阿育吠陀疗养度假村60%都位于海边或者位于近海沿岸,而在近海沿岸往往可以看到由河道构成的水系网,通常有可供参观的船屋,或者传统的竹船或用椰子树纤维所制成的船(Ramesh et Kurian, 2012)。此外,印度政府希望将印度作为一个新的目的地,不仅仅是在印度大城市从事简单的疗养旅游,还要吸引游客来此逗留一段时间,可进行外科手术或者特殊药物治疗,当然游客在逗留时会受到一定限制(Connel, 2006, Raikhel, 2011, Solomon, 2011, Hoyez, 2012)。而阿育吠陀疗养度假村是一个旅游性更强的度假村,它主导将传统的欧洲水疗和度假村旅游模式与印度的传统(例如按摩、瑜伽、精油浴)结合起来。因此,当地政府鼓励发展此类阿育吠陀疗养度假村,因为不仅可以促进印度传统阿育吠陀医药产品的外销,还能够促进当地旅游发展,将疗养与参观旅游文化景点结合起来,可谓一举两得。

四、在印度海滨地区新开始发展的印度国内旅游

近几年来,印度海滨地区旅游的发展中,国内旅游所占地位越来越重要,自 1980 年代开始,印度的城镇化进程加快,人民工资水平提高,因此出现了一批对休闲活动十分渴望的中产阶级人士(Cabasset, Peyvel, Sacareau, Taunay, 2010, Sacareau, 2012, 2013)。但是这批印度中产阶级更喜欢去大城市、宗教圣地、喜马拉雅山区或者西高加止山区的山地度假村,直到不久前他们才开始发现海滨的乐趣,而他们所从事的海滨旅游活动与西方旅游者的略有不同。

(一)起源于 20 世纪 80 年代的印度国内大众旅游

根据印度旅游局的数据统计,1999 年印度国内游客到访人次约为 6.67 亿人次,2011 年为 8.5 亿人次,而同年国际旅游到访人次仅有 620 万人次。印度国内游客到访人次平均每年增长 13.8%,略高于国际旅游到访人次的增长率,即 9.4%。

然而这些数据的真实性有待考证,因为统计数据的方式肯定是错误的,官方机构并没有把狭义的旅游与商务出行、家庭出游(以参加红白喜事为目的)、宗教出游区分开来,而后三者正是促使印度人产生位移的主要原因。根据最新的调查研究表明,在印度人的出行目的中,仅有 6% 是与旅游和休闲活动有关,以宗教朝圣活动为目的的出行占 8%,而以家庭活动为出行目的的受访者所占比例高达 50%(NCAER, 2002)。若要想统计专门前往海滨地区的印度旅游者更是难上加难,这类数据在于印度国内旅游相关的调查中并未统计。尽管如此,从印度国家、邦州以及本地各级机关所统计的数据来看,不论是在哪种类型的旅游目的地,包括海滨地区在内,印度本国游客到访量远远高于国际游客到访量。以喀拉拉邦为例,2011 年到访该地的国际旅游者不足 73.3 万人次,而印度本国旅游者到访量高于 930 万人次。而位于喀拉拉邦首府特里凡得琅(Trivandrum)的该邦州最大历史最悠久的旅游度假地科瓦兰,2011 年接待的国际游客约为 22.438 7 万人次,但同年接待的印度本国游客约近 130 万人次。同样位于喀拉拉邦的兰克代夫岛(Laquedives)以及其周边阿拉伯海域的珊瑚礁景区每年接待游客约 6 万人次,而阿拉伯海南部的安达曼群岛(Andaman)和尼克巴群岛(Nicobar),从 1990 年开始发展海滨旅游和邮轮旅游,他们主要接待的旅游大多都是印度本国人。印度半岛几乎所有海滩都有印度本国旅游者的足迹,只是印度本国旅游者与国际旅游者所选择的旅游目的地不同。印度本国旅游者更多是从海滨地区的大城市开始参观和游览,例如北部西孟加拉邦的迪迦、奥里萨邦(Orissa)的普里(Puri)和各帕普尔(Gopalpur)、古吉拉特邦(Gujerat)的笃马(Dumas)等。印度本国旅游者数量越来越多,因此各级政府在制定相关旅游发展政策时也会考虑本国旅游者。这些印度籍旅游者属于中产阶级,他们到访海滨的人数越来越多,但他们所从事的旅游活动与欧洲旅游者的海滨旅游活动有明显的差别。

(二)印度旅游者在海滨地区:基于探索和社交活动的旅游活动

在西方国家,旅游者在海滨地区的旅游活动最开始是从海水理疗开始,发展到后期变成

了消遣性质更强的海水浴,在此过程中往往会涉及游泳以及其他水上运动的学习,并逐渐接受暴露在太阳下被晒黑的皮肤。而在印度,本国旅游者的海滩旅游活动首先是探索参观和社交活动,其次才是具有娱乐性质的体育活动。而宗教节庆活动、朝圣行为以及家庭访问活动则是生活在内陆地区的印度人接触海滨地区的最主要的机会。而印度的海滨地区分布着许多重要的宗教地点,包括宗教圣地,时刻吸引着来自全印度的朝圣者。例如普里的印度教天神庙(Jagarnath)以及当地的乘车节(Rath Yatra Festival),是奥里萨邦最吸引印度本国旅游者的景点。而位于印度半岛最南面、濒临马纳尔海峡(Mannar)的小岛拉梅斯瓦拉姆(Rameswaram)也是著名的印度教圣地,被认为是南部的“瓦拉纳西(Bénarès)”①。其中有一些印度教庙宇直接建造在海滩上,例如位于泰米尔纳德邦金奈市(Chennai)和朋迪榭里市之间的马马拉普拉姆(Mamallapuram)的神庙,同时也被联合国教科文组织列入世界遗产名录。除了上述提到的非常著名的印度教圣地之外,沿着印度的海岸线还可以发现许多宗教景点、老式建筑、重要的历史文化地,许多印度新兴中产阶级趁参观宗教圣地的机会参观海滨地区。而在印度,宗教活动几乎占据了印度人所有的社交文化活动,同时也包括旅游活动。因此部分印度旅行社抓住机会占领市场推出“宗教旅游”,为旅游者提供参观宗教圣地的机会,所以旅游者几乎和朝圣者的位移路线一致,导致这两者之间差别极其细微。这类具有宗教特征的旅游活动为印度人展示了海滨地区的其他用途,并逐渐培养他们的旅游习惯。因此参观庙宇经常与参观临近的海滩结合在一起。

印度国内旅游者在海滨地区最典型的旅游活动就是欣赏海浪和看渔民和渔船来来回回打鱼,还有观看日出和日落,这在印度是非常大众的一项活动,因为在印度教中宇宙自然变化有着重要的宗教含义。而对于那些国内旅游刚开始起步的岛屿,例如兰克代夫岛、安达曼群岛和尼克巴群岛,除了在海滩上可以从事的旅游活动之外,最主要的旅游活动就是乘坐潜水艇欣赏珊瑚礁群。类似于潜水甚至是对于面罩和橡皮脚掌的使用对于印度人来说仍然比较陌生,而海水浴仍是印度人主要的海滨旅游活动之一。因为对于印度教信徒而言,洗浴具有一定宗教意义,并且印度人喜爱浸泡在海水里来获得凉爽的感觉(Amado, 1971)。但是大多数印度人并不擅长游泳,因此印度人的海水浴仅仅是穿着衣服泡在水深不超过身高的水里面或者踏浪,更不要提穿着游泳衣在海边把自己晒黑。在印度社会中,不论是信奉印度教、伊斯兰教还是基督教,印度人的身体观念仍然相当保守,他们不能接受女性将腿和肩膀暴露在公共场合;并且晒黑的皮肤能让他们联想到黑人,是一种不祥的颜色,并且有一种对底层和劳动人民的歧视。但是海滩却是印度人的社交场所,他们携家带口、呼朋唤友或者以教友聚会的形式围坐在海滩边进行野餐,并且有许多小商贩也在海滩边贩售商品。海滩同时也是可供人们进行大众体育项目的消遣场所,包括足球、板球,甚至还有小孩沿着海滩边骑马散步。

因此,印度中产阶级的主流旅游活动并不是西方旅游者海滨旅游活动的再创造,它反映了印度人独特的在海滨地区休憩娱乐的方式。除了旅游度假村之外,尽管印度海滨旅游地为不同社会文化背景的人提供交流平台,但仍然可以找出印度旅游者与外国旅游者的明显差别,其中表现在他们旅游活动在时间维度和空间维度的不同。笔者观察到,外国

① 译者注:瓦拉纳西是印度北方邦的城市,位于恒河河畔,是印度教的一座圣城。

旅游者通常会到由外国人经营的拥有私人海滩的酒店中,其主要活动为海水浴和日光浴。而印度人则常常会前往公共海滩,他们通常会在清晨或者傍晚观看潮起潮落,或者在参观完庙宇或其他宗教景点之后,举家或与朋友一起围坐沙滩上,将双脚浸泡在水中,并分享美味佳肴。

五、结论

在印度西海岸,从果阿邦到喀拉拉邦,海滨旅游的发展并不是对西方海滨旅游"3S"模型的简单再造,而是将印度社会独特的行为习惯与旅游发展的文化固有模式相结合,这一文化固有模式自1970年代开始在全球范围内传播(Équipe MIT, 2013)。印度果阿邦的夜店晚会以及阿育吠陀式度假疗养的案例为上述观点提供良好佐证,并在其中以独特的方式将传统的西方旅游活动类型——自我保健和社交活动进行重新解读。与此同时,本国旅游者对印度海滨地区的造访远大于国际旅游者。尽管印度本国旅游者最初在海滨的旅游活动与19世纪产生于西方海滨地区的旅游活动有相似之处,但这并不是对西方旅游活动的简单再造,因为这些活动所产生的历史、经济和社会文化背景都有很大差别。那么是否可以判定印度旅游发展模式是一种在高度宗教化社会中的特殊旅游模式?是否与汉化背景下的社会或者穆斯林社会中的旅游发展模式有相似之处?抑或印度旅游的发展仅仅是在自我身心修复类活动发展史上的一个过渡阶段?现在回答还为时尚早,因为研究者并未短暂脱离调研因此无法获得客观看法,并且仍需要长时间的田野调查,并对各个影响旅游者行为活动的变量进行研究,例如社会地位、宗教信仰、社会出身等,还需要进行比较研究才能得出更完整的结论。但可以确定的是,具有独特性的印度国内旅游仅仅处在快速发展的初期,并且这些特性将会随着旅游的发展,深入并持久地改变印度社会与海滨地区之间的关系。这些案例与现象印证了如下观点:大众旅游的全球化和多样化反映了旅游活动所具有的自我发展以及重新创新的能力,从而反驳了欧洲部分学者所提出的"旅游末日论"。

参考文献

[1] Amado P., 《Le bain dans le Gange. Sa signification》, Bulletin de l'École française d'Extrême－Orient, tome 58, 1971, p. 197－212

[2] Borges C. J., Pereira O. G., Stubbes H., Goa and Portugal, History and Development, Concept Publishing Company, 2000, 433 p

[3] Boutourye E., 《Goa, aux porte des métropoles. Communautés transnationales et musiques techno》, in: Géographie, musique et postcolonialisme, Vol. n°6: 1－2, 2009, p. 123－132.

[4] Boutourye E., Artialisation et ontogenèse des lieux contemporains. Étude du courant musical psychedelic trance, Thèse de doctorat de géographie, Université Paris1－Panthéon－Sorbonne, 2006, 484 p.

[5] Cabasset－Semedo C., Peyvel E., Sacareau I., Taunay B., 《De la visibilité à la lisibilité: le tourisme domestique en Asie. Quelques réflexions à partir des cas chinois, indiens, indonésiens et vietnamiens》, Espaces, Populations, et Sociétés, n°2－3, 2010, p. 221－235.

[6] Connel J., 《Medical Tourism: Sea, Sun, Sand, and…Surgery》, Tourism Managment n°27, 2006,

p. 1093 – 1100.

[7] Dejouhanet L. ,《L'Ayurveda》, EchoGéo [En ligne], 10 | 2009, mis en ligne le 01 septembre 2009, consulté le 26 avril 2013. URL: http://echogeo. revues. org/11349; DOI: 10. 4000/echogeo. 11349

[8] Demay A. , Tourisme et colonisation en Indochine (1898 – 1939), Thèse de doctorat de l'Université Paris 1 Panthéon – Sorbonne, 2011, 439 p.

[9] Équipe MIT, Tourismes 3, La révolution durable, Paris, Belin, coll. Mappemonde, 2011, 332 p.

[10] Équipe MIT, Tourismes 2, Moments de lieux, Paris, Belin, coll. Mappemonde, 2003, 349 p.

[11] Équipe MIT, Tourisme 1, lieux communs, Paris, Belin, coll. Mappemonde, 2002, 319 pages.

[12] Goreau – Ponceau A. ,《De l'image au voyage, l'Inde ou la quête de soi》, Articulo n°4, (Numéro thématique: "Une géographie culturelle et politique du tourisme"), 2008, En ligne: http://articulo. revues. org/index771. html.

[13] HOYEZ A. C. , *L'espace – monde du yoga. De la santé aux paysages thérapeutiques mondialisés*, Rennes, Presses Universitaires de Rennes, 2012, 156 p.

[14] HOYEZ A. C. ,《L'ayurveda, c'est pour les Français. Interroger recours aux soins, systèmes de santé et expérience migratoire》, *Revue Européenne des migrations internationales*, vol. 28, n°2, 2012, p. 149 – 170.

[15] KANATH U. D,《The Development of Tourism in Goa》, in Singh S. et Singh T. *Profiles in Indian Tourism*, New – Delhi, APH Publishing, 2008, p. 181 – 191.

[16] KENNEDY D. , *The Magic Mountains: Hill Stations and the British Raj*, Berkeley, University of California Press, 1996, 265 p.

[17] PORDIER L. ,《Se démarquer dans l'industrie du bien – être. Transnationalisme, innovation et indianité》, *Anthropologie et Santé*, (en ligne), 3 – 2011, mis en ligne le 28 novembre 2011, URL: http://anthropologiesante. revues. org/805.

[18] Ramesh U. , Kurian J. ,《The Holistic Approach of Ayurvedic based Wellness Tourism in Kerala》, International Journal of Advanced Research in Managment, vol. 3, n°2, Juillet – Décembre 2012, pp. 29 – 39.

[19] Sacareau I. ,《Les mobilités touristiques en Inde: circulation des modèles et partage de l'espace》, DESI n°2, Presses Universitaires de Bordeaux, 2013, p. 191 – 207.

[20] Sacareau I. ,《La contribution de l'Inde à la troisième révolution touristique》, in LI R. et SU Y. (coord.), La troisième révolution touristique, Actes du 1er Colloque Sino – européen du tourisme, Presse Océan, Beijing, 2012, pp. 255 – 267.

[21] Saldanha A. ,《Identity, Spatiality and Post – colonial Resistance: Geographies of the Tourism Critique in Goa》,Current Issues in Tourism, vol. 5, n°2, 2002, p. 94 – 108.

[22] Saldanha A. ,《Music Tourism and Factions of Bodies in Goa》, Tourism Studies, vol. 2 (1), 2002, p. 43 – 62.

[23] Solomon H. ,《Affective Journeys: the Emotional Structuring of Médical Tourism in India,》 in: Raikhel E. ,《Healing Holidays ?, Anthropology and Medicine, spécial issue on Médical Tourism, vol. 18, n°1, avril 2011, p. 105 – 118.

[24] Spencer JE. , Thomas WL. ,《The Hill Stations and Summer Resorts of the Orient》, Geographical Review, vol. 38, n° 4, 1948, p. 637 – 651.

[25] Wilson D. ,《Paradoxes of Tourism in Goa》, Annals of Tourism Research, vol. 24, n°1, 1997, p. 52 – 75.

超越中国人固有晒黑理念：海南冲浪者独特的社会轨迹以及西方社会准则所带来的冲击

凡桑·郭爱飞[①]，克里斯托夫·吉贝尔[②]，杜鹏飞[③]著
王月娇[④]译

摘　要　自20世纪80年代开始到21世纪伊始，中国海南岛完成了完美转型，从原来不属于中央政府经济发展重点区域的“热带西伯利亚”变成了现今的“中国夏威夷”，而后者正是目前国家及海南省旅游行政主管部门为这个国际和国内游客年到访量总计近2 000万人次的热带海岛共同打造的宣传口号。伴随着海南经济深刻转型的是空间的巨变和大量人口的涌入，一批休闲体育活动也随之在当地开展起来，但至今仍未在当地生根。诸如冲浪等休闲运动首先由外国人（特别是美国人和日本人）引入海南岛，直到2000年代中期才有中国人加入其中。但这些为数不多的中国冲浪者显然偏离了中国主流的社会规范和伦理价值体系。受传统观念和习俗的影响，大多数中国人至今仍不欣赏日晒形成的古铜肤色。

本文旨在探究使这种裸露并曝晒身体的行为得以在海南突然产生的或然条件。笔者将分析海南岛上存在的构成这些或然性集合的种种因素。找出并剖析这些因素才能明白并解释类似为什么冲浪这样对中国主流观念而言多少显得离经叛道的运动会在海南出现。

本文在分析身体观念的同时，还将审视地方公权力对旅游利益和政治利益的考量。在海南，少数人已投身到冲浪运动中（这意味着主动将自己晒黑），但大多数人看起来离这项运动（同时离主动晒黑）依然很远。是什么样的政策推手，在力争让海南成为世界级冲浪胜地的同时却将这个海岛的绝大多数沿海居民（暂时地？）弃置在冲浪门外？

关键词　冲浪　身体观念　旅游考量和政治考量　海南

---

① Vincent COEFFE，男，法国人，法国昂热大学旅游、建筑、服务业管理学院副教授，法国国家科研中心空间和社会研究所昂热研究室研究员。

② Christophe GUIBERT，男，法国人，法国昂热大学旅游、建筑、服务业管理学院副教授，法国国家科研中心空间和社会研究所昂热研究室研究员。

③ Benjamin TAUNAY，男，法国人，法国昂热大学旅游、建筑、服务业管理学院副教授，法国国家科研中心空间和社会研究所昂热研究室研究员。

④ 王月娇，女，贵州贵阳人，宁波大学人文与传媒学院暨中欧旅游与文化学院助教、法国国家科研中心空间和社会研究所昂热研究室博士研究生。

一、引言

自20世纪80年代开始到21世纪伊始,中国海南岛完成了完美转型,从原来不属于中央政府经济发展重点区域的“热带西伯利亚”变成了现今的“中国夏威夷”,而后者正是目前国家及海南省旅游行政主管部门为这个国际和国内游客年到访量总计近2 000万人次的热带海岛共同打造的宣传口号。伴随着海南经济深刻转型的是空间的巨变和大量人口的涌入,一批休闲体育活动也随之在当地开展起来,但至今仍未在当地生根。诸如冲浪等休闲运动首先由外国人(特别是美国人和日本人)引入海南岛,直到2000年代中期才有中国人加入其中。但这些为数不多的中国冲浪者显然偏离了中国主流的社会规范和伦理价值体系。受传统观念和习俗的影响,大多数中国人至今仍不欣赏日晒形成的古铜肤色。晒黑这项活动最先产生于西方(Andrieu, 2008; Ory, 2008),并在与北美和欧洲文化聚集地联系紧密的地区传播开来,因此一系列的适宜晒黑的地区出现并形成系统(从19世纪末开始出现了一批和美国联系紧密的地区),其中夏威夷和蔚蓝海岸是这项活动传播的两个主要据点(Coëffé, 2003)。与此同时,相应的文化“模式”也传播开来,该模式产生于对社会准则的创造,并引出新的身体观念。比如在亚洲,白皙的肤色仍然是大多数人审美的标准之一。

本文旨在探究使这种裸露并曝晒身体的行为得以在海南突然产生的或然条件。笔者在2011至2012年间(共3周)前往海南调研搜集数据,主要运用直接观察法和半直接访谈法。本文期望解释海南岛上与晒黑相关联的空间是如何形成,阐述诸如冲浪晒黑等与当地大众主流价值观背道而驰的活动是如何产生。仅仅分析可冲浪的景区是不足以解释冲浪运动和其他与传统观念相悖的活动在海南的萌芽,为什么这些活动仅在海南地区发展而非其他地区?因而本文将在研究中国冲浪者的冲浪行为方式的同时分析这一群体的社会特征。这些中国人是不是在“西方文化”环境里成长起来的?从事如此另类甚至鲜被认可的运动(既容易晒黑又不能带来稳定的收入)的中国人是否属于一个另类的群体?这项运动在海南岛遭受的非议是否少于在中国其他地区,以至于个体的自我控制①也随之减弱?换言之,这些特立独行的个体究竟有着怎样独特的社会禀赋而促使其在中国成为冲浪者?

二、白皙的肤色:“亚洲”的审美准则?

现有大部分对于亚洲社会中肤色的社会和文化构成的研究,不论是在印度、中国还是在日本、韩国,总是强调白皙的肤色所带来的正面价值(Li, Min, Belk, Kimura, 2008),但这种象征仅仅只能作为审美准则所产生的结果,但同时也是一个理想化系统的产物。这种审美准则产生于亚洲的“宗教哲学背景”,其中过分吹嘘对身体的保养,使其不至于成为精神层面的障碍,且是道家人士所追求“长生不衰”(Emériau, 2008)。就算不深入探讨其本质,但对

① 详见德国社会学家诺博特·伊里亚思(1973)的自我控制论。

于某些亚洲社会来说,当地社会文化价值体系(包括宗教价值)并无不可能形成某些与肤色相关的身体观念。

下面方框一中是一款有美白功效的皮肤乳的广告,展示了白皙的肤色所带来的正面价值。白皙的肤色能让脸部更加清透(即是更容易被人接受),而美白产品能够使得深肤色中的色素逐渐变淡从而变白。因此可以得出第一个结论:亚洲人之所以崇尚白皙的肤色,并不是单单对欧洲人的外表的模仿,清透白皙的肤色所体现的正面价值在欧亚两洲之间联系还未如此紧密时,就已存在于亚洲文化和亚洲人的价值观念之中。早前学者所完成的一系列的关于亚洲人对肤色的偏好研究中,并没有很好地体现对应的审美准则是如何形成的。随着当代社会的发展,休闲活动在部分所谓的亚洲社会中逐渐兴起,并致使社会习性[①],正如法国社会学家布迪厄所定义的,"是使得个体存在或产生某些行为的方式"(Bourdieu, 2002),也发生本质变化,这一点在旅游活动的发展中可能有更明显的表现。

亚洲——为了美白而付出一切代价

与欧洲人被古铜肤色所吸引不同,越来越多的亚洲人追求白皙透亮的肤色,因此产生了某些高危活动。

当欧洲人热衷于在亚洲的巴厘岛海滩边将自己的皮肤暴露在阳光之下,享受日光浴给他们带来黝黑肤色的同时,印度尼西亚的女人们则会选择在巴厘岛乌布区(Ubud)散步时用阳伞给自己全副武装,对于她们来说晒黑是绝对不能接受的。与欧洲人偏爱欣赏黝黑肤色完全不同,亚洲女人们则最大程度的追求白皙的皮肤。不论是在中国、韩国、日本还是在印度、马来西亚、泰国、印度尼西亚、菲律宾或是新加坡,白色皮肤是他们所追求的终极目标。因此,许多美妆产品抓住了亚洲女人不喜欢晒太阳的特点,大力推出相关的美白防晒产品。笔者在田野调查过程中,采访了印度尼西亚雅加达当地的一位名叫Nydia的年轻记者,她解释道:"我认为我们对白皙皮肤的喜爱与我们所宣传的欧洲大众文化有紧密联系。每个女孩都羡慕好莱坞的各种女明星,因此我们或多或少地接受了西方的美学准则。并且韩国明星在印度尼西亚非常受欢迎,大多数的韩国歌星都是圆脸并脸上白皙毫无瑕疵。这在某种程度上也影响了我们对美的看法。"这样的观念似乎已经深深地烙印在当地年轻女孩的脑海中。Nydia继续解释:"我有一个女性朋友,对于她来说白皙肤色就是美的同义词。她觉得如果肤色越深,她就会自己感觉越不好看。"而在泰国,如果形容一个年轻女人肤色深如鸭肝,就是对她的侮辱,而对女人最理想评价则是漂亮而白嫩。而亚洲媒体对于白皙肤色的宣传也是不遗余力。在亚洲各个大城市中有许多大型广告横幅,其中模特的肤色则一个比一个白。在印度,一则受欢迎的广告"梦幻女性(Fair Lady)"则传达了这样的信息:一个年轻但并不幸福的女人,不仅失业而且还众叛亲离;但有一天自从她用了一款美白霜,就变得美丽动人,并随后就马上找到工作,还获得了她父亲的赞扬。一位年轻的马来西亚少女向我们解释道:"我们的目的只是拥有白皙的肤色,并不是成为欧洲人。因为欧洲人都喜欢晒黑,但他们并不是为了成为黑人。"

---

① 译者注:习性(habitus)是法国社会学家布迪厄所提出的概念。

资料来源:Le Point. fr,发表于 2013 年 8 月 23 日。

网址:le 23/08/2013, http://www.lepoint.fr/insolite/asie - blanchir - a - tout - prix - 23 - 08 - 2013 - 1716793_48.php

但如今在中国,中国人在闲暇时间和空间之外也可以接受黝黑的皮肤。与在西方近几十年发生的一样,在中国许多大城市,例如上海,许多美容院开始推出新的项目,即可以根据不同的"UV"级别来改变肤色;另外还有许多专门美黑的美容院也在上海等大城市(人口约 2 000 万)出现。笔者在田野调查初期(2013 年 10 月)走访了几家这类美容院,并对其经营者进行了采访。无一例外,这些经营者全部都有与国外打交道的经验,比如在国外留学、工作或者任职于一家跨国公司。而上海作为一个国际化大城市,与国外交流密切,2010 年的世博会便是很好的见证。但这并不意味着上海正在被快速的"西方化",逐渐接受和采纳西方主流的审美标准。根据部分人的观念,黝黑的皮肤被看作是区分社会不同阶层的标志(而黝黑肤色所代表的价值会在中国社会背景下得到认可),而作为上层社会的人将会充分利用闲暇时间来展示该阶层的"象征资本"①。

因此笔者在海南所收集的实证调查结果印证了如下观念:除了经营美黑业务的美容店之外,中国的海滩地区是验证人们随时间发展,对肤色观念改变的最佳调研对象,特别是通过研究一些特殊的体育运动,例如冲浪。

三、循序渐进且明显的准则变化

根据传统的中国外表审美准则可知,被晒黑的皮肤通常是户外繁重劳动的标志,在城市人群眼中甚至是异常的标志。然而现今黝黑的肤色对于那些在海南冲浪的中国人来说,则是正常的、被他们所追求的,甚至是从社会和象征意义两方面可被区分的标志,这也印证了笔者在不同访谈中所获得的观点。冲浪这项运动在中国发展也不过近十年时间,仍然是小众群体所从事的运动(Guibert, Taunay, 2013)。这些冲浪者仅仅集中在海南岛上某些位于万宁和三亚之间的海滩,这有助于笔者正确的选取和控制调研样本。其中有一位名叫大海

① 资料来源:中国日报,2006 年 5 月 25 日。

(音译)的受访者，是一位四十左右的冲浪者，从2004年开始从事冲浪运动，对于他来说晒黑是太阳给的，他并不介意。大海是中国首批开始在海南从事冲浪运动的人，他之所以开始从事这项运动，是受到一位日本冲浪者的影响，这位日本冲浪者在海口一直居住到2000年末。2007年大海与另一位来自美国加利福尼亚的冲浪者 Brendan Sheridan 创建了第一家冲浪教学俱乐部，名为“海南冲浪”。2010年，大海决定与其合伙人分道扬镳，随即在距离三亚20公里处的后海湾，创建了属于他自己的附带餐馆的酒店。对于大海而言，拥有黝黑的肤色尽管与大部分中国人所追求的白皙肤色相悖，但却是与其所居住的环境非常契合：

“反正就是海边肯定有海边的颜色。你在家里有家里的颜色，这些事情都是根据你选择的地方，你喜好，选择的地方，取决于你选择的地方，不是说你想改变”①

另外一名受访的冲浪者，来自湖北省的22岁的笑(音译)表示：“晒黑只是你选择生活的一个结果”②。他并不为自己被晒黑，从而远离主流审美观念而感到后悔，他表示：“刚开始我觉得在海边很好，黑了也无所谓的”。而对于26岁的Darcy而言，她从住在三亚开始玩冲浪到现在已有6年时间，她8岁到18岁之间曾学习芭蕾舞，之后当她搬到广州时，她遇见了她的丈夫，一个来自加利福尼亚的美国人。之后她就不再去大学上学，而是和丈夫一起开始在国际商务领域工作。他们在广州度过了两年，从2005年至2007年，在此期间他们经常去三亚“消遣娱乐”。之后，他们移居海口并在三年后结婚。受到其丈夫的影响，Darcy开始冲浪，但她自认为她“冲浪的前三年，不是很认真在冲浪”。冲浪对于Darcy而言是一个很好的社交媒介，因为她大部分的朋友都是冲浪者。Darcy认为，黝黑的肤色是冲浪者独有的印记，是识别他们所在的社会群体的标志，并能使他们产生积极的心理反应(即有幸福感)，她在接受笔者访谈时表示：

“现在我是一名冲浪者，所以如果我皮肤白皙我会感觉非常不好意思，因为这说明可能我冲浪时间不够。我没有说必须要黑一些，就是如果你黑的话，就证明你很幸福啊，你有经常在冲浪啊。如果作为一个 *surfer*，你很白，是一个很伤心的事情。哇，好伤心，你可能好久都没有冲到浪了。”③

上述观点也很好地印证了方框二的内容。对于冲浪者而言，黝黑的肤色是他们融入到某一特定群体时的标志，当冲浪者颠覆他们本身的主流外在审美标准并承认其处在“普世价值标准”之外的地位时，这种与属于他们的社会群体的融入才算完成。而处于普世价值标准之外的地位对于冲浪者从象征意义上来说能为他们带来好处甚至是优越感，这也意味着那些不从事冲浪运动的人是无法在该社会群体中获得冲浪者的个体身份认同。一位33岁从事冲浪2个月的冲浪者表示：“当我的朋友们看到我被晒黑之后，他们都非常羡慕我，因为他们并不像我一样，每天可以有这样的生活状态(笑)”④。而Darcy也表示，现在有一群追求“时尚”的小众年轻人群体，他们期望通过把自己晒黑来达到与众不同的目的，这部分人大多

---

① 资料来源：2012年11月30日的访谈。
② 资料来源：2012年11月29日的访谈。
③ 资料来源：2013年6月23日的访谈。
④ 资料来源：2012年11月28日的访谈。

都来自中国的大城市:

“但是现在有一部分人,比如在上海,在北京,追求时尚的人,经常看杂志,经常看有关*fashion*的东西的人,他们知道就是现在黑是一种很流行的美。那些爱追求,爱时髦的人也在追求这个东西。现在每个年龄阶段的人对看待的东西不一样。”

Darcy Liu 和 Monica Guo 在 2013 斯沃琪女子职业冲浪锦标赛(Swatch Girl Pro)上手持官方邀请函的宣传照,被晒黑的身体也得到了认可

资料来源:aspworldtour. com,2013 年 11 月。

位于这张大赛官方照片左侧的女孩名叫 Darcy,她的外表仪态很好地体现了欧洲人的穿衣习惯:裸露的肩膀、太阳镜、完全黝黑的肤色等等。照片右侧的 Monica Guo 也体现出上述元素。Darcy Liu 是 2011 年唯一受邀参加女子职业冲浪锦标赛的中国冲浪选手,而 Monica Guo 则是 2012 年的参赛选手。2013 年,另一位新的肤色黝黑的中国冲浪选手周文玲(音译)也在 2013 年加入该锦标赛。此类宣传画册在中国冲浪选手中取得了巨大成功。

四、明显的社会轨迹

冲浪者在冲浪之时,并不希望用衣物遮盖身体,因此冲浪会直接导致皮肤被晒黑,但晒黑并不是大部分中国人本身所追求的。那是什么原因促使冲浪者从事这项容易让自己晒黑的运动呢?其原因有二,不论两者之间是否有叠加关系,都可以用来解释冲浪者是如何脱离传统的身体观念。一方面,这些人对于维持白皙皮肤的倾向比较弱,因为他们自身的社会定位并不是很高;另一方面这些人通过自身经验(比如与外国人交朋友,在其他国家旅游等方式),感受到西方审美准则所带来的冲击。

铁壮(音译)是一位来自内蒙古的受访者,他的经历几乎是此研究中最理想的案例。在他2007年来到海南之前,并不是一个具有良好教育背景的人(并未取得相应文凭)。他曾经是在内蒙古草原上为游客拍照的摄影师。他来到三亚也继续着其本行,在三亚大东海海滩上为游客拍照,并见证了三亚的旅游和经济发展过程。也是在这样的环境之下,铁壮开始学习冲浪,逐渐被晒黑,因此其定位也停留在主流的审美准则边缘,进而与现行的对美的判断标准背道而驰。另外还有很多类似案例,比如说先前提到的受访者大海(音译)就是一个特立独行的人,他表示:"我原来,我挺讨厌学校的,所以我不是上过很多年学,所有的东西都是自己学习"。先前提到的另外一个22岁受访者——笑(音译),他放弃了之前的职业而来到海南。他当初在自己的家乡湖北省获得了电子机械专业的大专文凭,但他最终决定放弃在自己专业的对口领域工作,并来到海南靠一些零星的工作维持生计。他解释之所以选择来到海南是因为"蓝天、碧海、比基尼"。这些吸引非海南人来到海南定居的理由对于海南本地人来说也同样适用。一位28岁的受访冲浪者,来自万宁的阿文(音译)的经历正好印证了上述观点。如今阿文已经成为海南岛最出名最好的冲浪者之一。他和他母亲创建了一家冲浪俱乐部,但在此之前他靠冲浪并没有取得很好的收入,度过了一段经济上比较艰难的时期。阿文出生在一个渔民家庭,与其他的三个兄弟姐妹相比,他在学习上并未取得成功,没有继续完成中学学业,这也成为了引发其家庭矛盾的导火索,因此他也被家人短暂排挤:

"因为我不读书,我妈肯定就不喜欢我,我妈妈就把我赶走了,说再也不要我这个儿子了。然后把衣服丢掉,我就出去流浪了大概一年半到两年的样子。每天都吃一包方便面,就一块钱的那种,然后一包方便面就掰成两块,一块是今天吃,多泡一点水在里面泡,就多吃饱一点,另一块就放在明天。每天都是这样一年多到两年的时间。睡的地方就在洗手间里面,十二点之后才能进去睡,五点钟之前必须起床因为我不读书,我妈肯定就不喜欢我,我妈妈就把我赶走了,说再也不要我这个儿子了。然后把衣服丢掉,我就出去流浪了大概一年半到两年的样子。每天都吃一包方便面,就一块钱的那种,然后一包方便面就掰成两块,一块是今天吃,多泡一点水在里面泡,就多吃饱一点,另一块就放在明天。每天都是这样一年多到两年的时间。睡的地方就在洗手间里面,十二点之后才能进去睡,五点钟之前必须起床"①

如今在海南从事冲浪并把皮肤晒黑的人还有另一个共同点,即拥有共同的"空间资本"(Lévy, 2013)②。个体获得空间资本是通过与其自身具有差异性的环境接触,特别是其在全世界各地旅行的经验积累。一位名叫丽(音译)的26岁年轻受访者的话语印证了该观点。她长期住在广州,但近一年半以来经常去深圳冲浪,并在2012年11月份参加了由世界职业冲浪协会(ASP)组织的女子长板冲浪比赛。作为一名每月收入为15 000元人民币的职业猎头(广州的人均收入为3 000元/月),她曾经在英国取得研究生文凭,并且在英国留学期间"经常旅游,尤其经常去法国"③。并且她也经常和她的父母一起在亚洲旅游,例如菲律宾和

---

① 资料来源:2012年11月25日的访谈。

② 译者注:"空间资本"概念是由法国社会学家雅克·列维所提出,即个体通过积累并利用资源,根据自身策略、对社会空间维度的利用,从中获取的资本。【资料来源:*Dictionnaire de la géographie et de l'espace des sociétés*(地理学和社会空间辞典), sous la direction de Jacques Lévy et Michel Lussault(由雅克·列维和米歇尔·卢梭编著)】。

③ 资料来源:2012年11月24日的访谈。

泰国等。丽的经历与另一位38岁的受访者相似,他来自于成都,在三亚后海湾经营一家酒店,紧邻大海所经营的酒店。这位受访者曾在中国各个大城市工作,并且收入不菲。他的家庭环境非常良好,并在北京一家非常著名的大学完成了本科学业,之后前往俄罗斯进行了为期6个月的俄语学习,紧接着他又前往新加坡,进行硕士研究生的学业但最终并未完成。他的国外生活经历促使他选择了一种节奏比较缓慢的生活方式,因此2010年他决定定居海南:"我之前每个月的净收入大约在4万到5万人民币,但是你的消费有的时候是对你的身体有害的。我在这里身体健康了,我更多时间随自己了。在城里花钱买不到这些时间的。"也正是从他在海南定居以来,他开始从事冲浪,并开始养成了将皮肤晒黑的嗜好。

海南岛的冲浪者之所以偏爱将自己皮肤晒黑,是因为他们与其自身文化大相径庭的文化的碰撞的结果,即差异性的形成是至关重要的因素。前文中提到的受访者Darcy从2007年开始与一位来自加利福尼亚的美国冲浪者结婚;而大海和阿文也师从一位自2000年便住在海南的日本冲浪者学习冲浪;至于另一位受访者笑,他则跟着第一个在三亚从事冲浪并创建了"海南冲浪"公司的美国人Brendan Sheridan一起学冲浪,而"海南冲浪"公司每年与世界职业冲浪协会合作,共同筹办冲浪竞赛。因此,将自己皮肤晒黑对于上述中国冲浪者来说并不是一个偶然结果,它是经过个体的复合社会化(socialisations plurielles)和空间化(spatialisation)而产生的结果。

五、对肤色审美的改变所带来的经济和象征效益

与不冲浪的人相比,黝黑的肤色为中国冲浪者带来诸多益处,例如代表了他们所从事的活动比较罕见(可从事该活动的地方比较少,人数也比较少),这些都会为其产生重要的象征效益。这些冲浪者相较之下处在社会主流标准和准则边缘,其中许多人名声在外,几乎超出了他们本身认知的范围之外,而且并不仅仅因为他们每年都会参加在万宁举行的国际冲浪竞赛。Darcy是从2012年开始便参加斯沃琪女子职业冲浪锦标赛,是中国第一个参加比赛并被国际著名手表品牌斯沃琪(Swatch)赞助的女子冲浪选手,而斯沃琪也是2011年至2013年间女子职业冲浪锦标赛的主赞助商。并且Darcy是被推荐而参加比赛的:"因为当时我在*surfing Hainan*工作,他们有跟*Brendan*联系,就让他推荐,那*Brendan*跟他们推荐的是我"。Darcy在参赛之初仍保持冷静的心态,并且她注意到参赛的女子冲浪选手少之又少:"也不是说我是海南岛里面第一,是因为现在冲浪女孩子比较少,我是开始的比较早。"正因为Darcy在海南岛冲浪界的地位,使得她获得了新的机会,如今她在三亚大东海开了一家酒吧,这个酒吧同时也是专门为初学者而成立的冲浪俱乐部。并且得益于其良好的气候条件,她的酒吧在夏天台风登陆时也是海南岛冲浪界重要人士聚集和社交的主要场所。

而另一位受访者铁壮(音译)也有相似经历。从事冲浪并拥有黝黑的肤色不仅不会为他带来困扰,而且还成为了他的"外表的独特之处",不仅为其带来了经济效益,还为其带来象征效益。在2012年铁壮获得了第一个冲浪锦标赛的胜利,因此他成为了海南第一个被许多国际知名品牌赞助的中国冲浪选手,收入颇丰,让他得以实现前往印度尼西亚巴厘岛,代表他的赞助商冲浪(Darcy也在2013年被派往菲律宾的世界知名冲浪胜地"Cloud 9"比赛)。因此铁壮也获得可观的经济收入,凭此他于2013年在一个日本冲浪者的帮助下开始经营一

家酒店,同时也是一家冲浪俱乐部。他的酒店的网站也被翻译成日文,以吸引日本潜在冲浪者前往海南冲浪。

早先的国外专业冲浪杂志在宣传时总是将非中国籍的冲浪选手作为他们首要宣传对象,而如今越来越多的杂志,特别是法国杂志(不论是体育杂志与否),都重点宣传中国冲浪者。法国队报在 2013 年 8 月特刊中就将中国冲浪者铁壮的照片做成双页,并以“中国跳入水中”为题,宣传中国冲浪运动。而在 2013 年 1 月,一篇长达三页关于 Darcy 的文章和照片已经被法国杂志“周五周六周日(VSD)”收入 1 月特刊中,题为“当中国在冲浪领域觉醒时”。因此,将自己皮肤晒黑在海南中国冲浪人群体中,不再是一项怪异的现象,而逐渐被他们所接受。

六、结论

如今亚洲社会中,人们对白皙肤色的偏爱已变成“标准审美模式”并深入人心,在各类社会和文化情境中得到体现。尽管如此,笔者仍认为有必要从理论的角度对这一相沿成习的现象进行科学解释。一项社会准则在某些社会背景下占有主导地位,但并不说明它是唯一的社会准则,这需要研究者从社会科学的角度寻找解释该现象的逻辑和证据。将皮肤暴露在阳光之下并晒黑的活动并非一直存在于人类社会之中,它产生于某个特定的历史和空间背景。然而,这一行为并不被所有社会所接受,并很有可能遭到部分“文化区域”的抗拒或排斥,归根结底还是因为产生于这些地区内部的明显的文化界限。换言之,晒黑活动在全球范围的传播将会碰上“凹凸不平的文化障碍”(Coëffé, 2010; Coëffé, Guibert, Taunay, 2012),这些文化障碍体现在社会化的个体与其所从事的某类活动的特殊关系中,这类活动,例如冲浪,往往受到某种身体观念社会象征意义的影响。那些愿意在海南将自己晒黑的中国人都有共同点,他们都通过不同“媒介”(例如去过许多西方大城市,或任职于跨国公司等)实现与世界其他国家“接轨”(Amselle, 2001),因此他们有能力将自身置于中国社会主流准则边缘。冲浪同时被晒黑,这实际上为冲浪者拥有与众不同的社会资本(特别是经济和象征资本)提供条件和资源。而这类新式准则也许在今后甚至可逾越主流准则并占有更高地位,这一观点在今后可通过更多研究加以验证。

参考文献

[1] Amselle, J. – L. (2001) *Branchements. Anthropologie de l'universalité des cultures*, Paris, Flammarion, 265 p.

[2] Andrieu B. (2008a), *Bronzage. Une petite histoire du soleil et de la peau*, Paris, CNRS éditions, 128 p.

[3] Becker H., (1985), *Outsiders. Etudes de sociologie de la déviance*, Paris, Métaillé, 247 p.

[4] Boltanski L., (1971),《Les usages sociaux du corps》, *Les Annales*, n°1, p. 205 – 233.

[5] Bourdieu P., (2002) (1984 pour la 1ère édition), *Questions de sociologie*, Paris, Les éditions de minuit, 288 p.

[6] China Daily, 2006, "Some are prepared to go beyond the pale", *People's Daily Online*, May 25, http://english. peopledaily. com. cn/200605/25/eng20060525_268479. html

[7] Coëffé V., (2003), *Touristicité idéale. Hawaii, un parcours utopique*, thèse de doctorat en géographie, université de Rouen.

[8] Coëffé V., (2010 b), 《Tourisme et "temps mondial"》, dans Duhamel Ph., Kadri B. (dir.), *Tourisme et mondialisation*, Mondes du Tourisme, hors - série, Éditions Espaces, p. 290 - 298.

[9] Coëffé V., Guibert C., Taunay B., (2012), 《Émergences et diffusions mondiales du surf. De l'invention à la mise à l'épreuve de normes corporelles》, *Géographie et cultures*, n°82, p. 61 - 76.

[10] Elias N., (1973), *La civilisation des mœurs*, Paris, Calmann - Lévy, 345 p.

[11] Emériau C., (2008), 《Changer de peau? Les appropriations chromatiques en Asie et en Afrique》, in Andrieu B., Boëtsch G., Le Breton D., Pomarède N., Vigarello G. (dir.), (2008), *La peau. Enjeu de société*, Paris, CNRS éditions, p. 225 - 234.

[12] Guibert C., Taunay B., (2013), 《From political pressure to cultural constraints: The prime dissemination of surfing in Hainan》, *Journal of China Tourism Research*, Vol. 9, Issue 3, p. 365 - 380.

[13] Li P. H. E., Min J. H., Belk W. R., Kimura J., Bahl S., (2008), 《Skin Lightening and Beauty in Four Asian Cultures》, *Advances in Consumer Research*, vol. 35, p. 444 - 449.

[14] Le Breton D., (1997) (1992 pour la 1ère édition), *La sociologie du corps*, Paris, PUF, coll. 《Que sais - je ?》.

[15] Ory P., (2008), *L'invention du bronzage*, Paris, Éditions Complexe, 135 p.

[16] Sanjuan T., Trolliet P., (2010), *La Chine et le monde chinois. Une géopolitique des territoires*, Paris, Armand Colin, 384 p.

[17] Taunay B., (2010), 《L'émergence d'une culture chinoise de la plage》, *Espaces - Temps. net*, le 02 juin 2010.

俄罗斯旅游者和海洋

——以索契(Sotchi)为例

艾卡特琳娜·安德娃·儒尔旦[①]著　钱爽[②]译

摘　要　从19世纪以来，黑海海滨就一直是俄罗斯社会名流和苏联人民的度假胜地，但是1991年苏联的解体以及随之而来的1998年经济危机使得这片海滩变得荒无人烟，不过这种情况并没有持续很长时间。2000年以来，越来越多的俄罗斯游客回到黑海海滨度假，这也使得俄罗斯国内旅游业开始回暖。本文在对俄罗斯国内旅游业和海洋及海滨的职能做一个简要的介绍之后，将着重对位于俄罗斯高加索地区，黑海海滨的索契海水浴场的案例做一个具体的分析。包括俄罗斯人的空间活动模式与现今已存在的模式的相同与不同，以及为了满足俄罗斯旅客的需求以及符合其表征而施行的旅游规划政策。

关键词　俄罗斯　索契　旅游业　海洋　国内旅游　政策　国家

一、引言

近年来，俄罗斯海滨旅游呈现强劲的增长趋势，并以每年10% ~15%的增长率递增。根据官方数据显示，国内旅客中有20%涌向了黑海海滨。

俄罗斯是一个北方国家。在这个国家的西部，冬天从11月中旬持续到次年的3月中旬。因此，大海、沙滩以及阳光通常成为区分旅游者平时生活地与旅游目的地的不同的主要因素。沙滩旅游文化被越来越多的俄罗斯人所接受。日光浴在俄罗斯非常流行，古铜色的皮肤被认为是具有美感的(也显示了身体处于健康状态)，同时也是一次完美假期的佐证。因此在俄罗斯的每一个城市都可以找到晒肤美容中心。

这篇文章的目的在于通过对索契的海滩上俄罗斯旅游者空间活动的研究来展示和分析俄罗斯海洋空间和其社会的关系。

当俄罗斯人选择在国内旅游时，一般来说他们会去往俄罗斯位于欧洲境内的一些大城市(圣彼得堡、莫斯科、金环旅游区的城市[③])。在线路组织者的安排下，大多数游客通常都会参观这些城市内的景点，这样的文化之旅，也如同法国MIT旅游研究团队所描述的，是一

① 艾卡特琳娜·安德娃·儒尔旦，女，法国昂热UMR ESO研究员，法国昂热大学旅游，建筑与服务业管理学院副教授。

② 钱爽，男，宁波大学人文与传媒学院助教，硕士，从事旅游与休闲经济研究。

③ 金环旅游区位于莫斯科东北部，伏尔加河与克利亚济马之间，当地有不少古老的俄罗斯王侯居住过的城市：弗拉基米尔、苏兹达尔、雅罗斯拉夫尔等。

场发现之旅。俄罗斯人希望通过这样的旅行认识或者重新认识这些在苏联时代从他们记忆中消失的俄罗斯历史文化遗产。当时，苏联领导人不希望这些历史建筑与沙皇政权和宗教有任何关联，同时也不希望苏联人民参观这些历史建筑并对其投入过多的关注。在旅游过程中，俄罗斯游客们会参观庙宇、教堂、主教堂，同时他们也会环游这些城市，欣赏城市的建筑风格，以此来重新学习这个国家的文化历史。

在俄罗斯境内，夏季的旅游地选择通常更多指向南部地区。也就是黑海沿岸，游客主要集中在科拉斯诺达尔和索契这两个地区。在这些目的地的旅游活动通常被称为海滨旅游或者疗养旅游。根据法国 MIT 旅游研究团队所提出的定义，这些旅游活动属于休憩一类。

现阶段俄罗斯大学阶段的研究主要是关于从对俄罗斯经济影响（旅游工业在国内生产总值的部分）的角度研究旅游发生地的国际旅游业。研究者通常会提及苏维埃联盟衰落后俄罗斯境外旅游发展中遇到的问题，以及这些问题对俄罗斯经济的影响。这些研究经常会忽略旅游现象中的社会和空间方面的研究。在 21 世纪初，有一些研究者比如 Claude CABANNE 和 Elena TCHISTIAKOVA（2002）尝试通过对俄罗斯海滨旅游包括黑海海滨旅游的分析来构建苏联解体后俄罗斯社会经济转型版图。如今，令俄罗斯和外国研究者感兴趣的是，2014 年的冬季奥运会①将对当地旅游业发展产生什么样的影响。但这并不属于后苏联时代俄罗斯海滨空间活动的研究范畴。

在对俄罗斯国内旅游业和海洋及海滨的职能做一个简要的介绍之后，本文将着重对位于俄罗斯高加索地区，黑海海滨的索契海水浴场的案例做一个具体的分析。包括俄罗斯人的空间活动模式与现今已存在的模式的相同与不同，以及为了满足俄罗斯旅客的需求以及符合其表征而施行的旅游规划政策。

研究采用的方法主要建立于各种素材的搜集和使用，这些素材包括官方的文件（档案、国家的统计），关于法国旅游业的研究方法的一些著作以及对俄罗斯旅游业专业人士的有效采访。

二、俄罗斯境内旅游②与海滨旅游的复苏

近年来，越来越多的俄罗斯游客选择留在本国度假，这也使得俄罗斯国内旅游出现回暖。对于这些游客来说，度假往往意味着休憩，尤其是在自己的国家度假，因此海滨成为他们非常重要的度假目的地。

俄罗斯境内旅游的发展一直以来被人所忽视，然而其发展速度却非常快。根据官方数据显示，从 2007 年以来俄罗斯境内游客人数的年增长率在 4% ~8% 之间，到了 2011 年，游客总人数达到 3 500 万人（俄罗斯联邦旅游局　2012）。

---

① 除了在文章结尾前将会对奥运会的举办对索契地区国内和国际旅游业的发展产生的影响做一个推测，本文将不会对奥运会做过多的阐述。

② 俄罗斯境内旅游的定义为俄罗斯游客在俄罗斯境内进行的旅游活动。

促使俄罗斯境内旅游发展的其中一个原因是俄罗斯中产阶级[①]人数的增长，主要集中在俄罗斯拥有15个百万人口以上的大城市里，中产阶级的壮大使得俄罗斯境内游客的数量不断增长，同时他们对境内旅游产生越来越浓厚的兴趣。

俄罗斯总统弗拉基米尔·普京的现行政策旨在发展俄罗斯境内旅游业。从2000年开始，政府就已经把当地旅游市场的发展纳入一个为期7年的俄罗斯旅游业发展计划。2011年3月起施行的《2011至2018俄罗斯联邦旅游发展计划》的一个重要目标就是要显著地增加境内游客的数量。

2005年是俄罗斯境内旅游业发展的一个重要转折点，因为从这一年开始，俄罗斯政府施行了新的休假制度，在新年增加了10天的带薪假期（从1月1日至10日），目的在于发展本国的休闲经济产业。新的带薪假制度的实施使得公共和私人企业中由周末和节假日组成的休假制度更加完善，同时不同工龄的年假天数也得到了增加。这是国家对于促使悠闲经济产业萌生而采取的一项重要措施。2012年，政府决定从2013年开始把原先一月份10天的节假日缩短为8天，与此同时，5月份的假期增加到3天（5月1日至3日），此举意在鼓励俄罗斯人缩短出游的行程的同时提高出游的频率（Andreeva - Jourdain. ,2012）。

在2005年俄罗斯政府为了加速旅游业的发展，制定了设立经济特区的政策并选取了国内8个热门的度假地作为旅游特区[②]。专门从事旅游开发的企业在这些特区里享有许多特权。比如在其进驻的第一个10年政府不征收企业税和交通税，第一个5年不征收地产税，对企业引进的设备器材的增值税部分也予以免除（北高加索度假区公司2012）。克拉斯诺达尔和斯塔夫罗波尔两个旅游特区是最具发展潜力的。在北高加索这片拥有俄罗斯历史最悠久的海滨城市的地区，一片旅游产业集群已经蓬勃地发展起来。

从目前看来，国家针对发展境内旅游的政策似乎已经收到了成效，因为根据官方统计，每年有将近710万本国游客去往黑海沿岸的克拉斯诺达尔度假，这些游客主要由城市里的中产阶级们组成，假期中，他们选择去往黑海海滨休憩，享受那里的蓝天、白云和沙滩。

三、索契，苏联时期重要的海滨度假地

从19世纪以来，黑海海岸一直都是俄罗斯社会名流和苏联人民专属的度假胜地。从1902年开始，圣彼得堡的贵族和莫斯科的工业家们就对这个气候宜人适合疗养的城市产生浓厚的兴趣，他们开始在那建造别墅，1909年，索契的第一家酒店和海滨浴场开始营业，索契这座城市也逐渐成为人们休闲疗养的理想去处（CABANNE,2002,236页）。

社会政策催生了一些构成复杂的旅游地，特别是在克里米亚和高加索旅游区，苏联政府、市政府、工厂、国营农场以及集体农庄同时掌控着这些地区的旅游设施。这种新型的旅游产业模式的出现离不开政府的规划以及列宁在1919年颁布的关于《具有全国性意义的疗养地区》的法令（CABANNE,2002,236页）。从1921年开始这些别墅和酒店已经国有化并

① 对于俄罗斯中产阶级人数的统计，由于研究方法和比较方式的不同，结果会有所不同，根据俄罗斯经济发展与贸易部的统计，截止到2011年，中产阶级人数占到俄罗斯总人口的22%。

② 斯塔夫罗波尔、加里宁格勒、依尔库兹克、克拉斯诺达尔、阿尔泰、布里亚特共和国、滨海边疆区和北高加索地区。

随之成为国营农场和集体农庄所有的休闲疗养中心。1933 年政府通过了关于位于黑海海滨的 Sotchi – Matesta 疗养中心的总体规划方案。规划中在长达 145 千米的黑海海滩上将从西北端的拉扎雷乌斯科厄到东南端的阿德勒逐步建立 6 个旅游度假村。

在 1913 年一年中,有大约 10 000 个游客来这里体验了海滨浴场和 SPA 疗养。到了 1930 年,这个数字增长到 140 000。20 世纪 50 年代俄罗斯旅游业的快速发展则要归功于苏联工会,首先他们经营着黑海海滨绝大多数度假中心,同时《国家公共健康促进基地》政策的实施也大大促进了旅游业的发展(法国 MIT 旅游研究团队,2011,140 页)。1961 年政府提出了索契大区的概念(包括从阿德勒到图阿普谢所有的度假村),这个面积达 3 500 平方千米的大区分成 4 个城市化程度不一的小区,以协调与配合整个索契悠闲与疗养旅游区的发展与规划。在这之后,在政府的允许下,苏联人能够用“度假券”来支付他们去疗养院度假或者组团旅游的费用。在当时苏联政府实施了一套非常严谨的公民假期制度:每个单位每年都要向其职工发放一张“度假券”,职工凭这张“度假券”可以去其所属单位拥有的度假中心休憩几个星期,这些度假中心通常位于贝加尔湖、波罗的海、高加索地区的黑海海滨,或者是在克里米亚地区。20 世纪 60 年代俄罗斯境内旅游的特点是游客们热衷于去往那些带有理疗设施的海滨度假中心,同时他们希望假期里身心可以得到放松,又可以参与各种休闲与娱乐活动。人民生活水平的逐步提高也促使政府颁布一系列鼓励出行的政策。比如政府致力于在热门度假区以及一些新兴的旅游景点建造和完善旅游接待设施以满足人们的度假和旅游需求。不仅如此,政府从 1967 年开始,将对“大索契度假区”做一个总体的发展规划,内容包括旅游相关企业的入驻布局,当地交通和旅游统一管理中心的建立,以及设立一个关于沐浴疗养的医学研究中心(CABANNE,2002, 237 页)。

在苏联政府时期,许多游客都是以自发的方式去往黑海海滨度假的,比如乘坐公共交通工具以及入住当地居民的家里,一般他们会联系提供民宿服务(分租客房、露营等)的中介,或者尝试直接联系当地的居民来预订住宿。1989 年,索契地区 62% 的旅游消费来自于这些自由行游客。这类自发性质的旅游活动,在 80 年代克里米亚和高加索旅游区都非常的流行。在 1988 年一年,索契地区的游客总量达到了 240 万人次(索契旅游区委员会)。

在 20 世纪,俄罗斯的政界精英们更偏爱去往克里米亚度假和休闲。在这座半岛上我们可以找到沙皇尼古拉二世的夏日官邸,约瑟夫 · 斯大林的度假别墅以及共产党总书记勃列日涅夫和赫鲁晓夫的住所。雅尔塔这座位于半岛上的小城则经常被作为共产党领导人集会的场所。说到这里我们可以拿克里米亚半岛与中国河北省,位于渤海海湾的北戴河度假区做一个比较,在当时北戴河的海滩是中国政权阶级专享的(TAUNAY,2010)。在 1991 年苏联解体后,俄罗斯领导人离开当时已经被纳入乌克兰版图的克里米亚半岛,来到位于高加索地区的索契。在 1934 年建造的“*Bocharov* Ruchey”别墅在 1991 年之后被选为总统官邸,这也是黑海海滨唯一的俄罗斯官方度假别墅。

与雅尔塔不同的是,索契尽管经历了 1991 年苏联解体以及后苏联过渡期中(KANEVSKY N,2003)旅游业因纳入市场经济体制而面临的发展困境,索契的年游客流量从 1991 年的 200 多万人次锐减到 1998 年的 569 358 人次(索契旅游委员会),但是一直以来,索契仍然是俄罗斯游客选择出行的热门目的地。在 1992 年至 1998 年间来索契度假的游客基本都是凭着单位发的“旅游券”来这里享受全部或者部分免费的休假。因此苏联时期的旅游逻辑仍然存在并延续下去。这些游客在休假过程中消费相对节制,对度假区的服务质量并没有太多的要求,这也一定程度上限制了当地旅游经济的发展。

在 1990 至 1995 年间,索契度假区的疗养中心数量开始减少,而且许多疗养院都改造成了酒店。而如今许多俄罗斯大型企业倾向于保留这些疗养中心,甚至对其进行翻新。比如俄罗斯的冶金巨头 Norilski,Nickel 集团就对这些苏联时期的疗养中心情有独钟,位于索契的"北极星"疗养院就是该集团员工的休假处所,不过在俄罗斯也只有少数大型企业才有能力负担这样一笔高昂的旅游开支(NIKITINA O. ,2003)。

四、索契:俄罗斯游客专属的度假场所

2013 年索契的城市人口总数为 368 011 人(城乡人口总数为 445 209 人),这个城市位于黑海沿岸,从东北、东部到东南面被高加索山脉三面环绕。克拉斯诺达尔在索契的西北面,距离 170 千米,首都莫斯科则位于索契的北面,距离 1 360 千米。索契的郊区向四周延伸约 145 千米。与法国的蔚蓝海岸处于同一个纬度,同时高加索山脉又挡住了来自北部和西伯利亚的冷空气,与黑海沿岸的其他海滨城市一样,索契拥有得天独厚的亚热带的暖湿气候,因此索契的气候非常温和宜人。尽管冬季会降雪和结冰,当地的气温很少降至零度以下,而夏季气温则保持在 26 ~ 28℃。索契地区是国家自然保护区,在山区可以找到矿物质水源。黑海的海水要比地中海的水盐度低,夏季水温保持在 24℃ 左右,沿岸是鹅卵石质的海滩。

这座城市许多的象征勾勒出索契的城市市徽:山峦、植被和棕榈、阳光、黑海的浪花以及温泉水。

在索契,选择夏季和冬季来这里度假的游客目的各不相同。夏天,游客们来这里是为了休憩,享受这里的大海,舒适的气候以及疗养院。而冬天来度假的游客则往往是为了来这里参与冬季运动以及在山区里寻找一片宁静。除此之外,索契还向游客们提供了多样化的旅游服务,组织去往城市之外参观游览。比如去阿布哈兹山区远足。

一直以来,索契并没有遭受太多来自黑海沿岸其他海滨浴场例如图阿普谢、格连吉克以及阿那帕的竞争压力,因为前两个地方旅游季开始和结束都比较早(从 6 月到 8 月底),而阿那帕则主要是针对儿童的休闲场所,这里有许多夏令营,因此这里的旅游季相当程度上取决于学校的假期。

(一)索契度假区游客布局

总体来说来到索契度假的游客主要以俄罗斯人为主。2012 年,俄罗斯游客占到了游客总数的 95% 。

这些俄罗斯游客中,有 70% 是来自莫斯科、圣彼得堡、罗斯托夫、斯塔夫罗波尔以及克罗斯诺达尔地区。另外 25% 的俄罗斯游客来自于西伯利亚地区和伏尔加河流域的城市以及俄罗斯其他地区。我们可以发现无论是从城市还是从山区去往索契的海滨都很方便快捷。莫斯科人去往索契就好比巴黎人去往法国南部海滨度假一样。在索契,外国游客只占到游客总数的 3% 到 5% 左右,他们主要来自白俄罗斯和乌克兰。而来自独联体以外国家的游客更是只占到0.9%(BOKOV M.,2012,72页)。长期以来索契的外国游客数量一直没有明显地增长,即便是在1985年外国游客数量达到峰值一年26万人次,但仍然没有达到当年索契地区游客总人数的10%(CABANNE,2002,240页)。而原因在于大多数的西方游客都会选择去往莫斯科、圣彼得堡以及金环一线的城市感受当地的文化和风情。除此之外,鉴于俄罗斯是个北方国家,因此很少有西方游客把它作为一个具有热带风情的度假胜地。最后,度假地陈旧落后的旅游基础设施也无法向国外游客提供高质量的服务。

我们知道在1999年索契的自由行旅游人数有所增加。从21世纪初开始,自由行游客数量在来索契度假的游客总数中比重逐渐增加(BOKOV M., 2012 75页)。根据官方统计,每年有710万本国游客去往克拉斯诺达尔地区度假,其中有450万人是以自由行的方式出行,另外260万人则是通过自行购买组织好的旅游线路来出行。

这些来到索契的自由行游客主要是年龄在25到40岁的在职青年人,他们一般都会带着孩子来到这里。索契因此也成为了家庭聚集的度假区,因为超过一半的游客都是以家庭为单位来这里度假的。在西欧社会,60岁以上的游客在通过旅行社组织出行的游客中占据了很大的比重,但是在俄罗斯,这个年龄阶层选择出游的人却很少,原因在于俄罗斯的退休老人往往收入水平比较低,因此在索契老年游客只占到游客总数的2%到3%。

根据旅馆业给出的数据,通常游客来索契会逗留7到14天。而那些选择在疗养院度假的游客则会呆上21天,也就是一个疗程的时间。

由于来索契度假的大多都是本国游客以及铁路交通在俄罗斯非常发达,因此大部分的游客(73%)都会坐火车。12%的游客选择坐飞机。而很少有人驾车来到索契,因为往往路途遥远,特别是对于那些来自西伯利亚地区的游客。

(二)俄罗斯人在索契海滩的空间活动

索契一共拥有161个海滩,其中44个公共海滩,另外116个归属于疗养院。从2006年9月5日开始①[8],联邦旅游局颁布并施行了一套海滩分级制度。个体商人可以向政府租借一部分的海滩,但条件是在海滩上为所有度假者提供舒适的度假条件。市中心马路边的沙滩往往很小,而且通常位于一些拥有海边漂亮的露台的咖啡馆和餐馆之间,商业区海滩的规划措施可以有效减少游客直接进入这些海滩的商业区。

"大索契"度假区的中央海滩质量比较一般,大多都是卵石质的海滩,海滩上一般都提供寄存柜,防波堤也一定程度阻止了游客离开安全水域。尽管索契海滩的度假设施条件对一些当地的游客来说已经足够满足,但是如果要把索契打造成一个具有国际标准的度假海滩的话,新一轮的规划改造是必不可少的(CABANNE 2002,P. 241)。

新的改造主要包括以下几个部分:增加了免费或者付费(20卢布②)的淋浴区,付费的厕所(10至15卢布)以及更衣间。有一些海滩还提供寄存的服务(200卢布)。在海滩上,游客还可以租借帐篷(100卢布)、摇椅(150卢布)、遮阳伞、梯皮、长凳(100卢布)。另外还必须配备救生员。

---

① 2006年5月9号第119号法令。

② 100卢布相当于0.25欧元。

另一方面，海滩也被打造成索契的商业宣传窗。在浴场靠近陆地的一边，我们可以看到许多广告板上贴着各式各样的广告，有商业告示的报纸，也有地产公司的宣传海报。如今的索契海滩设施配套非常齐全，商业气氛也非常活跃，商店、酒吧、餐馆一应俱全，且数量众多。同时我们还可以在海滩边看到许多流动贩卖车，以经营海鲜干货、熟玉米、面包、啤酒以及KVAS[①]为主。这些触手可及的商业设施对游客来说是必不可少的。一般来说在早晨来沙滩度假的都是带孩子的家庭，而从中午开始，这里就成了年轻人们的聚集地，他们通常会一直呆到晚上，因此附近酒吧、快餐店以及餐馆的配备为这些度假者就近就餐提供了便利。

索契海滩为度假者提供了许多形式多样的水上运动项目。比如空中跳伞、滑水、脚踏船租赁以及在教练员的陪同下驾驶摩托艇。在海滩上，还有专门进行沙滩排球和足球的场地。市政府还在 Riviera 海滩安置了健身器材。由于许多游客会在海滩呆上一整天，为了丰富他们的娱乐活动，这些运动设施的配备也一定程度上满足了游客的需求。除了配有长椅和烟缸的吸烟室供吸烟者使用，海滩上是禁止吸烟的。

俄罗斯人在旅游的时候非常喜欢拍照，因此在海滩上我们经常可以看到许多俄罗斯游客（主要是年轻女士）在镜头前留下美丽的瞬间。

五、索契旅游业的发展离不开公共部门和私营行业的默契配合和共同努力

在政府的推动下，索契地区正在成为俄罗斯的“蔚蓝海岸”。如果说在苏联时代，能够在索契度假还只是每一个苏联人的梦想的话，那么现在的索契早已经成为俄罗斯最热门的海滨浴场了。

从 20 世纪初普京总统上任以来，俄罗斯政府开始关注克拉斯诺达尔地区，尤其是索契。在这里必须要强调一下普京总统对于索契的情有独钟，他的夏季总统官邸就坐落于此。索契也就理所当然地成为俄罗斯的夏季首都，普京会在这里会见许多政要。许多俄罗斯政界和商业精英也随之跟风，开始热衷于来索契度假，开研讨会和各种重要会议。同时从 1991 年开始，索契就开始承办 Kinotavr 电影节，也就是我们熟知的索契国际电影节。这是俄罗斯最大的电影节，也是俄罗斯举国欢庆的节日。

2001 年，由俄罗斯奥组委和克拉斯诺达尔共同提议建造的 Krasnaia Poliana 体育运动休闲中心得到了俄罗斯政府的大力支持。索契似乎正逐渐成为一个能够提供多种休闲活动的度假地。索契的疗养中心在国内享有非常好的声誉，索契也借此吸引越来越多的旅游爱好者来到这里。游客们可以在夏季来海滩沐浴享受阳光，冬季来这里的山区寻找一片宁静。

从 2002 年起，已经在索契拥有 Radisson SAS Lazournaya 酒店的 Gazprom 集团，又开始将目光投到在 Krasnaia Poliana 建造阿尔卑斯山雪道和度假村。其他一些私营投资者比如 Interro 集团和 Umaco 集团也都已经开始在那建造综合性酒店。

---

① 一种由面包轻度发酵而来的低酒精气泡酒饮料，夏季的时候在俄罗斯非常受欢迎。

索契的发展,不仅得益于俄罗斯政府关于发展境内旅游的国家战略对其有具体的规划,同时联邦也为索契制定了关于2006年到2014年《索契作为度假中心的发展》的计划,这也是索契2014年冬奥会筹备工作的补充计划。普京总统表示,俄罗斯为举办冬奥会投入了300亿美元,为的是“全世界人民都来俄罗斯旅游”,这一直都是国家的最高领导层的真实意愿。的确,2014年冬奥会的举办将给索契带来一大批游客,但是随着奥运会落下帷幕,人们对索契的关注也许会随之降低。据推测游客人数的下降趋势将一直持续到2020年。

六、为高端旅游者打造度假中心

国家和私营投资者施行的旅游业发展计划中包含了打造五星级以上的高端精品酒店,其中2006年建成的由寡头集团 Oleg Deripaski 投资的 SPA Rodina (La Patrie) 大酒店是索契第一家高端精品酒店。酒店拥有40个房间,2家餐馆,同时还配备了图书馆、电影院、网球场、篮球场和一个私人海滩。SPA Rodina 这样的精品酒店一定程度满足了高端旅游者的度假需求,但是超出了大多数中产阶级的消费能力。

本着相同的理念,另一家五星级的精品酒店 Polyana 大酒店于2008年2月开门营业。这家位于 Krasnaia polyana 的奢华的综合性酒店就在由 Gazprom 集团建造的空中索道站边。酒店还提供木屋别墅的租赁服务。

同时另一项发展计划也已经提上日程:就是在离索契13千米的达戈米斯打造一个可停泊300艘游艇的娱乐艇港。这个计划将分为4个步骤在10年完成。港口的基础设施包括运动器材租赁、帆船、潜水、划艇、水滑、水族馆、水上公园、四星和五星级的酒店群,以及一个耗资7.035亿美元(5.18亿欧元)的休闲中心。

最后,计划中还包含了为索契高尔夫俱乐部在阿德勒地区建造18个高尔夫球场。同时还计划在该地区建造一个SPA中心、一个运动中心、数座游泳池、一家四星级的酒店以及一个商业中心,总投资将高达2.5亿欧元,并将于2013年开工。

通过上述例子,我们可以看到索契这座临近首都(2个小时的飞机)的海滨城市是如何成为莫斯科美丽的郊外。俄罗斯的寡头、艺术家、体育明星纷纷都来到这里的海滩和山间度假。但索契在发展过程中也存在一个问题,就是上述这些发展规划都是为了同一个客户群。尽管对索契来说加强旅游业发展深度非常重要,但是政府还是对游客中中产阶级这部分人群的重视不够。比如几乎在俄罗斯的每一座城市,中档酒店的数量都非常缺乏,连索契也不例外。

另外一个众所周知的事实就是索契的度假花销平均要比俄罗斯别的海滨城市高1.5倍。索契提供的许多度假设施并不是一般俄罗斯公民能负担得起的,同时在索契市政网站旅游专区的页面上的一条口号“索契,俄罗斯最好的度假地”也被抹去了。这对于那些不想去国外度假的俄罗斯游客来说是非常有吸引力的。但是,这“最好的度假地”并不是谁都负担得起的。

七、结论

在苏联解体之后,海滨度假文化在俄罗斯社会非常流行,土耳其、埃及、泰国、阿拉伯等较俄罗斯更温暖的国家成为了热门度假目的地,当然还有俄罗斯境内的黑海海滨,也是游客们青睐的度假胜地。特别是从20世纪初开始,越来越多的本国游客回到黑海的海滨。从索契这个案例我们可以发现俄罗斯旅游者的空间活动方式与西方旅游者非常相似。如果说旅游过程中的休闲活动和文化探索使游客们又置身于沙皇和苏联时期的俄罗斯,那么类似于高尔夫球运动,则是从旧社会的旅游活动中提炼出来,与当代旅游活动结合而兴起的一种新兴旅游元素(第一家高尔夫球俱乐部于1744年在苏格兰的爱丁堡成立)。

俄罗斯政府在索契旅游业的高速发展过程中具有非常重要的作用。它控制了行业门槛以及试图让国家的统治阶级享受到旅游业发展所带来的收益。同时政府也非常重视旅游地居民和游客在旅游活动中的联系所产生的影响(Duhamel P.,VioliérP.,121页)。我们通过本次案例分析可以看到,索契这座城市在旅游行业的发展规划也一定程度反映整个俄罗斯社会在该领域的发展趋势。在俄罗斯人中流传很广的一句谚语"如果我的牌运够好,我就住到索契去"似乎并没有失去其本来的含义。俄罗斯的权贵们将继续享受由国家设立的经济特区而带来的优惠政策。因为政府希望借发展旅游业的契机,通过财政税收上的减免和建立一个优良的经济环境来鼓励投资者们来索契创业发展。这些优惠政策也将在黑海海滨产生非农用土地的投机买卖,就如同在西班牙地中海沿岸的布拉瓦海岸和太阳海岸。结果将使俄罗斯社会阶级分化更加明显,从而不同阶层的旅游者的旅游活动将产生很大区别。索契的成功在我们看来是在于能够在一个空间有限的地域把来自不同地方的不同人群都聚集在一起。

最后,还有非常重要的一点就是黑海海滨作为俄罗斯最大的海滨旅游地也是对当权者具有战略意义的地方,从索契的旅游发展规划中就可以发现,许多国家机构都坐落于此。

参考文献

[1] Equipe MIT, Tourismes 1. Lieux communs. Paris: Belin, coll. Mappemonde, 2002, 320 p.

[2] CABANNE C. et TCHESTIAKOVA E., La Russie, Perspectives économiques et sociales, Paris, A. Colin, 2005.

[3] Agence fédérale du tourisme de la Fédération de Russie, 2012.

[4] Northern Caucasus Resorts Company, 2012

[5] CABANNE C.,《Sotchi, capitale balnéaire de la Russie》, Cahiers nantais, 58, 2002, pp. 235 – 241.

[6] Comité du tourisme de Sotchi, rapports annuels (en russe).

[7] KANEVSKY N., Yalta et Sotchi: 2 visages d'une côte mythique, 2003 [en ligne], Regards sur l'Est, avril 2003 à partir de http://www. regard – est. comhomebreve_contenu. php? id = 368

[8] CABANNE C.,《Les évolutions récentes des du tourisme sur le littoral russe de la mer Noire》, Cahiers nantais, 47 – 48, 1997, pp. 163 – 166.

[9] NIKITINA O., ALISSOVA E., Les plages de la mer Noire attirent – elle toujours les touristes russes

?, 2003 [en ligne], Regards sur l'Est, avril 2003 à partir de http://www. regard - est. comhomebreve_contenu. php? id = 395.

[10] TAUNAY B., " L'émergence d'une culture chinoise de la plage. ", EspacesTemps. net, Travaux, 02. 06. 2010

[11] BOKOV M. A, DEMERTCHAN N. S., NEFEDKINA S. A., OUGROUMOV E. S, Les particularités du développement du tourisme régional en Russie, Editions de l'université de Sotchi, 2012, 138 p.

[12] DUHAMEL P., VIOLIER P., Tourisme et littoral: un enjeu du monde, Paris, Belin, 2009, 192 p.

[13] ANDREEVA E., Les pratiques touristiques des Russes en France. Analyse comparée du XIX siècle à nos jours, Université de Saratov-Université d'Angers, thèse de Doctorat, 2006.

法国海滨的捕鱼业和旅游业：赶海拾贝业的经济评估

英娜·波尔蒂娜·科盖里克[①]，帕特里斯·吉洛特[②]著　钱爽[③]译

摘　要　旅游业和捕鱼业之间的联系可谓形式多样。从参观鱼市到“捕鱼旅游”（由职业捕鱼者陪同旅游者出海捕鱼），同时其联系还表现在以娱乐为主的，例如水下捕捞或者赶海捡贝类的这一类海洋休闲捕鱼活动中。这篇文章将主要评估赶海拾贝业在法国海滨经济发展中的重要性。据估算，法国休闲捕鱼业的产值可达到12到20亿欧元（Herfaut et al. 2013），而赶海拾贝业就占到整个行业产值的71%。本次研究将基于在法国非常知名的位于大西洋沿岸中心的GOIS赶海捕鱼场展开的调查所搜集到的数据，同时使用意向调查的间接评估方法（旅游成本方法）。本篇文章的独到之处是通过零膨胀理论推导出需求函数，并会对消费者的个人支付意愿带来消极影响。而个人支付意愿通常可有线性回归中的最小二乘法来测算。本文将通过计算证明和总结出赶海旅游者的类型，其中可以看出，这类旅游者的年纪普遍偏大，并且潮汐系数越高越能吸引距离目的地越远的赶海者。

关键词　赶海　经济评估　旅游成本方法

一、引言

近年来，无论是从国家发展需求还是民众生活需求来看，对于发展休闲捕鱼业的压力不断增大（Hitier et al. 2010，Herfaut et al. 2012）。在这个背景下，规范该产业的相关法规和措施的出台显得尤其重要。例如欧盟提议其成员国制定和出台相关的法规以控制和规范在这些国家主要的捕鱼场所进行的休闲捕鱼活动（国际海洋考察理事会 2010）。我们不能忽视对于赶海这项活动的管理，因为在2006年到2008年间休闲赶海业占据了法国休闲捕鱼业产值的71%（国际海洋考察理事会 2010）。为了科学合理地管理休闲赶海业，我们不仅要从不同的生物层面和司法层面入手，同时也要考虑这个产业所带来的经济影响。

对于非盈利性的产品与服务，我们可以通过直接或者间接的评估方法去对其进行评估（Hanley et al. 1997）。直接的方法或者叙述性偏好法的实行基于直接的问卷调查。通过这

---

① 英娜·波尔蒂娜·科盖里克，女，法国南特大学海洋与海滨学院教授。
② 帕特里斯·吉洛特，女，法国南特大学海洋与海滨学院教授。
③ 钱爽，男，宁波大学人文与传媒学院助教，硕士，从事旅游与休闲经济研究。

些方法我们可以估算出每个相关个体对非盈利性的产品所附加的价值。这些方法其中包括了偶然性评估法，它能够确定相关个体对于使用非市场化产品而愿意支付的约定价格(Hanemann 1994)。这种偶然性评估法主要通过给被调查者提供一个假设但真实存在的场景，同时在场景中提供已经进行估价的产品，询问被调查者是否愿意支付约定价格来享受和使用这些产品(Alberine& Kahn 2009)。

而所谓间接评估法则是主要通过观察相关个体的真实行为。例如旅游成本法(MCT)，作为最早开始使用的对环境资源进行商业评估的方法(Hotelling 1949)，经常被用来确定旅游者为了进入旅游区而支付的价格(Clawson & Knetsch 1996, Parsons 2003)。旅游成本法可以分为两种类型：即区域旅游成本法和个人旅游成本法。在区域旅游成本法中，根据客源地划分出出游区域，而使用的相关变量则是每个出游区域的出游率(客源地出游的旅游者数量除以客源地的人口总数)。在个人旅游成本法中，相关变量则是在一个特定的时间段内旅游者出游的次数(Browm & Nawas 1973, Wilis & Garrod 1991, Parsons 2003)。

本章主要采用了个人旅游成本法，因为它对于研究本文涉及的生态学的物质条件具有一定优势。我们在选取的样本区域里可以直接接触到这些休闲赶海者，同时一个简单的调查足以访问到尽可能多的人，而且旅游成本法适用于对旅游区根据功能不同而进行简单的经济评估的目标的研究，而不需要寻找更加繁杂的例如建立在一个偶然事件上而进行的评估方法。笔者把对旅游成本法的相关定义和使用原则放在这一章的第一部分，旨在对第二部分为实现研究目标而对该方法的使用进行一个解释说明。第三部分收集了在旅游区调查访问所得到的数据，而第四部分则阐述了以泊松分布为基础而原创的评估方法得来的需求。

二、旅游成本法简介

旅游成本法主要用于估算消费者在旅游地进行旅游活动时所产生的经济剩余(Parsons 2003, Terra 2004)。消费者的盈余或者说单个旅游者进入旅游地的价值其实也就是消费者愿意支付的数额(或者能够支付的最大数额)与实际所需支付数额之间的差值(图1)。在叙述性偏好法中，这个集合了旅游区所有旅游者推算出来的数值，也被认为可以反映旅游地的自然价值(Pearce et al. 2006)。因此消费者的盈余是通过一个旅游地的观光次数和为了进入旅游地而产生的旅游成本组成的需求函数得来的。这个需求函数的方程是通过分析线性回归而得来的(Terra 2004)。

旅游成本法与所有非市场化自然资源间接评估法一样，它的应用也受到一些限制(Pearce et al. 2006, Alberini et Kahn 2009)。首先，旅游是一种不均衡的经济产品。在大多数时候旅游的真实花费是很难通过观察而得到的(Randall 1994)，而且在叙述性偏好法应用中，旅游预算的限制时常会被忽视(Muphy et al. 2005)。尤其是在旅游过程中通过时间价值衡量出来的机会成本(或者时间的虚拟价值)也很难通过观察得到，而且也没有在经济学家当中达成共识：有一些经济学家使用旅游者四分之一或者一半的工资作为机会成本的参考价值，而另一些在批评这种评估成本方法的同时，也估计旅游的乐趣指数在任何情况下都不会减少到负值(Bontems et Rotillon 2007)。

如同所有建立在指定用途基础上的直接评估法一样，旅游成本法在估算过程中并不考

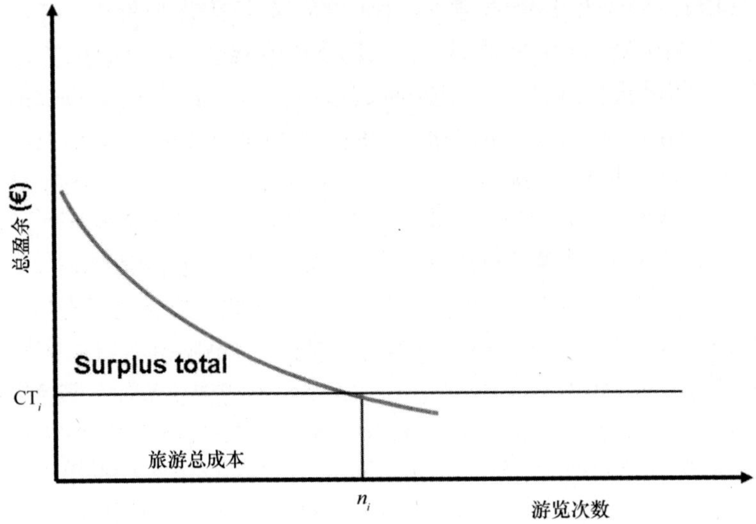

CT_i——旅游地每个旅游者每次游览的费用;n_i—— 在一定时间段内所产生的游览次数。

图 1　需求函数的图表形式

虑对从来不去往旅游地的个人来说旅游地存在的游憩价值,但是会相应的计算其一定的经济价值。还有一些别的问题,比如同一次旅行过程中的重复游览或者由于环境质量的不同而出现的替代旅游区就很难用旅游成本法去评估,也很难将其整合到这个模型中。两个旅游者可能途经相同的距离而来到同一个旅游地,第一个人还有距离更近的旅游地选择,而第二个则只有这个选择。显然第一个旅游者给旅游地的自然资源带来的价值要大于第二个,但是我们评估他们的选择的时候却使用了同一种方式。我们甚至可以设想有一些旅游者出于对旅游地的喜爱,同时为了减少旅游成本,而决定在其附近安顿下来(比如通过购买或者租赁一个居所)(Pearce et al. 2006),这样就人为地减少了剩余价值。于是在计算悠闲需求的时候,另一个关键变量被应用到了旅游成本法的计算当中,即充量(Deyak et Smith 1978, Jakus et Shaw 1997)。学者发现如果不考虑充量的话,估算就会产生一个遗漏性偏差,但是如果把这个充量放入需求函数的计量经济评估中的话,又会产生一个内部性偏差(充量和产生误差的可能性的关联)(Bockstael et al. 1990, Leplat 2009)。

基于以上这些原因,旅游成本法的应用存在许多不足和缺陷,很多学者认为它并不适合单独使用而要和别的方法配合起来使用(Cameron 1992, Randall 1994, Appéré 2002, Whitehead et al. 2008)。但是由于选取的样本区域固有的物质限制以及为了遇见赶海者而存在的时间限制,本次研究中并没有使用上述学者所推荐的研究方法。有关休闲捕鱼业先前的评估方法和目的在第二部分中进行了阐述。

三、目标与方法

尽管上一节提到的方法在评估过程中会产生偏差,但是我们仍然通过分析得出休闲赶海者在 GOIS 捕鱼场进行的活动所产生的经济价值。另一些学者曾经使用旅游成本法来对休闲捕渔场进行评估,以及在捕鱼场活动条件逐年劣化的情况下,运用旅游成本法对赶海活动的舒适度变化的评估(Bockstael et al. 1990, Hausman et al. 1995, Johnston et al. 2006, Layman et al. 1996, Appéré et Bonnieux 2003, Appéré 2004)(Deronzier & Terra 2006)。另一些学者则选用了另一些可替代的方法,比如意愿调查法或者效用估价法(Carter et Liese 2010, Huth et Morgan 2011)。比如 Hausman et al. (1995) 为了评估爱克森瓦拉兹(Exxon - Valdez)海难造成的石油泄漏对附近 118 个渔场、打猎场、远足地以及游艇会所造成的损失,对 4200 个人进行了调查访问,调查结果显示,这些被调查者对于在这个区域进行休闲活动的总支付意愿数额与法院要求的罚款金额(25 亿美元)相比显得非常有限(只有几百万美元)。如此巨大的差距也使从间接评估法得来的这些场所的游憩价值就没有那么重要了。

目前与在 Gois 捕鱼场进行的赶海活动的经济条件最相近的研究要算是 Gildas Appéré (2002, 2004)对于法国大西洋沿岸赶海活动的研究了。这位学者综合了各种研究方法,同时把研究置于两个假设的情景下(食用贝类卫生安全系数快速或慢速增长,同时环境质量的不断下降),最后运用了旅游成本法进行分析(旅游者对于去往一个对健康危害更小的捕鱼场的支付意愿)。这次研究一共调查访问了 501 个人,他们这些人到达捕鱼场所经历的平均距离为 22.6 千米(其中 64% 的受访者经历的路程少于 20 千米)。在纠正了出现“零支付意愿”的次数后,通过本次研究可估算出对于去往对卫生安全危险系数较小的捕鱼场的平均个人支付意愿为 47 欧元,而对于去往卫生安全危险系数较高的捕鱼场的平均个人支付意愿则为 60 欧元(Appéré et Bonnieux 2003)。

在本次研究中对 Gois 捕鱼场的休闲赶海者展开的调研就是选用了旅游成本法中的其中一种研究方法。笔者并没有用另一种间接评估法来与此配合使用,因为这种研究方法与以往的研究相比,在通过泊松理论对需求函数进行经济计量评估,目的在于涵盖统计所得的数据(在下一章节中会介绍到统计方法)。根据 SHAW(1988)的理论,任何不考虑统计数据的特殊性的研究都有可能是存在偏差的。Melichar 认为使用截尾回归要比使用简单线性回归更加合适,因为简单线性回归一般用在初步的研究中。而泊松回归或者截尾负二次项方法则广泛应用在对游憩场所价值的评估当中,尤其是在旅游成本法的应用当中(Creel & Loomis 1990, Englin & Shonkwiler 1995, Shrestha et al. 2002, Terra 2005, Deronzier & Terra 2006, Martinez - Espineira & Amoako - Tuffour 2008, Melichar 2011)。

附录的第一部分是问卷,问卷也调查了这些赶海者的个人身份信息。从 2010 年 8 月到 2012 年 8 月,共有 422 名赶海者参与了这次调研。

在本次实地调研过程中,由于无法掌握所有去往捕鱼场的赶海者的总体特征信息,所以也无法对调查的样本进行校正。因此本次研究中所有调查所得的数据并没有进行校正。

个人旅游成本的计算主要由从住家到旅游地的距离,油价和到达旅游地所消耗的油量,以及车上游客的数量通过以下公式得来:

$$P(n_i = k/x_i) = e^{-\lambda_i}\frac{\lambda_i^k}{k!}$$

旅游成本 =2 * 距离 * 每千米的成本/旅客数量

每千米所需花费的成本每年由财政部公布于 http://www.frais - kilometrique.com 上。

从住家到达 Gois 捕鱼场的距离通过 https://maps. google. fr 计算得出。如果被调查者宣称其来这个地区的主要目的是来 Gois 赶海的话,他旅行产生的距离是从其常居住所到 Gois 的距离,如果不是,则计算从其临时住所到 Gois 的距离。

需求函数可以通过不同的方法得出。最基本的一种方法,也是在计量经济学中经常使用的,就是通过普通线性回归得出。不过这种方法还是存在一些缺陷。首先,相关的变量(游览的次数)是一个完全的非负的变量(完全自然数 N)。泊松模型和负二项模型则更适合为计算出来的数据建模(Grogger & Carson 1991, Cameron & Trivedi 2013)。第二,在旅游成本估算法中,相关变量值的范围经常会被缩小,比如旅游成本法减少了对于参观次数大于或者等于一的旅游者的研究,同时还忽略了潜在旅游者的统计。泊松模型和负二项模型能够使舍项降至 0,而这在一般线性回归模型里是不可能做到的(Greene 2011)。

在泊松分布中,得到 K 值的概率为:

Λ 是泊松分布的均值也是方差,K 是游览的次数。

根据泊松分布,舍项为 0 的概率密度为:

$$P(n_i = k/x_i) = e^{-\lambda_i} \frac{\lambda_i^{k-1}}{(k-1)!}$$

泊松回归对于有相等的均值和方差的数据是适用的。如果在数据中产生了一个离散差,通常出现在统计的数据中,那么负二项模型则更加适用(Hilbe 2011)。

回归模型都由 R 语言 VGAM 建模软件计算得出(Yee 2013)。最合适的回归模型则根据 AIC 标准得出(Akaike 1981)。

四、调查简介

本次调查由一个或者多个调查者在整个退潮的时段里进行。如果这些赶海者是以朋友或者家庭组团来的话,则只调查他们当中的一个人。所有被调查者都采用随机的方式筛选。鉴于因为旅游时段的不同(假期、周末等),赶海者的一些特征也会截然不同,因此根据 TERRA(2004)的推荐,本次调查持续了一整年。调查中共选取了 4 种时段:学校假期的周末,学校假期中非周末的日子,非学校假期的周末,以及非学校假期中的非周末时段。

社会学的调查显示当中 59% 为男人,而 74% 的赶海者在 50 岁以上。赶海者中退休者占到了很大一部分比重(55%),随后是手工业者和商人(20%),赶海者们更倾向于在潮汐系数高的时候来赶海(67% 的人选择在潮汐系数等于或者高于 75 的时候来赶海)。具体的数据列于表 1:

表 1　调查数据统计

变量	形态	有效人数	%
性别	男性	249	59.00
	女性	173	41.00

续表

职业	退休	233	55.21
	手工业者,商人	86	20.38
	管理人员	60	14.22
	职员	23	5.45
	工人	5	1.18
	学生	4	0.95
	农民	4	0.95
年龄	18~35	22	5.21
	35~50	86	20.38
	50 和 50 以上	314	74.41
潮汐系数	高于 75	286	67.77
	低于 75	136	32.23
时段	学校假期的周末	246	58.29
	学校假期非周末时段	115	27.25
	非学校假期的周末	35	8.29
	非学校假期非周末时段	26	5.80
游览次数	1	145	32.37
	2	59	13.17
	3	72	16.07
	4	137	30.58
	5	9	2.01
来自的省份	其他省	2	0.47
	卢瓦尔河-大西洋地区	88	20.85
	巴黎	39	9.24
	万代省	192	45.50

调查中,大多数来 Gois 旅游的目的是为赶海。值得引起注意的是居住在离 Gois 80 千米以外的地方的被调查者中,只有 5% 表示来这里旅游的主要原因是赶海。每人的年平均旅游次数为 3.54 次。

五、调查结果

由于本次调查获得的数据的均值和方差相等,因此并没有尝试使用负二项模型来估算。最理想的能够得到最低 AIC 值的模型为截尾泊松回归模型。表 2 中显示了线性回归系数和每个模型的 AIC 值。图 2 则是回归曲线。

表 2　线性回归的参量

参量	线性回归	泊松回归	截尾泊松回归
常量 （偏差） *Z* 值	3.655 (0.075) 48.49	1.448 (0.049) 29.07	1.732 (0.066) 26.25
系数 （偏差） *Z* 值	-0.0268 (0.0014) -18.84	-0.0147 (0.0013) -11.14	-0.0315 (0.0025) -12.39
R^2 或 pseudo R^2 de McFaden *	0.46	0.537 *	0.56
AIC	1 165.7	1 282	1 083.207

Pseudo - R^2 不能用与 R^2 相同的方法去阐释：与无说明性变量的模型相比，Pseudo - R^2 是一个真实的变量（Hilbe 2011）。

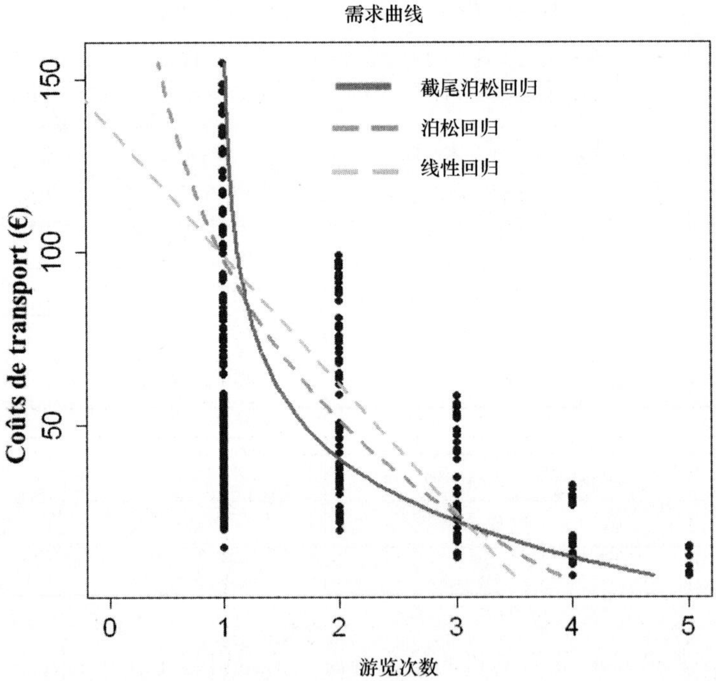

图 2　需求曲线和回归模型

横坐标从 0 开始计算为了更好的显示截尾回归和非截尾回归的区别。

在选择了最适合本次调查数据的回归模型之后，我们还尝试估量别的潜在变量对游览次数的影响。比如不同的性别、年纪、职业都被调查了，表 3 中显示了调查的结果。

表3　加入补充变量:性别、年龄、职业后截尾泊松回归计算出的结果

	估值	标准误差	Z值
(截取)	0.6475	0.05	21.31
交通成本	-0.0280	0.00	-11.15
性别.f2	-0.0460	0.08	-0.61
职业.f2	-0.1311	0.11	-1.23
职业.f3	-0.3382	0.16	-2.07
职业.f4	-0.2461	0.22	-1.14
职业.f5	-0.4366	0.54	-0.80
职业.f6	0.8356	0.67	1.25
职业.f7	-0.0692	0.46	-0.15
职业.f8	-0.1158	0.25	-0.46
年龄.f2	1.1797	0.49	2.41
年龄.f3	1.0866	0.49	2.23

从上表我们可以观察到除了交通成本之外,唯一具有统计意义的一个变量为年龄变量。年龄变量的正值与游览次数相关联。接下来我们在删除了两个无意义的变量后,又做了一次回归估算。结果显示在表4中。

表4　加入补充变量:性别、年龄、职业后截尾泊松回归计算出的结果

	估值	标准误差	Z值
(截取)	0.955 567 419	0.034 434 053	22.77 506 519
交通成本	-0.029 764 264	0.002 477 087	-12.01 583 544
年龄.f2	0.705 402 219	0.344 383 839	2.048 302 328
年龄.f3	0.762 693 258	0.336 895 518	2.263 886 626

这个模型的AIC值为1 075,因此与之前那个没有将年龄变量考虑进去的模型(AIC值1 083)相比,这个模型显然更加合适。因此我们也将其用在了对消费者盈余的计算中。

对于每个赶海者每次活动产生的平均消费盈余的计算是根据由泊松回归得到的需求函数公式得到,具体公式如下:平均盈余 = -1/回归系数(Garrod & Willis 1999)。

通过用截尾泊松模型计算得到每个赶海者每次活动产生的消费盈余为33.59欧元。而如果用泊松模型计算这个值则为68.027欧元。因此我们可以看到如果回归模型选择不当,会使结果产生偏差,并使平均消费盈余大大增加。

根据我们所知,现今只能找到两个关于计算法国赶海活动的经济价值的研究(Bonnieux & Rainelli 2002, Appéré & Bonnieux 2003)。这个研究中计算出来每个赶海者每次活动产生的平均消费盈余为55欧元Chegraini(2005)。认为上述研究存在一个缺陷,就是没有考虑到零截尾的情况。事实上如果不考虑这个区域中方程式的值,那么将使回归常数产生严重偏差,从而使计算得出的盈余值也产生偏差(Creel & Loomis 1990)。Bonnieux et Rainelli

(2002)研究中的线性模型和对数线性模型是根据 R^2 的值(由模型解析所得的变量,变化幅度在4% ~15%之间)的变化而进行估算的,这个值意味着一个非常低的代表信度值。因此我们不能排除通过本次研究得到的与之前两次研究所得的消费者盈余差的产生是由于回归模型选择的不同的可能性。这也同时证明了如果我们不考虑零截尾的情况,那么计算出来的经济盈余值要大大高于正常值的这个假设。

本次研究得出的平均盈余值以我们在 Gois 捕鱼场对赶海者的调查统计获得的数据为基础。这次统计是由 IFREMER 在 2009 年夏季大潮的时候进行的(Hitier et al. 2010)。赶海者的估计人数为 956 人。另一次统计是在 2012 年的大潮的时候进行,共计有 838 位赶海者。在非学校假期的时段,我们也进行了多次统计,当潮汐系数大于 75 的时候,平均人数为 50 人,而小于 75 的时候则平均人数为 30 人。当每年最寒冷的时段,这个值则是 0 ~6 人。研究中我们认定在一个自然年中,有 12 个在学校假期时段的周末,学校假期中的非周末时段为 66 天,非学校假期时段的周末为 20 个以及非学校假期的非周末天数为 130 天。一年中最寒冷的时段以及潮汐系数非常低(小于 65)的时段没有被计算在内。根据所得的数据,我们可以利用近似法来估算 Gois 捕鱼场的年游览次数为 46 100,那么年经济盈余则为 1 548 499 欧元。

六、赶海者的类型分布

为了了解在 Gois 捕鱼场的赶海者的多项性以及完善之前所得出的一系列结果,我们将调研所得的结果利用上升层次分类法(CAH)来做一个多元对应分析(ACM)。

因数分析图由以下这些有效变量构建而成:职业、性别、年龄、游览天数、游览次数、潮汐系数、旅游者出发地(归纳成 5 个地区:Vendée 省、卢瓦尔河 - 大西洋地区、卢瓦尔河省其他地区、巴黎、法国其他地区)。而唯一的连续变量(交通成本)在这里作为典型变量没有出现在分析图中。我们可以观察到轴一与游览次数的联系,由于游览天数、旅游者出发地以及职业(退休的在轴的左边,管理人员湖或者学生在右边)的各项特征也大大丰富了轴一的数据结构图 3。我们通过卡方检测法来检测明显的双变量联系评定(见表 5):

表 5 卡方检测法检测明显的双变量联系评定

变量 1	变量 2	卡方检测
年龄	游览次数	27,076 * * *
职业	游览次数	77,773 * * *
职业	游览天数	35,749 * *
年龄	游览天数	13,214 * *
潮汐系数	游览次数	14,365 * * *

* * * 表示百分比达到1%; * * (5%); * (10%)。

职业和游览次数的联系值得引起注意[Proba (Khi -2 >77. 77) =0. 000],退休人员这一项的值达到了“4 ~5 次游览赶海捕鱼场”这一类,占到了非常高的比例。游览次数和潮汐

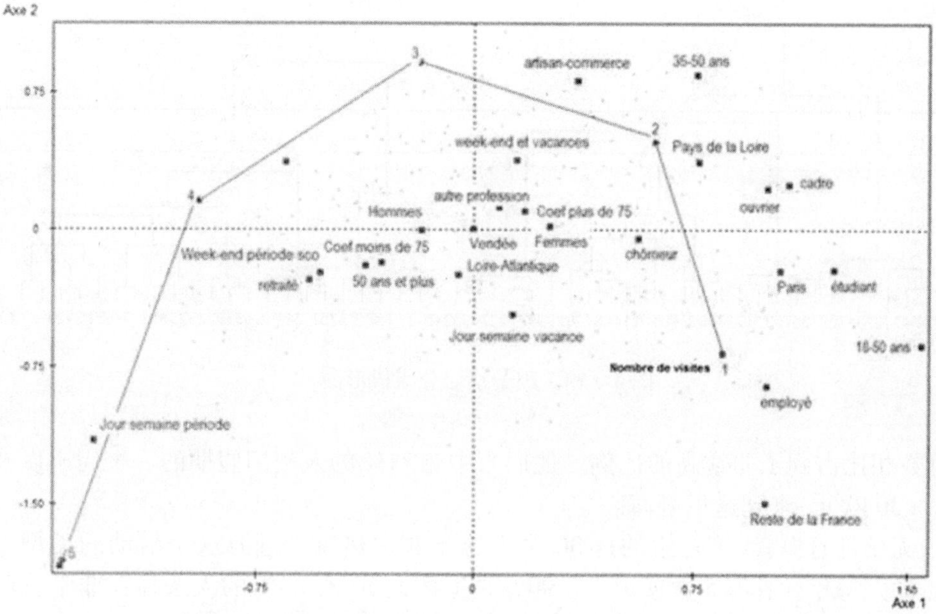

图 3 ACM 轴一、轴二的因数分析图(分布形态由旅游地游览次数线段联系起来)

系数之间在成反比的关系上也十分紧密:潮汐系数高的时段对那些常客来说并没有很大的吸引力。那些一年只来 1~2 次的赶海者通常会在大潮(潮汐系数大于 75)的那一年来赶海 3~4 次。而对于那些一年来 5 次或以上的常客来说,只有其中三分之一的人会被大潮所吸引。

相反,从研究得出的数据来看,我们并没有发现年龄与潮汐系数、旅游者出发地以及性别之间的联系。

唯一的一个连续变量(交通成本)主要和因子 1 ($\rho = +0,587$)成正比关系,对于那些不常来赶海的旅游者来说,他们的平均交通成本会比较高,原因可能在于从他们居住地到 Gois 捕鱼场的距离往往非常远。

根据 WARD 归聚法则(分级内部惯性最小化和分级之间惯性最大化),随后我们运用提升层次分类法来分析。相关值的频率图(见附录)和树状图图 4 向我们展示了一个分成四或者六级的排样结构图,第二等级在类型学中(150 人)重新归并为 4 个等级,而子集 2.3 和 4 则在类型学中归为 6 个等级:

以下的评论是只基于 4 种类型的分级形式,这两种类型学分类的结果在附录中已经收录。下面对各个类型进行了命名,目的在于阐释分析中遇到的社会类型分类:

(1)“远距离机会主义者”,这第一组有 41 位赶海者,全部来自法国其他地区(除了 Vendée 省、卢瓦尔河—大西洋地区、卢瓦尔河省和巴黎)。这些人当中的 93% 一年只来赶海一次,且有 83% 的人倾向于在潮汐系数高的时候来。这一类人平均旅游成本也就相应地要偏高,达到 74 欧元每年,标准偏差在 ±40 欧元左右。

(2)“偶然度假者”第二组一共有 150 个人,他们可以相对方便地到达目的地(有 62% 来自邻省和巴黎地区),一年会来赶海 1~2 次(其中 87% 的人)。青年管理者和女性赶海者与

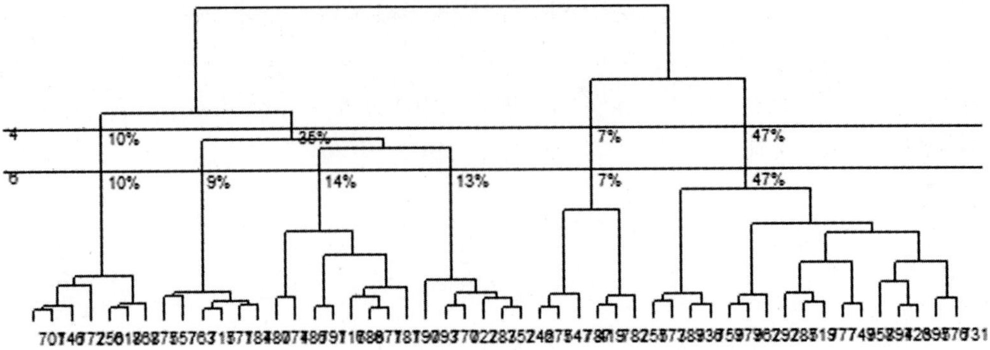

图 4　相关因子逐层分级树形图

抽样的总数相比占到了非常高的比例。他们当中有 71% 的人利用假期的一个周末以及花费 61 欧元（±30 欧元）来到这里赶海。

（3）“无条件赶海者”第三组的这 30 个人属于非常热衷于赶海这个活动的类型。他们当中 30% 的人每年要赶海 5 次或以上。90% 是退休人员，有 83% 的人选择在非学校假期的非周末时段去赶海。有一半以上的人倾向于潮汐系数低的时候前往，目的是为了能够尽情享受这项活动不被旁人所打扰。这一组人的交通成本为每年 25 欧元（±21 欧元）。

（4）“比较积极的赶海者”第四组里共有 201 个人。他们一年去赶海的次数比较频繁，其中 60% 的人一年赶海 4 次，26% 的人 3 次。由于有 71% 的人在回答问卷时没有给出答案，所以我们很难了解他们都来自于什么地区。但是相反我们知道卢瓦尔河－大西洋地区占到了很大比例（26%，有三分之二的赶海者来自这个地区）。因此我们可以推测这些赶海者都居住在捕鱼场附近。退休者在这组中仍然占到了大多数（71%），同时男性赶海者也占了大多数。这一组人的交通成本相对较低，为 23 欧元（±15 欧元）。

七、结论

本次研究的主要目的在于研究在 Gois 捕鱼场的休闲赶海活动产生的经济价值。

旅游地经济价值和自然资源的价值评估对于资源管理是非常重要的（Pagiola et al. 2004）。然而这些非市场化资源的价值往往被政策决策者低估（Salles 2011）。对一个天然场所的价值评估有利于更好地保护当地的自然资源。如果说这个地区拥有的经济价值要高于或等于保护该地区所花费的经济价值，那么就会影响那些通常以经济效能为决策依据的资源管理负责人的决策和行动。对于天然场所的经济考量更有利于自然资源的管理和保护（Turner et al. 2003）。

本次对 Gois 捕鱼场的研究得到的每人每次游览产生的经济价值为 33.50 欧元，比他人更早研究得到的 55 欧元要低。通过这个值，我们可以估算出这个捕鱼场一年的整体经济盈余大约为 150 万欧元。在本次研究中除了运用了与之前的研究不同的问卷形式用来得出交通成本，另外还考虑了零截尾产生的偏差，这使得我们得出的经济盈余值降低了。这些活动产生的经济价值是非常重要的，同时研究也显示了赶海活动对于海滨经济的重要性。最后，我们发现这项活动的主要参与者是老年人,就如同在层次分类图中所显示的年龄因素的重要性一样。我们可以通过一个假设更深入地分析这个现象,即通过世代传承的影响和生命轮回的影响的对比,这样我们就可以预知这项在海滨开展的活动的未来,但是仅仅通过本次调查得到的横向数据我们是无法去验证这个假设的。

附　问卷

1. 受访者编号	
2. 日期	
3. 星期几	
4. 潮汐系数	
5. 时间	

6. 性别

男	
女	

7. 受访者年龄段

18 - 35	
35 - 50	
+ de 50	

8. 职业

农民	
手工业者、商人	
管理人员、自由职业	
职员	
工人	
退休	
学生	
失业者	
其他	

9. 您在这里是作为

主要住所	
第二住所	
游客	

10. 您的常住城市为？

城市名 [　　　　] [　　　　] 邮编

非常住居民填

11. 如果您是游客,您住在

房车	
酒店	
亲人朋友家	
其他	

12. 在这次旅行中,您打算在这个地区呆多少天?

13. 在这次旅行中,您打算花多少天在这赶海?

14. 您来到这个地区的主要原因是休闲捕鱼么?

是	
否	

如果是　　　如果否,请跳至18题

15. 您是通过什么交通工具从您的常住地到达现在的住所的?

私人汽车	
租赁的汽车	
自行车	
摩托车	
火车	
公共汽车	
其他	

以下为选开汽车过来的受访者填

16. 从您的常住地出发到这里,这次旅行您的汽车一共带了几个人(包括您自己)?

17. 您汽车的马力是多少?

小于或等于4匹	
5至6匹	
7至9匹	
10匹或以上	

所有受访者填

18. 您今天是通过什么交通工具来到这里的?

私人汽车	
租赁的汽车	
自行车	
摩托车	
火车	
公共汽车	
步行	
其他	

19. 您今天开车过来带了几个人(包括您自己)?

20. 您汽车的马力是多少?

小于或等于4匹	
5至6匹	
7至9匹	
10匹或以上	

21. 如果您不是开车过来,那么从您出发点到这里共花了多少时间?

22. 在过去的12个月中,您一共来这里多少次?

23. 您是从什么时候开始进行赶海活动的(哪一年)?

24. 您有在别的地方进行赶海活动么,如果是,哪个地方?

25. 您的职业是?

26. 如果这里因为卫生原因而关闭了,而您需要换一个活动场所,那么您最多愿意去往离这多少公里以内的新的活动场所呢?

参考文献

[1] Akaike H (1981) Likelihood of a model and information criteria. J Econometrics 16:3 – 14.

[2] Alberini A, Kahn JR (2009) Handbook on contingetn valuation Edward Elgar Publishing.

[3] Appéré G, Bonnieux F (2003) Analyse du comportement face à un risque sanitaire cas de la consommation non – marchande de coquillages. Revue d'économie politique 113:373 – 401.

[4] Bonnieux F, Rainelli P (2002) Évaluation des dommages des marées noires: une illustration à partir du cas de l'Erika et des pertes d'agrément des résidents. Economie et statistique 357:173 – 187.

[5] Brown WG, Nawas F (1973) Impact of aggregation on the estimation of Cameron AC, Trivedi PK (2013) Regression Analysis of Count Data, Cambridge University Press

[6] Chegrani P (2005) Évaluer les bénéfices environnementaux sur les masses d'eau. Série études 05 – E08

[7] Clawson M, Knetsch J (1996) Economics of Outdoor recreation, Johns Hopkins University Press, Baltimore

[8] Creel MD, Loomis JB (1990) Theoretical and Empirical Advantages of Truncated Count Data Estimators for Analysis of Deer Hunting in California. Am J Agric Econ 72:434 – 441.

[9] Deronzier P, Terra S (2006) Étude sur la valorisation des aménités du Loir. Ministère de l'Ecologie et du Développement Durable. SÉRIE ETUDES 06 – E – 01

[10] Englin J, Shonkwiler JS (1995) Estimating social welfare using count data models: an application to long – run recreation demand under conditions of endogenous stratification and truncation. The review of economics and statistics 77:104 – 112.

[11] Garrod G, Willis KG (1999) Economic Valuation of the Environment, Edward Elgar Publishing Ltd., Cheltenham, UK.

[12] Greene WH (2011) Econometric Analysis, Prentice Hall

[13] Grogger JT, Carson RT (1991) Models for Truncated Counts. Journal of Applied Econometrics 6:225 – 238.

[14] Hanemann WM (1994) Valuing the Environment Through Contingent Valuation. The Journal of Economic Perspectives 8:19 – 43.

[15] Hanley N, Shogren J, White B (1997) Environmental Economics: In Theory and Practice, Oxford University Press, USA

[16] Herfaut J, Levrel H, Drogou M, Thébaud O, Véron G (2012) Ecological and economic impacts of marine recreational fishing in France. Amure Publications, Working Papers Series D – 33 – 2012:26.

[17] Hilbe JM (2011) Negative Binomial Regression, Cambridge University Press

[18] Hitier B, Ratiskol G, L'Heveder J (2010) Evaluation de la fréquentation des zones de pêche à pied sur le littoral Loire – Bretagne

[19] Hotelling H (1949) Letter, In: An Economic Study of the Monetary Evaluation of Recreation in the National Parks, Washington, DC: National Park Service

[20] International Council for the Exploration of the Sea (2010) Report of the Planning Group on Recreational Fisheries (PGRFS)., Bergen, Norway. 7 – 11 June 2010.

[21] Martinez – Espineira R, Amoako – Tuffour J (2008) Recreation demand analysis under truncation,

overdispersion, and endogenous stratification: An application to Gros Morne National Park. Econometrics 88:1320 –1332.

[22] Melichar J (2011) Truncation, overdispersion and endogenous stratification in the recreation demand models. International Days of Statistics and Economics, Prague, September 22 – 23

[23] Pagiola S, Von Ritter K, Bishop J (2004) Assessing the Economic Value of Ecosystem Conservation, The World Bank Environment Department, paper N° 101

[24] Parsons GR (2003) The travel cost model. In: Champ PA, Boyle KJ, Brown TC (eds) A Primer on Nonmarket Valuation, p 269 – 329.

[25] Salles J – M (2011) Valuing biodiversity and ecosystem services: Why put economic values on Nature? C R Biol 334:469 – 482.

[26] Shaw D (1988) On – site samples' regression: Problems of non – negative integers, truncation, and endogenous stratification. J Econometrics 37:211 – 223.

[27] Shrestha RK, Seidl AF, Moraes AS (2002) Value of recreational fishing in the Brazilian Pantanal: a travel cost analysis using count data models. Ecol Econ 42:289 – 299.

[28] Terra S (2004) Stratégies d'échantillonnage et modèles de comptage dans la méthode des coûts de transport, Ministère de l'environnement. Direction des études économiques et de l'évaluation environnementale, Paris.

[29] Terra S (2005) Guide de bonnes pratiques pour la mise en oeuvre de la méthode des coûts de transport. Document de travail, MEDD, D4E 05 – M05

[30] Turner RK, Paavola J, Cooper P, Farber S, Jessamy V, Georgiou S (2003) Valuing nature: lessons learned and future research directions. Ecol Econ 46:493 – 510.

[31] Wilis KG, Garrod GD (1991) An individual travel – cost method of evaluating forest recreation. Journal of Agricultural Economics 42:33 – 55.

[32] Yee TW (2013) VGAM: Vector Generalized Linear and Additive Models. R package version 0.9 – 1.

天津海洋旅游环境协同管理

谢　芳，张泽雯，戚　旺[①]

摘　要　旅游活动引起的水体污染、植被破坏、海洋生态系统失调等环境问题，在世界著名滨海旅游地屡见不鲜。海洋旅游开发建设必然对沿海地区的水体、海岸线、地表水文特征和土壤植被等自然环境产生重要影响。为充分保障海洋旅游资源的生态系统和可持续发展潜力，本文通过借鉴国外管理研究经验，在总结我国海洋旅游资源环境问题的基础上，提出天津海洋旅游资源协同管理的建议和措施，以实现海洋旅游资源环境的循环利用和永续发展。

关键词　海洋旅游环境　海洋旅游资源　协同管理

开发利用海洋旅游资源，发展海洋生态旅游业，是体现海洋资源环境价值与功能的重要形式。在发展海洋生态旅游活动的过程中，不可避免地会出现旅游发展与资源环境保护目标间的矛盾冲突。为了实现海洋生态旅游业发展的经济效益、社会效益和生态效益的协调与统一，促进海洋旅游业的可持续发展，就必须建立和完善海洋旅游环境协同管理保护制度，以实现旅游资源环境的循环利用和永续发展。

一、天津海洋旅游环境问题现状

旅游活动引起的水体污染、植被破坏、海洋生态系统失调等环境问题，在世界著名滨海旅游地屡见不鲜。天津海洋旅游开发建设必然对沿海地区的水体、海岸线、地表水文特征和土壤植被等自然环境产生重要影响。

（一）近岸旅游海域污染严重

受大量的排污影响，天津海洋近岸海域环境纳污能力严重超负荷，对海洋生态环境已经造成巨大的影响。根据对天津海域的连续监测显示：近岸海域污染较重，中部海域海水质量状况较好。各海洋功能区水质达标情况较差，其中有些自然保护区、养殖区和旅游度假区的水质状况不能满足该功能区的环境保护要求[1]。

（二）旅游资源承载能力受到严重破坏

天津海区相对开发量并不高，但却遭到严重破坏，多种资源开发利用程度各不相同。水

---

① 谢芳，女，天津财经大学旅游系教授，硕士生导师；张泽雯、戚旺，天津财经大学在读研究生。

产捕捞开发严重过度，浅海水产养殖开发系数相对较低。近年来，环渤海三省一市盐田面积和原盐产量处于徘徊和下降状态，而沿岸的对虾养殖面积和产量在争占滩涂的同时，出现与海盐相似的状态，且产量下降幅度很大。

（三）海岸生物环境退化

受沿海区域无序开发建设、气候变化、河流断流、陆源污染物输入、地下咸卤水入侵以及各种海洋灾害日益加剧等因素的影响，海岸生境退化与改变成为天津海洋一个重要环境问题，在天津海洋区域可以很容易地观察到诸如海岸侵蚀和自然湿地被蚕食等生境退化现象，岸线后退、海水倒灌、沿海低洼地淹没、土壤次生盐渍化加剧。天津海洋地区经济的快速发展以及人类生产生活对湿地资源依赖程度的提高，直接导致了湿地及其生物多样性的普遍破坏，湿地面积大量丧失[2]。

（四）陆源排污问题严重

天津海洋陆源入海排污口超标排放情况依然严重，其中渔业资源利用和养护区排污口、海洋保护区排污口超标排放现象普遍。排污口主要污染物为氨氮、磷酸、化学需氧量（COD）和石油类等，许多排污口排放的入海污水中多环芳烃含量较高。

环渤海沿岸拥有主要入海的河流约45条，随着河流流经地区的工农业的迅速发展，由河流带来了大量污染物，大量排污对其周围海域环境质量造成巨大的影响。

（五）海洋灾害防御能力薄弱

渤海的赤潮、溢油和海冰等环境灾害已成为制约天津渤海海洋经济发展的重要因素，也对沿岸地区社会经济产生重大损害。随着环渤海经济的快速发展及港口的加快建设，船舶流量将进一步加大，同时伴随石油运量迅猛增加，船舶发生事故性溢油的风险进一步加大。近10年平均每年发生3次，一旦发生燃油舱破损事故，燃油溢出对海洋生态环境影响将是灾难性的。由于农药面源污染和不断扩大的近海海域养殖规模，排入渤海的氮、磷等营养物质也不断增加，进一步加大了赤潮发生的概率[3]。

二、海洋旅游环境治理的基本原则

海洋旅游环境管理应全面贯彻实施“可持续发展”和“科教兴国”战略，以及海洋环境保护的政策法规，立足海洋旅游资源开发与生态环境整治有序、有度，转变沿海地区生产方式和提高生活质量，既要考虑海洋旅游资源环境的现实问题与未来发展趋势，也要把握自身规律和自然特征，应坚持以下原则：

（一）突出法制建设原则

针对目前海洋旅游综合管理工作存在的主要问题，应突出法制建设，加大海洋旅游环境污染治理与保护立法，抓紧制定相关法规、政策，形成完善的海洋旅游综合法律、法规和政策体系，实现依法整海，并加强宣传和实施力度。

(二)海陆结合与并重原则

天津海洋环境的治理需要从海域与陆域共同构成的大生态系统的结构与功能考虑,将海域治理与陆域治理结合为一个整体,并从各自的特征与规律出发,采取相互结合与满足相互需要的方式和措施开展相应的工作。

(三)多层次和多领域协作原则

实现海洋治理的综合效果,需要国家与地方的结合、部门之间的协作、企业和社会团体的参与、多学科的交叉渗透等。在海洋管理政策制定中需要充分考虑和调动各部门、沿海地方政府和涉海企业的积极性,也需要充分发挥科技力量对海洋整治的支持。

三、国外海洋旅游环境协同管理案例的启示

(一)埃及海岸线综合管理项目——"Fuka - Matrouh - Egypt"项目

埃及海岸线由地中海和红海沿岸组成。埃及海岸区域的压力日趋严重。在1994年通过的环境法律(Law 4)之后,埃及环境事务机构(EEAA)被指定为实施这个法律的责任机构。在这方面,EEAA制定了保护环境的一般政策和必要计划。而且,它遵循这些计划和有关行政管理部门的规定。海岸带综合管理(ICZM)是由法律4/94规定的项目之一。埃及ICZM的框架项目在1996年实施。由地中海行动项目海岸区域管理资助的并由优先行动计划/区域活动中心实施的一个试点项目"Fuka - Matrouh - Egypt",给我们提供了促进埃及西北海岸可持续发展的研究方法和经验。

1. Fuka - Matrouh 计划活动的实施

第一,前景分析:系统性和前瞻性分析,发展/环境场景;沿海区域气候变化影响的研究。第二,整合计划和管理程序:关于ICZM方法的在职培训;研究领域的ICZM规划研究;海岸管理的工具和方法的应用,比如地理信息系统、培训、旅游活动的承载能力评估、战略环境评价。第三,法律条文和机制结构:识别环境立法和制度框架的现状和发展;定义特别保护区和各自协议的实施。第四,制定部门计划(经营活动):研究土壤侵蚀、沙漠化和水资源,通过遥感对自然资源和土壤保存进行评价。

2. 得出的建议

"Fuka - Matrouh"CAMP项目的活动和项目结果与埃及ICZM框架计划间的关系总结为后续行动计划提出了一系列建议。

(1)直辖市层面的短期行动计划。第一,区域规划指南:建立一个市政沿海规划委员会;初步制定特别保护区;初步制定适合农业的土地;旅游开发项目的控制。第二,制定直辖市沿海地区的总体结构计划:考虑国家政策(人口再分配、旅游发展);当地人口预测;旅游业发展的承载力;土地分类方案(根据土地适宜性分析的主要土地使用);基础设施建设。

(2)埃及地中海区域的中期和长期行动。第一,地中海沿岸地区ICZM计划的准备:关

键问题的政策导向性研究;保护区(自然和文化);保护区沿海灾害和气候变化的影响;沿海地区使用规划(包括战略环境评价)。第二,ICZM 计划实施过程:实施的制度安排;人力资源能力建设(地区和当地水平);区域和当地土地使用计划的准备;战略环境评价的法律规定;环境信息管理(包括 GIS 和 RS);监控和评价(反馈过程);环境教育和参与项目。第三,部门方案:可再生能源项目;基于 GIS 和 RS 技术的海岸环境信息系统;低成本水污染处理技术;地区石油泄漏应急计划;食品加工和农业营销中心;工艺品中心等[4]。

(二)西班牙沿海地区的旅游发展——沿海带综合管理怎样复原它的生命周期,科斯塔布拉瓦

西班牙沿海地区科斯塔布拉瓦(Costa Brava)被看成是欧洲一个古老成熟的旅游目的地。其海岸已被过度使用和破坏并且传统旅游业已近萧条。为恢复旅游业,沿海区的所有利益相关者达成协议,对沿海区域综合管理提出了一个概念性框架。西班牙案例为我们新兴的海洋旅游目的地传播了三个工具和经验。

随着把整合旅游和环境策略纳入科斯塔布拉瓦的可持续发展这一总体思路,一个海岸带综合管理过程产生出来。这个过程分为三个特定行动。

第一,部门组织的可持续计划的制定。引进环境政策、环境管理系统、环境经验,同时环境审计、环境管理系统、生态标签三大工具大部分用于大型连锁酒店。国际旅游与联盟和汤姆森旅游组织对他们的运营商进行了环境审计。第二,一个战略性沿海区域计划的建设。这个计划应该按照一个 ICZM 方案制定领土使用的决策。应发展以信息为基础的工具,明确的目的和未来图景应该用来支撑计划的管理决策。三个因素的整合即:长期考虑 + 环境因素的整合 + 利益相关者的参与;并提出三个工具:新的末端环境解决方法、保护区(自然公园)、环境教育。第三,当地发展应该考虑与当地居民、组织和私企的交流与对话[5]。

(三)加拿大海洋环境管理

1. 协作的海洋环境管理体制

作为一个联邦制国家,加拿大联邦机构与省、自治区政府机构间的协调与合作机制至关重要,这导致了很多跨部门、跨地区的不同层次综合协调机构的建立,包括联邦政府内部、联邦政府与省、自治区政府间及地方政府间的共同委员会等。加拿大环境部长理事会就是一个典型的多方参与的部门间合作协调机构,它由联邦与省、自治区的 14 位环境部长组成,共同对重大环境问题进行协调和沟通。通过论坛及其他协商平台达成共识以及签署双边或多边合作协议,分享各类环境信息与研究进展,并制定共享的环境管理原则、规章与标准。除了联邦政府与省、自治区政府之间的合作协调机制外,地方政府之间也存在一些联合治理机制。如加拿大西海岸的大温哥华地区委员会就是一种地方政府间的环境管理协调组织,解决当地环境可持续发展协调问题是其工作的核心。通过在城市之间建立合作伙伴关系,就各项具体事务展开双边与多边对话,采取协商和投票相结合的方式达成协议,共同推动地方环境管理动议的规划与实施。

2. 系统的海洋环境管理立法

加拿大是世界上第一个实施海洋综合立法的国家,也是系统地进行海洋环境法制化管

理的国家。以《海洋法》为基础的加拿大国家海洋管理法规体系不仅构建了一个综合的国家海洋管理体系,也形成了具有鲜明加拿大特色的海洋环境保护体系,包括海上与陆源环境污染控制法规以及海洋生物多样性及生境保护法规等。其中,海洋污染控制法规主要由《加拿大航运法》、《环境保护法》、《渔业法》、《有害生物控制产品法》和《海洋环境陆基活动污染预防国家行动计划》等构成,而海洋生物多样性及生境保护法规则主要包括《国家海洋保育区法》、《国家公园法》、《濒危物种法》和《野生动物法》等具有不同保护目的的海洋保护区规制。此外,省、自治区等地方政府也制定了各自的海洋环境管理规制体系,这些法规与联邦环境管理法规一起共同形成了一个比较系统的海洋环境管理法规体系,基本覆盖了加拿大海洋环境管理的各个领域,为海洋环境综合治理奠定了法律基础[6]。

四、天津海洋旅游环境协同管理对策

《天津市海洋经济发展试点方案》中指出,天津市海洋经济发展试点地域包括:海上天津市全部 3 000 平方千米管辖海域;陆上滨海新区行政区、产业规划区连同填海造陆面积共 2 700 平方千米。试点单位包括:全市涉海相关单位、中央有关涉海驻津单位。

在海洋环境管理领域,由于海洋环境的复杂性及关联性,天津海洋环境管理应建立在合作管理的基础上。不同的部门与机构具有不同的资源优势和管理能力,协同管理不但能实现优势互补,发挥资源的整体优势,还能有效地避免部门间冲突,最大限度地发挥海洋环境管理的社会经济效益。

(一)建立天津海洋旅游环境协同管理机制

要建立海洋、环保、渔业、海事、水务、国土等部门广泛参与的海洋资源环境管理的体制机制,形成协调行动、能力互补、数据共享、海陆统筹、高效合作的局面;积极推动与环渤海省市的联动,形成区域、流域、海域统筹兼顾,共同治理渤海湾环境的合作机制。

1. 变革海洋生态旅游经营机制

充分调动海洋生态旅游开发主体的环保积极性和主动性。通过划定专门海区生态旅游区控制游客人数,并采取海洋生态旅游产品的"绿色价格"策略调整景区景点旅游规模,在保证一定经济效益的前提下,使海洋生态旅游区的环境保护得以落实。

2. 探索建立海洋生态环境补偿机制

按照政府及有关区域海洋规划,应尽快将海洋生态旅游规划纳入到当地国民经济和社会发展年度计划,地方财政在年度计划中相应地增加海洋生态旅游环保投资安排。同时,在现有国有资产经营体制下,各级税务部门将征收的相关旅游经营所得税按照一定比例返还给职能管理部门,专项用于海洋生态环境的保护。积极探索建立海洋生态环境补偿机制,合理收取环境保证金和自然环境恢复保护费,坚持实行"谁投资、谁建设、谁管理、谁受益、谁保护"的管理原则,依法实施、合理使用。

3. 加快变革海洋旅游发展环境保护投资机制

确保海洋生态旅游发展中环境保护资金的落实和投入。在市场机制作用下,应采取多种方式拓宽引资渠道，鼓励社会各类投资主体加入，引进利用各种资金，积极争取世界银行、世界自然基金会、全球环境基金会等国际组织对海洋生态旅游发展的资助，形成众多投资主体参与的多元化投资体系，保证海洋生态旅游环境保护与基础设施的建设投资[7]。

（二）建设海洋旅游环境协同管理法规科学体系

首先，要贯彻落实《中华人民共和国海洋环境保护法》和《中华人民共和国海域使用管理法》。出台实施《天津市海洋环境保护条例》和《天津市海域使用管理条例》，制定海洋环境保护、海洋污染防治、海域资源使用等方面地方性规章和配套制度，包括海上与陆源环境污染控制法规以及海洋生物多样性及生境保护法规等。

其次，要引入监督机制，进一步规范执法行为，依法保护海洋资源环境。要建立海洋环境监测长效机制，重点完善海陆环境管理部门协管机制，加强沿海监测机构建设，形成覆盖近岸海域的现代化环境监测网络。实施重点陆源污染物排放在线监控，加强海水养殖、船舶排污及港口环境执法监督。严格执行海洋工程、海岸工程等建设项目环境影响评价制度，建立海洋环境质量公报和定期预报制度。加快建设海洋环境监测预警体系，加强重点海域、海湾、主要海洋功能区全天候常规环境监测，从而加强污染控制，改善海洋环境。

最后，要制定更为具体、可操作性更强的海洋生态旅游开发管理法规和政策，加强环境行政管理，健全海洋环境管理体系。明确环境目标与责任，监督检查海洋环境保护规划的执行情况和实施效率，坚决制止那些高投入、高污染、高消费项目的开发和建设，严格控制海洋生态旅游活动的强度、规模和范围。

（三）建立促进海洋资源开发与环境保护相协调的环评制度

按照《渤海海洋环境保护总体规划（2008—2020）》和《全国海洋功能区划（2011—2020年）》，编制《天津市海洋环境保护规划》和《天津市海洋功能区划（2011—2020 年）》；采取有力的海洋资源开发与环境保护的政策和措施，细化分解工作目标，落实各项具体任务；提高用海项目环境准入门槛和海域使用门槛，根据海洋资源环境承载力安排海洋项目，所上项目必须确保低消耗、零排放或低排放和高效益，对新建改建扩建的海岸工程、海洋工程建设项目依法执行严格的海域使用论证和环境影响评价。

从实施旅游规划环境影响评价制度入手，采取更为严格的环境保护和管理对策，协调资源开发和环境保护。环境影响评价制度始于旅游规划的编制阶段，主要是对旅游开发、经营和消费活动可能引起的环境影响进行科学分析、预测和评价，从而落实环境承载力和环境容量管理，为旅游景区和旅游项目的保护性开发提供科学决策的依据，并为实施环境管理提出标准和具体要求。对与海洋生态旅游相关的一些项目，如设立旅游观光区、开发相关旅游资源、划分自然保护区域、防治污染和生态建设方案等，都必须建立起环境影响评价制度。

（四）建立天津海洋旅游环境技术支撑体系

加强对海洋高新技术产业的研究与开发，合理调整海洋资源利用，优化海洋产业结果。加大污染物迁移、转化、环境容量的研究，逐步完善污染物排海标准、区域环境管理标准、渤海环境管理技术规范与标准。

海洋生态旅游战略管理的科学决策，离不开现代高新技术手段的运用，包括遥感技术、地理信息系统、虚拟技术以及信息网络技术等。如利用遥感技术服务于海洋生态旅游环境保护，可以对大面积的海洋生态旅游资源进行普查，对海洋环境状况进行周期性监测等，以便及时了解海洋资源环境的退化、污染和被破坏情况，进而采取相应的防止和保护措施。地理信息系统在海洋生态旅游的发展中也有广泛的应用前景，可以存储、查询、显示各种海洋生态旅游资源信息，并能为海洋生态旅游管理、决策、规划等提供可靠的数据信息支持。

其次，在海域、海滨、海岛的生态化管理中，一些环保技术的应用也是必不可少的。如利用生态技术治理生态旅游造成的某些污染问题。采用污水处理技术，在景区隐蔽处建立小型污水处理系统和中水净化处理与循环利用系统；对固体废弃物则采用回收利用技术，根据废弃物种类不同分别采用一级资源化技术和二级资源化技术；采用新型生态环保材料进行景区景点和基本设施建设；在绿色能源利用方面，充分开发利用旅游区的太阳能和潮汐能资源，等等。

再次，海洋生态旅游的环境保护技术具有广阔的发展空间。从总体上看，目前我国海洋生态旅游的科技投入仍然很少，高新技术介入程度不高。同时，旅游管理信息化水平也有待提高，旅游环境保护技术的研究和应用还处于初级阶段。为此，要加大海洋生态旅游科技投入，对景区景点适用性环境保护技术、能源节约技术、信息化灾害防治、自动化和智能化管理等技术，要加大攻关和推广力度，依靠高新技术实现海洋生态旅游与环境保护的协调发展。

(五)实现社区、政府与市场的三角制衡

通过社区、政府与市场三者之间的相互制约，沿海地区的环境污染及生态破坏等一些不良现象可以在一定程度得以缓解，沿海地区的环境也可以得到更有效的开发和保护。

在以往社区参与的实践中，与政府的强制力和开发商的资本力量相比，社区居民是处于弱势地位的而非平等的协商者。对于一些不利于景区环境的项目，社区居民无实质性权力参与。

1. 把握政府管理海洋环境的行为尺度

政府对海洋开发利用者的活动不应再是单方面的命令、要求，而应以引导者、调节者的身份出现，主要采用行政指导的管理方式，通过建议、劝告、倡导、奖励等方式，为企业提供良好服务和有效监督，引导企业从事海洋环境保护工作。

需要政府参与海洋开发利用活动，促进海洋环境保护的基础设施的建设和基础产业的研究开发；同时，政府可凭借其拥有的行政权威和广泛的信息网络，为生产者和消费者提供信息的咨询和服务，并通过信息的传递和采用，来传达和贯彻政府指导海洋开发利用的某些意图，帮助减少不同的市场行为主体决策的盲目性，减少资源浪费和损失，从而提高市场效率。并利用政府权力，协调企业间的、行业间的关系，在为企业提供必要服务的同时，对企业开发利用海洋活动进行定期或不定期的监察督导和检验查询工作，以确保海洋经济向有利于环保的方向发展。

2. 协调好海洋环境管理中的政府与企业、个人之间的关系

对于海洋环境，政府的作用关键是在对其多功能认识的基础上，科学合理地制定长远规划和措施，实现直接或间接治理和控制污染等等；对于企业，政府在引导企业进行科学生产

以实现产值最大化的同时,核心是为企业制定排污标准,控制污水污物的排放,并制定出必要的经济措施,如税、费等等,或直接采取管制措施如限制有关工艺和原料的使用等;对消费倾向进行合理引导应是政府实现海洋环境管理目标应考虑的问题之一。政府在负责满足消费者物质需求和优美环境需求的同时,主要是引导消费者提高消费意识,防止导致间接污染的不良消费行为随意发生。

总之,在海洋环境管理中,既要充分发挥政府的干预作用,防止海洋开发活动中的无序、无政府状态,又要对政府行为进行适当地限定和科学地规范,完善政府行为的约束机制。通过依法管理防止由于政府干预过度所带来的种种不良后果,以此来保证海洋开发沿着可持续的方向发展,海洋环境得到有效保护和治理[8]。

3. 社区增权

增权是旅游景区获得可持续发展的必要前提。与政府的权威和资本的力量相比,旅游地社区普遍处于无权状态,旅游往往被开发商、政府所控制而不是社区所控制。因而有必要通过社区增权,帮助当地社区形成权利意识,打破不平衡的权力关系,增强社区在旅游开发方面的控制权和利益分享权,保证当地社区利益最大化并且能够部分地控制旅游在地方的发展[9]。因此,通过社区增权,建立起有助于当地社区参与旅游发展决策的权力框架与制度框架,才能真正凸显社区在旅游发展中的主体地位,使社区、政府与市场形成一个权力的三角制衡关系。

(六)构建海洋环境可持续发展治理网络

关于环境可持续发展的治理网络,以往的研究主要是从以下两方面着手:政策与规划网络和行为导向型网络,如图1。

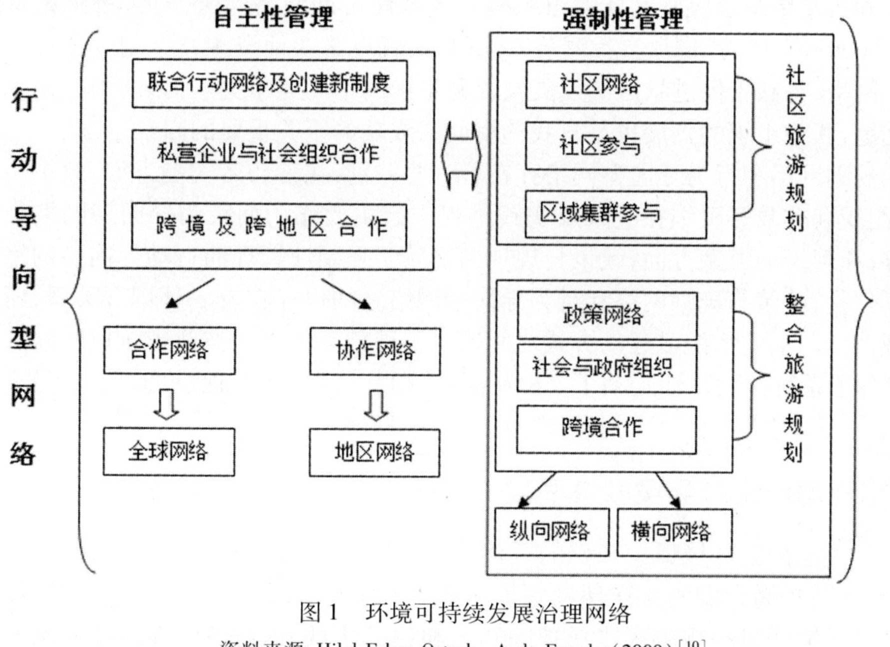

图1 环境可持续发展治理网络

资料来源:Hilal Erkus Ozturk, Ayda Eraydın(2009)[10]

1. 政策与规划网络的构建

沟通与合作在旅游规划中起着重要作用，它和旅游可持续发展理念息息相关。政策与规划网络的建立有利于旅游规划中相关方的沟通与合作。在该网络中，权力关系依然重要，尽管环境条例通常是由公共机构制定的，但是越来越多的利益相关方也介入了政策制定与规划过程中。Caffyn 等(2003)[11]和 Tosun(2000)[12]认为，政策与规划网络有利于加强社区参与和社会与政府组织的整合，通过该网络制定环境条例，可以提高地区可持续发展的标准。

(1)社区旅游规划。除了社区参与外，社区旅游规划网络还包括区域集群参与。区域集群参与是指围绕旅游六大要素，以景区为核心，有交互关联性的企业所构成的群体对景区的发展与政府进行互动。通过社区参与、区域集群参与及其他利益相关者的沟通合作，景区的环境管理可以更加满足可持续发展的要求，也可以避免景区管理机构"闭门造车"制定出不合理的管理机制。

(2)整合旅游规划。政策网络有纵向结构和横向结构两种。纵向结构是指地方、区域和国家各级政府部门的不同层次之间的关系，而横向网络是指同级别组织机构之间所形成的关系网络。纵向结构是最常见的方式，公共机构通常采用这种结构，其有利于解决权责归属的问题。在整合旅游规划网络中，除了社会与政府组织之间的合作，还包括跨境合作，他们共同制定政策与规划条例。

2. 行为导向型网络的构建

治理网络的第二部分是基于环境可持续发展的行为导向型网络，亦可称之为自我约束行为网络。构成该网络的组织一般在同一地区内享有共同的利益，为了长远的旅游发展，一些私营企业和自愿组织会成立这样的组织构成区域性自助网络。Dedeurwaerdere(2004)[13]和 Dredge (2006)[14]认为，建立自我调节行动网络，就有必要使资源共享制度化；同时，建立国际性合作网络，有利于促进景区的发展及提升景区的市场竞争力。另外，为了便于解决利益冲突的问题，联盟组织的发展也是自我约束网络成功的至关重要的因素。

政策与规划网络和行为导向型网络存在着一些差别：在参与者类型方面，政策与规划网络中，公共组织和非政府组织在决策及实践过程中起主要作用而行为导向型网络是以私人部门为主导；在管理的类型方面，政策与规划网络属于强制性管理而行动导向型网络属于自主性管理。但是，政策与规划网络和行为导向型网络之间也存在着一种耦合关系，所谓耦合是指两个或两个以上的系统或运动方式之间通过各种相互作用而彼此影响以至联合起来的现象，是在各子系统间的良性互动下，相互依赖、相互协调、相互促进的动态关联关系[15]，这两者的耦合关系进一步促进了景区环境的可持续发展。

(七)重视海洋生态环境教育手段

加强海洋生态旅游环境保护知识的宣传，在全社会广泛开展海洋资源环境重要性与不可再生性的宣传，提高人们的海洋环境保护意识。向游客、旅游开发与从业人员，以及旅游区附近居民宣传海洋生态旅游环境保护的知识和相关法规，提高他们在旅游活动和日常生活中自觉维护环境、节约资源的自觉性。

同时,注重生态伦理教育,教育人们在海洋生态旅游活动中遵守生态道德,倡导生态文明,自觉履行生态环境保护义务,特别是提高人们对海洋生态系统良性循环发展的认识。在海洋旅游景区日常管理中,要刻意营造“生态性”,从景观设计、设施布局,乃至标识引导牌的设立与解说词的选择等各个环节加强宣传教育,让游客意识到自己的每一个行为都会给景区带来影响,杜绝乱扔垃圾、破坏环境、浪费资源等“非生态”的消费行为。另外,要寓教于游,在旅游项目的规划与设计中,要融入海洋生态教育内容,通过旅游者的广泛参与,达到获取海洋生态环境保护知识的目的,从而自觉地融入到海洋环境保护的实践中。

(八)对海洋旅游产品进行环境审计

天津已建邮轮母港,邮轮对海洋的污染有一定的影响。邮轮旅游作为国际旅游业中发展潜力极大的高端旅游产品,近几年来平均以每年8% ~9%的速度增长,这表明世界邮轮旅游市场增长强劲。邮轮素有“无目的地的目的地”、“海上流动度假村”、“港口都市的一个重要经济增长极”的美誉。其产生的1:(10~14)的高带动比例系数使邮轮产业成为极具有发展潜力的朝阳产业。天津邮轮母港的建设使得邮轮能够来访,为口岸城市天津带来了大批有消费能力的游客,拉动了城市产业链的发展,从而刺激了口岸城市的经济发展。但同时,也给口岸城市的生态环境带来了巨大的压力。搞好邮轮环境污染控制对口岸城市来讲是使邮轮产业可持续发展的必要条件。对邮轮的环境污染加以分析和控制对其进行环境审计不失为一项有效的环境管理措施[16]。

参考文献

[1] 杜碧兰.21世纪中国面临的海洋环境问题[J].海洋开发与管理,1999,16(4),67-72.

[2] 卜志国,周艳荣,高晓慧.渤海海洋环境管理科学决策支持体系研究[J].海洋开发与管理,2011(5),P53-77

[3] 徐秦,方照琪,船舶对海洋环境的污染及对策[J].中国水运,2003(11),30-31

[4] Abul-Azm, A. G., Abdel-Gelil, Ibrahim, Trumbic, Ivicia. Integrated Coastal Zone Management in Egypt: The Fuka-Matrouh project[J]. Journal of Coastal Conservation, 2003(9),5-12.

[5] Rafael Sardá, Joan Mora, and Conxita Avila. Tourism development in the Costa Brava (Girona, Spain)-how integrated coastal zone management may rejuvenate its lifecycle. J. E. Vermaat et al. (Eds.): Managing European Coasts: Past, Present, and Future, 2005, 291-314.

[6] 刘振东.加拿大海洋管理理论和实践的启示与借鉴.海洋开发与管理[J],2008,25(3),73-75

[7] 乌兰.海洋生态旅游与环境保护关系研究.山东社会科学[J].2010(10),90-92.

[8] 王琪,张德贤,何广顺.海洋环境管理中的政府行为分析[J].海洋通报.2002,(6),60-67.

[9] 左冰,旅游增权理论本土化研究——云南迪庆案例[J],旅游科学,2009,4(23),1-8.

[10] Hilal Erkus Ozturk, Ayda Eraydın, Environmental governance for sustainable tourism development: Collaborative networks and organisation building in the Antalya tourism region[J], Tourism Management, 2010. 2(31), 113-124.

[11] Caffyn, A, &Jobbins, G. Governance capacity and stakeholder interactions in the development and management of coastal tourism: examples from Morocco and Tunisia. Journal of Sustainable Tourism[J], 2003, 11(2-3), 224-245.

[12] Tosun, C. Limits to community participation in the tourism development process in developing countries. Tourism Management, 2000,21, 613 - 633.

[13] Dedeurwaerdere, T. The contribution of network governance to sustainable development: a case study on sustainability impact assessment, 2004, Available from: http://perso. cpdr. ucl. ac. be/dedeurwaerdere/SIApaper_final. pdf

[14] Dredge, D. Policy networks and the local organization of tourism. Tourism management,[J]2006,27, 269 - 280.

[15] 郝文军,辽宁五点一线区域发展"经济—环境—旅游"耦合模式分析——以锦州市为例[J],环渤海经济瞭望,2008,6, 11 - 13.

[16] 谢芳,李慧明,李丹,基于全生命周期评价的邮轮环境污染控制机理及其应对策略[J],海洋通报,2010,6, 702 - 706.

国际邮轮母港建设经验和上海邮轮母港发展对策

刘　润，楼嘉军[①]

摘　要　邮轮母港是推动邮轮旅游发展的重要基础条件。文章从全球邮轮母港发展历程出发，划分了国际邮轮母港发展阶段，并总结了各阶段特点和相关发展经验。在此基础上，阐述了上海邮轮母港建设的必要性，梳理了目前的建设现状、发展特点和存在问题，同时有针对性地提出了推进上海邮轮母港发展的对策建议。

关键词　邮轮母港　上海　国际邮轮　对策

一、研究背景

现代邮轮产业诞生于20世纪60年代中期，经过几十年的发展，邮轮产业规模越来越大，邮轮经济带来的效益也日益引起关注。据权威机构预测，到2015年全球乘邮轮的旅游者将超过2 500万人次。国际邮轮协会公布的调查数据表明，全球邮轮旅游一直保持着高于旅游业整体发展速度的增长幅度，说明邮轮产业未来发展蕴含着巨大的潜力。但是国内专门从旅游视角研究邮轮母港的文献较少，理论研究与国内邮轮母港建设实践的热潮不匹配，因而本文在辨析邮轮母港的概念和内涵以及分析国际邮轮母港建设经验的基础上，聚焦上海邮轮母港建设，从现状出发，论证上海邮轮母港建设的重要性与必要性，分析其存在问题，提出相应对策，意在为上海邮轮母港建设提供理论指导。

(一)邮轮母港概念与内涵

所谓邮轮母港是指邮轮的基地，能为邮轮提供各方面的服务。根据全球邮轮港口发展经验，邮轮母港的内涵还可以从以下几方面进行分析：第一，从港口条件来看，邮轮母港一般水深应超过11米，能够同时为多艘邮轮提供停靠、过夜、进出所需的服务；第二，从功能角度看，邮轮母港需具备邮轮乘客通关、安检功能；第三，从航线角度看，邮轮母港必须有固定从该港出发的航线，并且要达到一定数量；第四，从登轮人次看，邮轮母港年均登轮人次必须超过10万。

按照惯例，邮轮港口一般可以分为邮轮停靠港和邮轮母港。邮轮停靠港可供邮轮临时

① 刘润，华东师范大学旅游系研究生；楼嘉军，华东师范大学旅游系主任，教授，博士。

停靠，进行补给、补充和废料处置，同时邮轮乘客能够上岸观光。邮轮母港是邮轮的基地、邮轮始发港/到达港，具备多艘大型邮轮停靠、过夜及其进出所需的综合服务设施设备条件，能够为邮轮提供综合服务，比如邮轮乘客停车、候船、边检、通关、行李、信息服务以及邮轮补给、邮轮清洁、邮轮检修维护、工作人员轮换等等，周边还配有餐饮、住宿、购物、娱乐等休闲娱乐设施。相比较而言，邮轮母港的规模更大、设施更齐全、服务更丰富、功能更完备，因而邮轮母港的经济效应也就更强大。

（二）相关文献回顾

通过在中国知网（www. cnki. net）搜索篇名带有邮轮母港的相关文献，总共检索到与邮轮母港直接相关的文献45篇。国内学者有关邮轮母港的主要研究集中在以下几个方面：第一，具体港口城市邮轮母港建设研究。郑斌、廖慧敏（2006）分析深圳港蛇口港区建设国际邮轮母港的有利条件，提出了蛇口港区建设成国际邮轮母港的规划设想[1]；第二，邮轮母港码头造型、水上消防、物资配送等母港规划等方面研究。王葳、张文玉（2008）结合国内外的研究成果以及工程实例，对邮轮母港的规划设计进行探讨，并对国内邮轮母港的建设提出建议[2]；第三，母港建设的影响力研究，包括对城市经济、城市旅游业、城市发展等方面的影响。金嘉晨（2013）首先分析了邮轮母港产业链的特征、运行方式，最后论述邮轮产业发展对区域经济的作用[3]；第四，有关邮轮母港评价标准的研究。庄文妍（2011）解析了邮轮母港旅游产业要素构成，运用因子分析法对三亚邮轮母港的旅游竞争力做出了客观评价[4]。周晶晶、王晓（2012）通过分析影响邮轮母港建设的因素和条件，运用DEA模型对构建邮轮母港指标体系进行评价，并对得出的结果进行分析[5]。

通过对相关文献的梳理发现，国内学者对邮轮母港的研究从2006年开始，这个时间点大约是世界邮轮公司将目光投向中国的时候。国内学者分别从旅游、工程设计、航运、城市规划等视角研究邮轮母港，总体来说研究的广度和深度都比较窄而浅。其中，从旅游学视角研究的文献，多定性宏观层面的分析，在定性研究的文献中以研究具体某港口城市建设邮轮母港的优劣势分析居多。

二、国际邮轮母港发展阶段及特点

（一）邮轮母港发展阶段

从20世纪60—70年代起，随着欧美发达国家逐步进入大众旅游时代，邮轮旅游也开始随之兴盛。作为邮轮旅游的基础条件，邮轮码头的建设也由最初的单纯码头渐渐朝着专门的邮轮母港方向转型。从演变过程来看，世界邮轮母港的发展大致经历了五个阶段，各阶段的划分以及特征概述如下（见表1）。

表1 世界邮轮母港发展阶段

阶段	主要功能	主要特征
第一代邮轮码头	行李搬运、旅客登记、天气庇护、附加服务、洗手间、很少的安检服务	建设面积小、建设成本低、接待成本低
第二代邮轮码头	行李搬运、旅客登记、天气庇护、附加服务、洗手间、很少的安检服务、登记大厅、行李保存、候船座位	建设面积小、建设成本低、舷梯成本低
第三代邮轮码头	行李搬运、旅客登记、天气庇护、附加服务、洗手间、很少的安检服务、登记大厅、行李保存、候船座位、船员空间、VIP 空间、邮轮办公室	建设面积中等、建设成本中等、舷梯成本中等
第四代邮轮码头	行李搬运、旅客登记、天气庇护、附加服务、洗手间、很少的安检服务、登记大厅、行李保存、候船座位、船员空间、VIP 空间、邮轮办公室、休闲购物、餐饮娱乐	建设面积较高、建设成本较高、舷梯成本较高
第五代邮轮码头	行李搬运、旅客登记、天气庇护、附加服务、洗手间、很少的安检服务、登记大厅、行李保存、候船座位、船员空间、VIP 空间、邮轮办公室、休闲购物、餐饮娱乐	建设面积高、建设成本高、舷梯成本高

总体上看,邮轮码头的演变遵循着邮轮乘客的需求升级轨迹,从封闭区域转向开放空间;从较小规模转向较大规模;从基本服务转向增值、个性化服务;从临时庇护功能转向综合一体化功能,总之设施和服务越来越完备。

(二)发展特点

邮轮母港大多是由邮轮停靠港逐渐发展而来的,并且是一个循序渐进、多方协同的过程。第一,随着在邮轮停靠港停泊的邮轮数量增加、客流增多,港口方面就会不断改建码头,扩大规模,完善功能。第二,邮轮公司也会瞄准有潜力的港口,与港口合作,在港口设立总部、增加邮轮航线、开设母港航线、提供更多服务。第三,当地政府看到邮轮产业的综合效益,也会加入进来,规划建设配套的餐饮、住宿、购物、娱乐设施。最终,在多方的合作中,这些港口成为了邮轮母港。第四,纵观世界邮轮母港发展史,邮轮母港受到港口条件、旅游、交通、设施、政策等条件的约束,数量较少,分布比较有规律。总之,世界上公认的邮轮母港具有一些共同特点:大多为滨海大都市,拥有良好水深条件的码头和航道,提供完善的邮轮接待服务;母港所在港口城市旅游资源丰富;交通十分发达,方便大量游客集散;停泊港口附近拥有大型购物、餐饮与住宿设施;邮轮出境旅客的通关政策完善,程序符合国际惯例。

(三)相关经验借鉴

通过对世界知名邮轮母港建设经验的总结,我们可以从中得出一些经验。第一,选址。邮轮母港所在城市必须具备较强的经济基础,保证充足的客源市场;发达的交通运输网络,保证大量客流的及时集散;发达的现代服务业,为邮轮母港提供强劲的产业支撑。第二,定位。世界邮轮之都迈阿密以阳光海滩著称,亚洲新兴邮轮母港香港以购物天堂著称,邮轮母港城市应以鲜明的城市形象、独特的城市特色定位自身,找到一个境内外邮轮必须到港的理由,以此为切入点不断发展。第三,交通。迈阿密邮轮码头紧邻机场,距机场仅仅15分钟车程,巴塞罗那港距离机场也仅18分钟车程。以邮轮母港为中心,港口周边的公共交通和快速通道必须完善,形成高效率的母港对外衔接通路。第四,制度。为了吸引更多的邮轮、旅客、邮轮公司,当地政府应构建有利于邮轮母港发展的政策法规体系,一些免签、免税、优惠政策都是可行之策。比如迈阿密与航线沿途城市达成协议,实行“多港挂靠”政策,邮轮乘客能够在多个港口城市登陆上岸游。

三、上海邮轮母港建设现状

(一)我国邮轮母港竞争格局

自2008年国家发改委下发了《关于促进我国邮轮经济发展的指导意见》以后,我国很多沿海港口城市积极响应,纷纷出台了邮轮母港建设规划。上海总投资12.6亿元,于2008年开始建设吴淞口国际邮轮港,战略目标是打造亚太地区国际邮轮首选目的地、中国国际邮轮门户港。天津国际邮轮母港规划建筑面积160万平方米,岸线长2 000米,有6个泊位,希望打造成世界级的邮轮母港。厦门2006年就建成了当时中国最大的邮轮码头,是国内第一个邮轮停靠城市,目前厦门正以“国际邮轮城”为目标打造厦门国际邮轮母港。三亚凤凰岛国际邮轮港于2006年就已正式开港,但只有一个8万吨级的邮轮泊位,为了响应国家有关发展邮轮经济的指示,三亚凤凰岛国际邮轮港二期工程正在进行中,建成后将能同时停靠6艘3万~25万吨级的国际邮轮。

此外,大连、青岛、深圳、宁波、舟山等港口城市都十分看好邮轮经济,纷纷提出各自的港口建设目标,期望在邮轮市场占据一席之地。因为有了从国家层面的扶持到地方政府的响应行动,我国邮轮热潮不断高涨,也取得了一定成绩。据统计资料显示,中国内地2012年全年共接待国际邮轮285艘次,同比增长8.8%,接待邮轮出入境游客66万人次,同比增长31.9%。其中:从我国沿海城市出发的国际邮轮170艘次,同比增长19.7%,邮轮出入境国内游客42万人次;访问我国沿海城市的国际邮轮115艘次,同比降低4.2%,邮轮出入境国际游客24万人次。从以上数据可以发现,以我国沿海港口为出发港的母港航线数越来越多,说明我国母港建设卓有成效。

(二)上海建设邮轮母港的机遇与必要性

1. 发展机遇

在国家政策的指导下,上海“十二五”规划提出要将上海建设成为世界航运中心。目前上海港货物吞吐量世界第一,但是邮轮的客运量却远远不及一些世界知名港口,因而加快建设上海国际邮轮母港是上海建设世界航运中心的重要一环。为此上海设立了上海国际航运研究中心邮轮经济研究所,专门对邮轮领域的问题进行研究,为上海建设邮轮母港提供理论与战略支持。

2. 发展的必要性

正如前文所说,邮轮旅游是当今国际旅游业中增长最快、发展潜力巨大的高端旅游产品。20 世纪 90 年代之前,邮轮旅游市场主要集中在北美和欧洲,之后亚洲地区邮轮旅游开始出现。随着亚太地区经济的繁荣,居民休闲观念和消费观念的转变,很多大型邮轮公司开始把目光转向亚太、转向中国。上海是一座兼具现代化和中国传统文化魅力的世界知名城市,对国内外游客有很强的吸引力。同时,上海作为中国的商业中心、财富汇聚地,有着巨大的高端旅游消费潜力。一进一出、两相结合,上海港口的邮轮接待数、游客接待数都逐年增长,对邮轮母港的需求和要求均在提高。因此,上海建设邮轮母港势在必行。

(三)上海邮轮母港建设成果

1. 邮轮母港及配套体系建设

目前,上海的邮轮港口主要有两处:北外滩上海港国际客运中心、吴淞口国际邮轮码头。北外滩上海港国际客运中心位于上海中心城区虹口区,靠近外滩,与东方明珠电视塔隔江相望,区位条件优良,配备有三个 7 万吨级以下的邮轮泊位。吴淞口国际邮轮码头位于上海宝山区,距离上海中心城区距离较远,但是面积是北外滩上海港国际客运中心的 8 倍,能够同时停泊 3 艘 10 ~ 15 万吨大型邮轮。同时吴淞口国际邮轮码头除了具有邮轮码头、交通枢纽、市政道路和景观绿化等功能以外,还规划配备了商务办公、物流配送、商业娱乐功能区。

综合看来,北外滩上海港国际客运中心和吴淞口国际邮轮码头的邮轮泊位分别面对不同级别的邮轮,形成了互补。但是上海港国际客运中心邮轮码头的规模较小、条件有限,尽管地处市中心,也不适合发展成为世界级的邮轮母港码头。而吴淞口国际邮轮码头作为“中国邮轮旅游发展实验区”的重点项目,投资巨大,规划完善,有潜力发展成为世界级邮轮母港,在未来将力争成为国际一流的邮轮母港、长三角国际邮轮组合母港和中国邮轮门户港。

2. 邮轮市场及活动项目拓展

在国家的宏观政策支持以及上海市各级政府的努力下,上海邮轮母港经历了 7 年的发展,取得了显著成绩,在内地邮轮母港建设方面保持着领先地位,发展势头强劲。

(1)运营态势十分良好。2012 年是上海吴淞国际邮轮码头和上海国际客运中心同时运营的第一年,据上海边检机关统计资料显示,全年出入港邮轮 244 艘次,同比增长 15.6%,其中母港 164 艘次,随轮出入港旅客 35.4 万人次,同比增长 66.5%,船员 14.9 万人次,同比增长 26.6%(见表 2)。

表 2　2008—2012 年上海港接待邮轮数和接待旅客数

年份	上海到港邮轮数(艘)	接待旅客数(万人)
2008	56	13.5
2009	80	16.6
2010	177	24
2011	207	33
2012	247	50.3

(2)策划举办各类邮轮专题活动。向全市人民宣传了邮轮旅游、增加了港口人气，扩大了港口的影响力和国际知名度。2012 年 5 月，以"梦想启航"为主题，举办了首届邮轮嘉年华活动。2013 年 5 月上海邮轮旅游节期间，举办了 2013 中国"邮轮旅游与区域经济"圆桌会议、世界海洋日主题活动等系列活动。2013 年 7 月举办亚洲邮轮港口协会年会暨亚洲邮轮港 CEO 高峰论坛。2013 年 11 月举办第八届中国邮轮产业大会暨第三届中国国际邮轮博览会。

3. 邮轮母港建设对旅游业的影响

(1)邮轮母港建设能够促进旅游业的发展。邮轮母港建设对当地旅游业的首要贡献就是带来大量的入境邮轮观光客以及带动了一批出境旅游者，从而增加了当地旅游业的收入。邮轮母港带来的巨大人气也会促进当地接待业服务水平的提升，进而提高了邮轮母港所在地的吸引力，形成一个良性循环。

(2)邮轮母港建设能够推进当地旅游产业的转型。随着大众休闲时代的到来，旅游业面临转型，单一的观光旅游形式逐渐向休闲度假游、综合旅游等形式转变。邮轮旅游方式是典型的集休闲、度假、观光为一体的综合型旅游方式，顺应了大众休闲的时代潮流。邮轮母港建设是优良港口城市发展邮轮经济的重要措施，邮轮经济的发展是推进当地旅游业转型的有效举措。

(四)问题与原因

尽管上海邮轮母港建设如火如荼、成绩显著，但依旧处于发展初期，还有一些需要改进之处，具体表现为以下几点。

1. 邮轮母港产品供应方面

从现状看，上海邮轮母港在产品供应方面与国际成熟的邮轮母港相比，存在着明显差距。表 3 是 2013 年 9 月从邮轮海旅行网(www. youlunhai. com)截取的从上海港口启航的在售邮轮航线。

表 3　邮轮海旅行网在售航线统计表

目的地	航线	天数	最低价格(元)	邮轮公司及邮轮
日韩	33	4～6	2210	歌诗达邮轮"维多利亚号"、"大西洋号"；皇家加勒比"海洋水手号"；丽星邮轮"双子星号"；海航邮轮"海娜号"
中国台湾	2	6～8	4 699	歌诗达邮轮"维多利亚号"、"大西洋号"
东南亚	0	—	—	—
欧洲	0	—	—	—
美洲	3	12～15	32 800	公主邮轮"蓝宝石公主号"；精致邮轮"极致号""世纪号"
中东	0	—	—	—
澳新	0	—	—	—
极地	0	—	—	—
环球	1	83	119999	歌诗达邮轮"大西洋号"

从表 3 可以看出以下几方面问题。首先,邮轮航线比较单一,大部分邮轮目的地是韩国。在售的 39 条航线中,33 条航线目的地是日韩,以及少量的中国台湾航线、北美航线和 1 条环球航线。这是因为我国内地带薪假期较少,大部分邮轮乘客只能选择 4 ~ 8 天的航线,导致消费者能够选择的航线比较单一。其次,本土邮轮公司少、开辟的航线少。在售航线所属邮轮公司中只有一家海航邮轮是本土邮轮公司。2012 年成立的海航邮轮是我国第一家本土邮轮公司,目前运营管理着"Henna"号邮轮,并开辟了韩国航线,台湾航线也即将启航。

2. 邮轮母港客源市场方面

邮轮母港成功的关键在于本土消费市场的成熟,但是目前上海邮轮消费者对于邮轮旅游的认知程度与国际游客相比还有偏差。第一,近几年来,上海消费者在自觉或不自觉的情况下,开始认识和接触邮轮旅游,但是绝大部分消费者并没有体验过。第二,大多数邮轮旅游潜在消费者的心理价位为 5 000 元上下,这导致出现以下问题:一是不少人有了参加邮轮旅游的意愿,却难以突破价格的心理底线,以至于真正参与邮轮旅游的人在绝对数量上难以突破;二是邮轮公司仅能开辟短线、降低价格,盈利较少。三是上海邮轮出境旅游市场处于邮轮观光和邮轮购物的阶段,国内邮轮乘客没有充分欣赏海陆风光、享受休闲的邮轮之旅。

3. 邮轮产业链方面

上海大力建设邮轮母港的同时,本土邮轮制造业和本土邮轮公司的发展却比较缓慢,这是上海邮轮产业链的薄弱环节。首先,上海造船业近几年开始涉及游艇制造,但是大型豪华邮轮制造的经验却是一片空白。其次,本土邮轮公司稀少、邮轮管理多找外国专业机构,上海只能从港口服务和接待方面获得利润,盈利的大头多给了外国邮轮公司,如果不改变这种情况,那么斥巨资打造的邮轮母港很难扭亏为盈。

4. 邮轮母港口岸管理方面

在口岸管理方面,上海一直努力便捷邮轮乘客的出入境过程。2013 年新版《出境入境管理法》将 72 小时过境免签政策的交通工具范围从国际航班扩大到国际航行的航空器、船舶、列车,但仅限 24 小时离境,对于促进邮轮经济有重要意义,但是与世界知名邮轮母港相比,仍有很大差距。例如,尽管我国 2009 年也开始实行多港挂靠政策,外籍邮轮可以在华开展"多港挂靠"业务,但必须经过特案批准,实现起来有难度,在售的航线中很少见到"多港挂靠"的例子。

四、结论与建议

(一)结论

我国邮轮市场迅猛增长,国家大力支持建设邮轮码头,我国沿海各港口城市都争相兴建邮轮母港。不过从城市知名度、城市文化、地理位置、经济条件、旅游休闲资源、政府政策等方面来看,上海建设邮轮母港具有很大的竞争优势。事实证明,从运营结果看,目前上海邮轮港口接待邮轮数和邮轮乘客数都在我国沿海各港口城市中排名第一。但是上海港的目标是要打造中国国际邮轮门户港，应该以世界知名邮轮母港为目标，向经过多年运作已经日渐成熟的香港和新加坡汲取经验。

上海邮轮母港建设硬件设施已达到世界先进水平，但是综合水平与世界著名母港相比存在较大差距。差距主要表现在“软实力”上：一是邮轮母港接待邮轮和出入境游客的数量，尤其是母港航线和登轮游客数量；二是邮轮母港运营管理能力；三是口岸服务包括通关环境、口岸开放政策；四是邮轮母港上下游产业的配套，如邮轮保险信贷等金融业务，母港辐射区的休闲、娱乐、旅游业等。上海邮轮母港建设下一阶段的重心应在上述“软实力”方面，而不仅仅是码头等硬件设施的建设。

（二）建议

（1）从国家政策层面，应尽快出台有关全国邮轮母港发展的指导性意见。全国邮轮母港发展的指导性意见必须立足亚洲版图，放眼全球邮轮旅游市场，确定我国邮轮码头的战略布局，避免盲目跟风建设、重复建设造成的资源浪费，避免由于国内城市邮轮母港辐射区域重叠造成的互相竞争，应代之以区域合作，共同开发邮轮市场。

（2）从上海市有关管理部门政府层面，应抓住成功申报国际邮轮综合改革示范区的机遇，建立有效的协调机制，统筹协调全市各类资源，充分发挥上海国际航运研究中心邮轮经济研究所的科研能力，制定有利于邮轮母港服务提升的政策（出入境通关便利政策、税收及费用优惠政策、保税及购物退税政策等）。

（3）从邮轮航线设置方面，既要考虑我国消费者的需求又要有所创新。一方面继续配合客源市场特点，航线设置以中短途为主；另一方面要有所创新，不拘泥于日韩航线，比如与台湾方面沟通，将台湾航线常态化设置，东南亚航线开通等等。

（4）从邮轮市场角度，应培育本土邮轮旅游客源市场。首先继续加大对邮轮旅游的宣传力度，通过节庆、会展、网络等宣传手段，普及邮轮旅游度假方式，扩大邮轮旅游消费者群体；其次，改善邮轮观光和邮轮购物的发展现状，既要规范管理邮轮公司安排过多购物及上岸观光环节的行为，又要通过丰富的邮轮活动向消费者传递正确的邮轮生活方式，将消费者向休闲度假型游客培养，使邮轮旅游真正成为休闲时代的度假方式。

参考文献

[1] 郑斌，廖慧敏．深圳港蛇口客运码头建设国际邮轮母港的规划设想[J]．水运工程，2006，9：26－28.

[2] 王葳，张文玉．邮轮母港规划设计[J]．水运工程，2008，12：88－93.

[3] 金嘉晨．邮轮母港产业链发展对城市经济的作用[J]．港口经济论坛，2013，4：25－27.

[4] 庄文妍．三亚邮轮母港旅游竞争力研究[J]．中国水运，2011，11(7)：49－50.

[5] 周晶晶，王晓．基于DEA模型的我国邮轮母港的综合评价[J]．水运工程，2012，4：71－74.

1997—2012 年中外海洋旅游研究比较与启示

刘学敏，戴光全①

摘　要　随着科学技术的发展，人类活动空间日益扩张，海洋正成为新的热点。国家旅游局将2013 年定为"海洋旅游年"，预示着海洋旅游受到越来越多的关注。我国有延绵的海岸线，同时有丰富的海洋旅游资源；但目前海洋旅游整体发展较为落后，因此有必要对比、分析国外海洋旅游研究的成果，以更好地推动我国海洋旅游的发展。本文分别以 CNKI 及 Web of Science 两大重要期刊检索数据库为基础，利用 CiteSpace 分析软件，从研究学科分布、关键词共现、国家/机构分布、作者合作等多角度对比分析中、外海洋旅游研究的发展进程及研究领域等方面的差异，同时归纳、分析了国外现有研究成果对我国相关研究及海洋旅游开发的启示意义。

关键词　中外比较　研究启示　海洋旅游　CNKI　Web of Science　CiteSpace

一、引言

随着科学技术的发展，人类活动空间日益扩张，海洋与人类社会发展的关系日益密切，海洋正成为新的发展热点，海洋和海岸旅游也被广泛地认为是现代旅游增长最快的领域之一[1]-[4]。我国有延绵的海岸线，同时有丰富的海洋旅游资源；但目前海洋旅游整体发展较为落后，因此有必要总结、分析、借鉴国外海洋旅游研究的成果，更好地推动我国海洋旅游的发展。2013 年是中国的"海洋旅游年"，以"海洋旅游"作为旅游主题，预示着海洋旅游受到越来越多的关注，并有望成为旅游业的一个新热点。

国内外相关理论的总结对促进我国海洋旅游的发展具有重要意义，目前国内不少学者对海洋旅游研究进行了总结。如刘家明(2000)从海岛旅游发展的原因及进程、旅游资源特点、旅游设施的空间布局及成因等方面对国内外海岛旅游进行了探讨[5]；梁修存和丁登山(2002)对国外海洋与海岸带旅游的主要研究进展进行了综述和评价[6]；张广海和田纪鹏(2007)在系统回顾国内外滨海旅游研究进展的基础上，对比发现国内相关研究存在的不足并提出展望[7]；谷明(2008)归纳和评述了国外滨海旅游研究的情况，并着重分析其研究焦点，如海岸地貌、海岸环境和人类活动的交互作用、海岸管理等[8]；王苹和李悦铮(2009)运用定量的文献分析法对国内海洋旅游研究的文献进行分析，反映出国内海洋旅游的研究脉络

① 刘学敏，女，华南理工大学硕士研究生；戴光全，男，华南理工大学经济与贸易学院会展经济与管理系主任，博士，教授，博士生导师。

和现状[9]。

国内学者主要以定性分析的方法总结了国内外在滨海旅游资源评价、海洋旅游的环境影响及保护、海洋与海岸带旅游的文化影响、滨海度假区的发展模型、滨海旅游度假区的游客行为、海洋和滨海旅游管理等方面的发展历程和研究成果，并指出当前研究中存在的问题及今后的研究方向。国外对海洋旅游的研究，多见于以案例分析的方式，较少有学者对海洋旅游研究进行综述。其中，C. Michael Hall (2001)运用定性研究的方法，对近年关注海洋旅游，尤其是关注其所产生的环境影响的文献进行综述，并从环境、可持续发展、制度和政策四个维度提出对海洋和海岸管理趋势的思考[10]。本文分别以 CNKI 及 Web of Science 两大重要期刊检索数据库为基础，利用 CiteSpace 分析软件，从学科分布、关键词共现、国家/机构分布、作者合作等多角度出发，全面、可视化地分析、比较国外现有研究成果。

二、研究方法及数据

海洋旅游的研究需要一个共识、统一的定义。与“海洋旅游(Marine tourism)”一词概念相近的词语有“滨海旅游(Coastal tourism)”、“海岸旅游(Coastal tourism)”、“远洋旅游(Ocean tourism)”、“海岛旅游(Island tourism)”等，目前学者们尚未对上述概念的具体定义形成一致的看法。

国内外比较有代表性的定义有：滨海旅游(Coastal tourism)的概念包含在海岸和离岸水面上发生的所有旅游、休闲和娱乐活动的总和。这些活动包括岸上住宿、餐饮、食品工业等海岸发展活动、零售业、码头等基础设施支撑的海岸发展活动和休闲游船、生态旅游、邮轮、游泳、休闲渔业、浮潜和潜水等的旅游活动[11]-[12]。C. Michael Hall(2001)认为海洋旅游(Marine tourism)的定义与滨海(Coastal tourism)相近，但还应包括基于海洋的深海渔业和游艇巡航[10]。Orams(1999)将海洋旅游(Marine tourism)定义为一种包含旅游者离开居住地到海洋环境(指其水含盐分并受潮汐影响的地方)中去的所有休闲娱乐活动的旅游形式[4]。董玉明(2002)认为，海洋旅游(Marine tourism)是指在一定的社会经济条件下，以海洋为依托，以满足人们精神和物质需求为目的而进行的海洋游览、娱乐和度假等活动所产生的现象和关系的总和[13]。通过对上述定义的分析、总结，本文将研究中涉及的“海洋旅游”定义为以海洋资源为依托，在海洋空间区域中发生的各项旅游、休闲和娱乐活动所引起的现象和关系的总和，海洋旅游包括滨海旅游、海岸旅游、海岛旅游、远洋旅游、邮轮旅游等不同的形式。

信息可视化方法是近年来国际上兴起的文献计量学与科学计量学领域的一种重要的研究方法，它通过对文献数据信息绘制科学知识图谱来实现学科知识的可视化[14]，从而帮助解决科技文献数量过大、无法快速进行有效交流的问题[15]。由美国德雷塞尔大学陈超美博士所在团队开发的基于 Java 编程语言的应用程序 Citespace Ⅱ，是常用的知识图谱可视化工具之一，能够通过共引分析和聚类分析绘制出知识领域研究演进路径的知识图谱，帮助了解和识别知识领域中的知识基础和研究前沿[16]。

基于 Citespace Ⅱ程序的研究成果对比分析，需借助权威的文献数据库。Web of Science 是检索国外文献的一个重要平台，本文分别以“Marine tourism”、“Coastal tourism”、“Ocean tourism"、"Island tourism"为主题或标题检索词进行检索。为了反映最新的研究成果，本文以近 15 年的研究成果作为分析对象，即"1997 - 01 - 01 至 2012 - 12 - 31"；经过对检索结果进行整理最终得到 652 篇相关的研究文献。对于国内文献的检索，本文以 CNKI(中国知网)为数据库，以"海洋旅游"、"滨海旅游"、"海岸旅游"、"海岛旅游"、"海滨旅游"为题名和关键词检索词进行检索，时间选择为"1997 - 01 - 01 至 2012 - 12 - 31"，经过对检索结果进行整理最终得到相关研究文献 507 篇。

三、研究内容比较

(一)研究发展情况对比

对国内和国外共 1 159 篇的海洋旅游研究文献进行统计和分析，从文献数量的年度分布及其趋势线来看(表 1，图 1)，国外海洋旅游相关的研究文献在 1997—2012 年期间，各年度的文献数量虽然存在一定的波动，但总体上还是呈现上升的趋势，在 2006 年出现了较大幅度的增长；国内的海洋旅游研究文献自 1997 年以来处于总体上扬的态势，说明学术界对海洋旅游的关注逐年增多。数据表明，2005 年以后国内相关研究文献的增幅明显低于国外。但无论国内还是国外，海洋旅游的相关研究文献数量一直维持在较高的水平上，这一现象可以表明国内外均对海洋旅游领域的研究形成了较高的持续关注度。

表 1 中外海洋旅游研究的文献数量比较

年份	1997	1998	1999	2000	2001	2002	2003	2004	2005	2006	2007	2008	2009	2010	2011	2012	合计
国外	7	10	10	17	22	31	29	26	24	41	55	40	81	65	118	76	652
国内	5	6	21	9	19	22	21	31	40	37	25	39	54	41	71	66	507

(二)研究学科分布比较

利用 Citespace 软件，能够识别研究领域的学科分布情况。把国外 652 篇研究文献分别导入 Citespace 软件，在软件界面选择时区为 1997—2012，时间跨度为 1 年，节点类型为学科类别(Category)，其他选项为软件预设值，运行软件，可得到有关研究领域的学科分布情况的图谱。

从图谱中"年轮"的大小可以直观地看出，国外相关的研究文献多数集中在"ENVIRONMENTAL SCIENCES(环境科学)"、"WATER RESOURCES(水资源)"、"GEOLOGY(地质学)"、"GEOSCIENCES(地球科学)"、"OCEANOGRAPHY(海洋学)"、"PHYSICAL GEOGRAPHY(自然地理学)"等领域(图 2)。其中国外海洋旅游在环境科学方面的成果较为突出，发文数量为 266 篇，占所有发文量的 40.80%。根据陈超美博士的定义，共被引网络图谱中的关键节点是图谱中连接两个以上不同聚类，且相对中心度和被引频次较高的节点[17]，这些节点在 Citespace Ⅱ 中能通过计算辨认并呈现出来[18]。通过导出的相关数据(表 2)，可以看出"MARINE AND FRESHWATER BIOLOGY(海洋和淡水生物学)"、"ENVIRONMENTAL

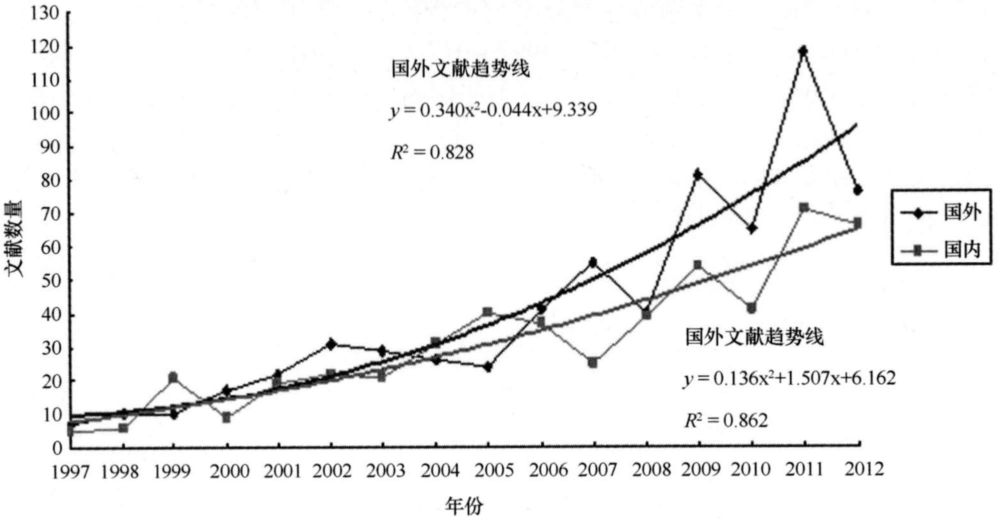

图 1　中外海洋旅游研究的文献发展趋势比较

SCIENCES(环境科学)”、“OCEANOGRAPHY(海洋学)”和“PHYSICAL GEOGRAPHY(自然地理学)”在国外海洋旅游研究的学科分布网络中发挥着重要的桥梁作用。

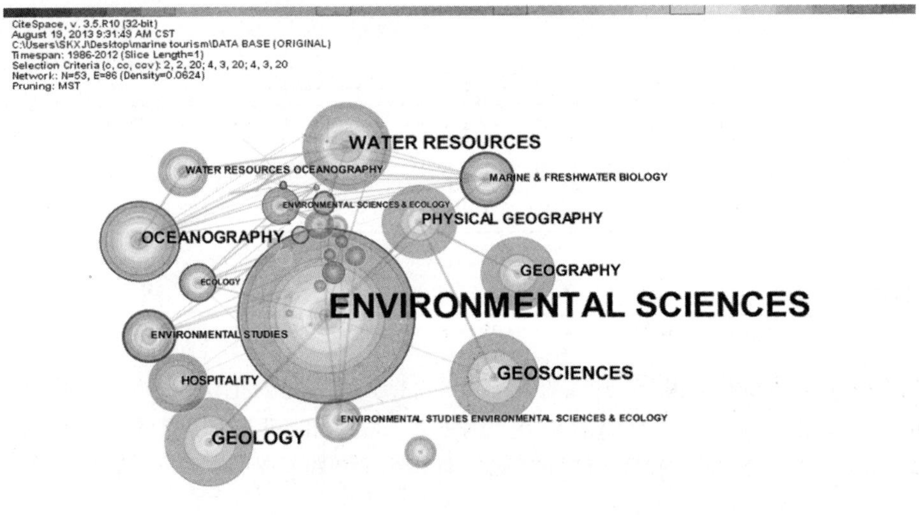

图 2　国外海洋旅游研究的学科分布图谱

由于 CNKI 论文导出格式中并不提供学科数据格式的资料,所以对于国内海洋旅游研究学科分布的分析是基于 CNKI 提供的检索结果分析功能。从统计的结果看,国内相关研究主要集中在“旅游”、“资源科学”、“海洋学”和“宏观经济管理与可持续发展”等领域(表 2)。海洋旅游是一个复杂的社会现象,涉及经济、社会和文化等多方面的内容,要想在研究成果层面有较大的突破和提升,必须综合多学科的内容进行系统、全面的考量。然而通过对比国内外研究学科的分布,不难发现国外的研究表现出更明显的跨学科性,而国内的研究则相对集中在旅游学科范畴，这在一定程度上制约了国内海洋旅游的进一步发展。

表 2　国内外海洋旅游研究的学科分布统计

序号		学科类别(Category)	频次(Freq)	突增性(Burst)	中心度(Centrality)
1	国外	ENVIRONMENTAL SCIENCES(环境科学)	266	-	0.39
	国内	旅游	260	-	-
2	国外	WATER RESOURCES(水资源)	142	9.61	0.05
	国内	资源科学	113	-	-
3	国外	GEOLOGY(地质学)	141	5.40	0.00
	国内	海洋学	91	-	-
4	国外	GEOSCIENCES(地球科学)	141	5.40	0.00
	国内	宏观经济管理与可持续发展	91	-	-
5	国外	OCEANOGRAPHY(海洋学)	124	3.41	0.39
	国内	交通运输经济	73	-	-
6	国外	PHYSICAL GEOGRAPHY(自然地理学)	119	10.61	0.57
	国内	经济体制改革	68	-	-
7	国外	GEOGRAPHY(地理学)	119	10.61	0.00
	国内	公路与水路运输	52	-	-
8	国外	HOSPITALITY(服务接待)	94	10.11	0.06
	国内	农业经济	51	-	-
9	国外	WATER RESOURCES OCEANOGRAPHY(水资源海洋学)	85	7.12	0.00
	国内	环境科学与资源利用	47	-	-
10	国外	MARINE AND FRESHWATER BIOLOGY(海洋和淡水生物学)	83	3.42	0.52
	国内	水产和渔业	39	-	-

(三)关键词共现比较

关键词是一篇文章的核心和精髓所在，对文章的关键词进行分析，频次较高的关键词在一定程度上可以看作是该领域的研究热点[19]。将国外652篇和国内507篇研究文献分别导入Citespace软件，在软件界面选择时区为1997—2012，时间跨度为1年，节点类型为关键词(Keyword)，其他选项为软件预设值，运行软件，即可得到有关研究领域的关键词共现图谱。通过对词根相同或含义相近的词(如：coral - reefs 和 coral reefs，舟山群岛和舟山海岛等)进行合并，对没有实质意义和被普遍应用但无代表性的词(如：zone，现状等)进行删除，得出关键词的频次统计排名(表3)。

表 3　国内外海洋旅游研究关键词共现统计

序号	关键词(Keyword)		频次(Freq)	序号	关键词(Keyword)		频次(Freq)
1	国外	Tourism(旅游)	146	11	国外	Fisheries(渔业)	48
	国内	滨海旅游	200		国内	海洋产业	46
2	国外	Ecosystems and Biodiversity(生态系统和生物多样性)	119	12	国外	Sustainability(可持续发展)	40
	国内	海洋旅游	166		国内	海洋资源与开发	46
3	国外	Impacts(影响)	118	13	国外	Marine and coastal tourism(海洋与滨海旅游)	38
	国内	旅游资源	147		国内	海滨旅游	43
4	国外	Management(管理)	111	14	国外	Climate change(气候变化)	36
	国内	海岛旅游	142		国内	海洋与旅游文化	36
5	国外	Conservation(保育)	98	15	国外	Model and pattern(模型与模式)	34
	国内	旅游开发	125		国内	海洋与休闲渔业	33
6	国外	Coastal zone(滨海地带)	85	16	国外	Recreation(休闲娱乐)	30
	国内	海洋经济	84		国内	大连长山群岛	32
7	国外	Coral reefs(珊瑚礁)	80	17	国外	Red sea(红海)	22
	国内	舟山群岛	66		国内	山东青岛	31
8	国外	Marine protected areas(海洋保护区)	69	18	国外	Mediterranean sea(地中海)	19
	国内	可持续发展	57		国内	生态旅游	28
9	国外	Coastal management(滨海管理)	62	19	国外	Australia(澳大利亚)	14
	国内	旅游产品	49		国内	无居民海岛	22
10	国外	Ecotourism(生态旅游)	48	20	国外	Brazil(巴西)	13
	国内	旅游业	49		国内	SWOT 分析	18

从国外的关键词共现图谱(图 3)中能够清晰地看出国外海洋旅游研究的热点领域，结合频次统计数据，发现“Tourism(旅游)”、“Ecosystems and biodiversity(生态系统和生物多样性)”、“Impacts(影响)”、“Management(管理)”和“Conservation(保育)”是前五个频次最高的关键词。通过对高频关键词进行简单分类，可以看出国内海洋旅游相关的研究主要集中在海洋旅游与管理、海洋生态系统及其生物多样性、海洋旅游所产生的影响、环境保护与可持续发展和主要海洋旅游目的地五大方面。

综合分析国内的关键词共现图谱和频次统计表，可以看到滨海旅游、海洋旅游、海岛旅游等词有较高的频次，这主要与文献检索策略有关。除此以外，从前 20 个高频词来看，国内学者对海洋旅游的研究在旅游资源与开发利用、海洋经济发展、生态旅游与可持续发展、旅游产品、旅游文化以及地区的海洋旅游发展研究等领域体现了较高的热度。值得一提的是，“舟山群岛”一词在国内文献的关键词中表现出较高的频次，有 66 次；而在国外的关键词中，

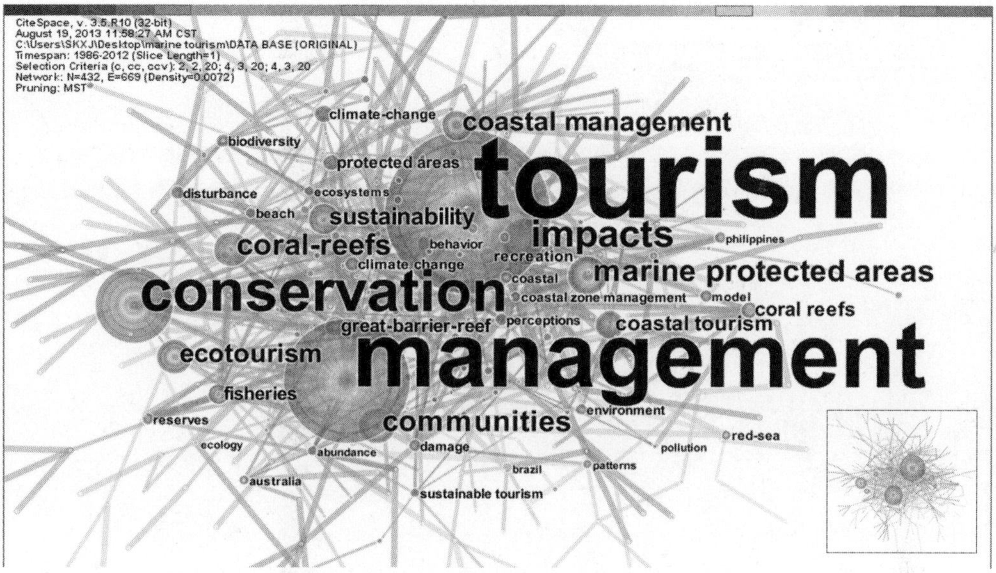

图 3　国外海洋旅游研究关键词共现图谱
（注：大图为共现图谱的细化，右下角小图为共现图谱的全貌）

涉及具体地区或旅游目的地的词如"Red sea（红海）"的频次为 22 次。基于以上分析，国内的海洋旅游研究多从宏观的角度出发，其研究成果和结论的提出多是基于对个别案例的总结分析，具有较多的主观性；与国外相对较为完善、全面、成熟的研究体系相比，国内的研究表现出较为明显的"重实践、轻理论"的倾向。另一方面，在国外的研究中，海洋旅游发展所带来的经济、文化尤其是环境问题和影响是学者普遍关注的角度，然而在目前国内的相关研究中，虽从可持续发展和生态旅游的角度对海洋旅游的影响有一定的涉猎，但其研究的深度和广度与国外的研究尚存差距，这点也应成为今后国内学者努力的方向之一。

（四）研究机构及成果分布比较

Citespace 软件能够以"年轮"的大小和颜色，将各国（地区）发表的论文数量及时间直观地展示出来。将国外 652 篇研究文献和国内 507 篇研究文献分别导入 Citespace 软件，在软件界面选择时区为 1997—2012，时间跨度为 1 年，节点类型为国家（Country）和机构（Institution），其他选项为软件预设值，运行软件，可得到有关研究领域的主要研究国家和地域分布图谱。

根据图谱显示，在国外的海洋旅游研究中，主要的研究国家（图 5，表 4）分别是"美国（USA）"、"澳大利亚（AUSTRALIA）"、"英国（ENGLAND）"、"西班牙（SPAIN）"、"巴西（BRAZIL）"等，这与国外经济发展、教育水平和海洋旅游资源分布及发展情况较为一致。其中"University of Washington（美国华盛顿大学）"、"University of Bologna（意大利博洛尼亚大学）"、"University East Anglia（英国东安格利亚大学）"、"University of Aegean（希腊爱琴大学）"、"James Cook University（澳大利亚詹姆斯 · 库克大学）"等是国外海洋旅游研究的主要机构，可见高等院校是国外相关研究的主要力量。与国外相一致的是，国内海洋旅游的研究机构

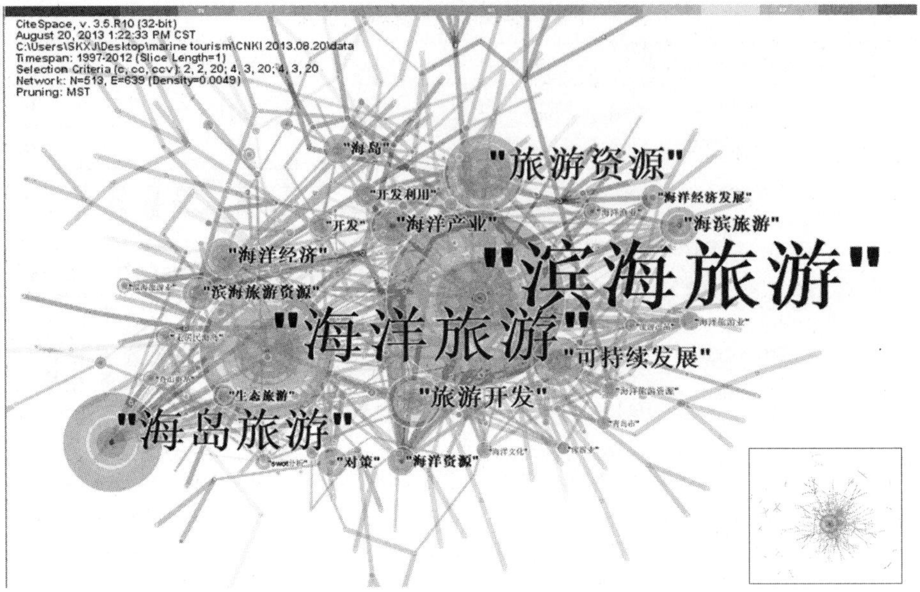

图 4　国内海洋旅游研究关键词共现图谱

（注：大图为共现图谱的细化，右下角小图为共现图谱的全貌）

当中，高等院校依然是相关研究的中坚力量，其次是专业的科研机构、政府部门等，而唯一与国外相区别的是国内的专业科研机构和政府部门在海洋旅游的研究中有着更高的参与程度（图6）。

图 5　国外海洋旅游主要研究国家分布图谱

表 4　国外海洋旅游主要研究国家统计

序号	国家(Country)	发文频次(Freq)	突增性(Burst)	中心度(Centrality)
1	USA	103	3. 8	0. 62
2	AUSTRALIA	87	–	0. 35
3	ENGLAND	48	–	0. 41
4	SPAIN	46	–	0. 18
5	BRAZIL	36	–	0. 15

表 5　国内海洋旅游主要研究机构统计

序号	机构(Institution)	发文频次(Freq)	突增性(Burst)	中心度(Centrality)
1	辽宁师范大学城市与环境学院	39	2. 91	0. 00
2	中国海洋大学管理学院	38	–	0. 00
3	辽宁师范大学海洋经济与可持续发展研究中心	18	4. 41	0. 00
4	华侨大学旅游学院	14	6. 69	0. 00
5	浙江海洋学院	12	3. 03	0. 00

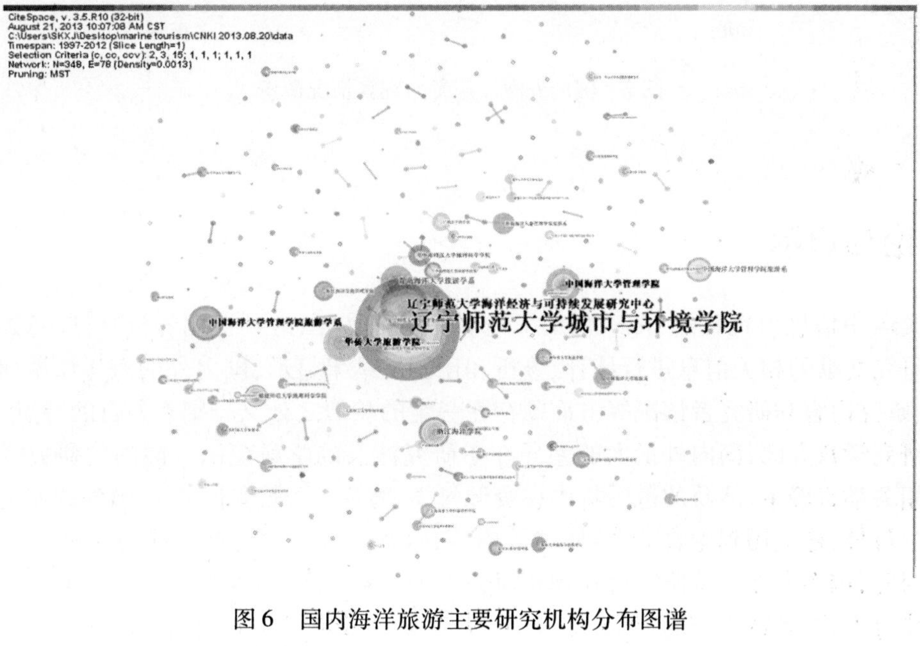

图 6　国内海洋旅游主要研究机构分布图谱

(五)研究者合作情况分析

将国外 652 篇研究文献和国内 507 篇研究文献分别导入 Citespace 软件,在软件界面选择时区为 1997—2012,时间跨度为 1 年,节点类型为 Author(作者),其他选项为软件预设值,运行软件,可生成有关研究领域的研究者情况图谱。

对比根据国内外研究者情况生成的图谱可见（图 7），国外研究者的图谱中节点数为 679 个，而国内的图谱中则有 491 个，每个节点都代表一位作者，由此表明无论国内外都有较多的学者关注海洋旅游研究的领域，相较之下国外对于海洋旅游的研究热度更胜国内。要了解作者间的合作关系，可通过图谱中连线数量来体现。国外的相关图谱中共有 338 条连线，而国内则只有 215 条，可见国内海洋旅游研究学者间的合作关系与国外相比存在一定差距。

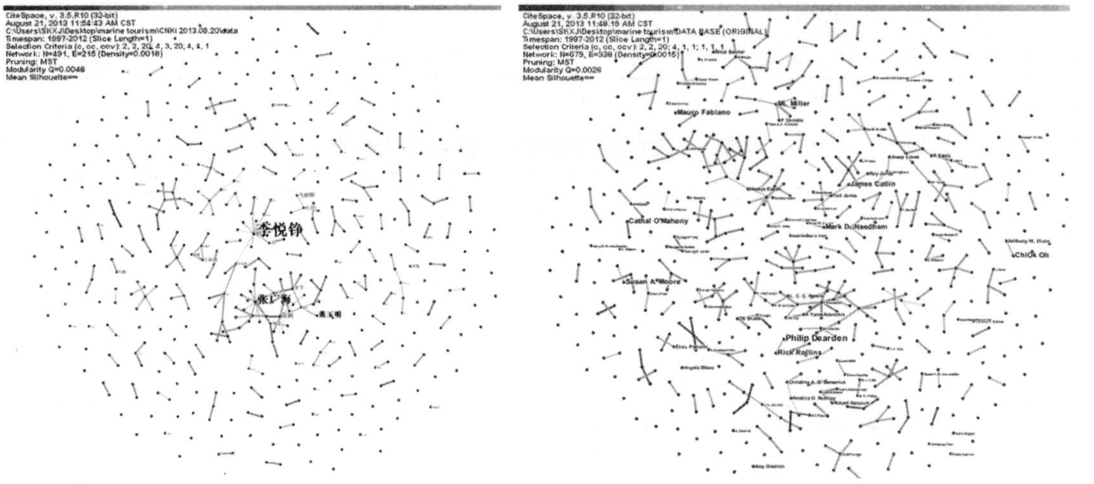

国内　　　　国外

图 7　国内外海洋旅游研究者情况图谱

四、结论与启示

本文运用信息可视化的方法，借助 Citespace Ⅱ 知识图谱可视化分析软件，对国内外海洋旅游研究文献的相关信息进行统计、分析和比较。结果显示，国内外的海洋旅游研究在研究学科、研究内容和研究者情况等方面既存在一定的相似之处又分别有各自的特点。

在研究学科方面，国内外最大的差异在于研究涉及的学科范围。国内的研究主要从旅游及其相关学科着手，涉及的范围集中在资源科学、海洋学、地理学等；而国外的研究中除了上述的学科外，还应用到生物学、地质学等内容，这在一定程度上拓展了相关研究的宽度和广度。因此，国内海洋旅游研究应在现有研究水平的基础上，可通过加强和不同专业背景的学者合作等方式，丰富研究的成果，促进海洋旅游研究的系统化和全面化发展。

在研究内容方面，国外的海洋旅游研究是在发展和完善理论研究的基础上，结合个案分析，基本形成一套相对广泛和完备的研究体系。相比之下，国内的海洋旅游研究中欠缺对相关理论的研究和探讨，多从个别案例中分析总结出结论，影响了研究成果的客观性和普遍性。要进一步提高国内的海洋旅游研究水平，亟需加强理论层面的深入研究，重视理论与实践相结合，以理论研究的完善推动实践研究的发展和提升，以实践研究的进步促进理论研究的创新和成熟。

在研究力量方面,国内外的主要研究机构组成相对一致,高等院校是国内外海洋旅游研究的主要力量,专业科研机构、政府部门次之。然而在研究者间的合作程度上,国内与国外相比仍显不足,在与国际学术研究的交流与合作上,国内则略逊一筹。结合目前国内海洋旅游研究存在的问题,加强不同学者、机构和部门间的合作,拓宽视野,加强国际合作和产学研合作,提升研究能力和素质,将是国内海洋旅游研究的发展大趋势。

总体而言,本文对国内外海洋旅游研究文献采用多主题词的检索策略,内容较为全面,研究文献的来源期刊包含了旅游研究的专业学术刊物、海洋研究相关的核心期刊和海洋旅游研究涉及的相关学科的重要期刊等,基本涵盖了目前国内外海洋旅游的大部分研究成果,所以研究结果具有一定的可信性。然而,由于海洋旅游研究的复杂性和综合性,对某些文献的遗漏也是有可能的。本文的另一个创新之处是尝试借助知识图谱可视化软件,对比分析国内外海洋旅游研究的情况。

利用可视化软件绘制知识图谱是海洋旅游研究的起点,今后的研究应以该研究成果为基础,进行更深入的分析。以关键词为例,可以关键词为分类标准,研究每个关键词范围内已有的研究成果,同时对比不同关键词之间研究内容及方法上的差别;以研究机构及成果分布为例,可重点分析研究成果较为丰富的机构或国家/地区在海洋旅游研究方面的成果,并将它们的研究成果进行对比分析等。

表 6 国内外海洋旅游研究比较与启示

项目	中外比较	启示
研究学科	• 国外研究涉及的学科范围更为广泛 • 国内研究相对局限与旅游学科领域	• 丰富研究内容 • 加强与不同专业背景学者的合作与交流
研究内容	• 国外理论与实践并重,形成相对完善的研究体系 • 国内表现出“重实践轻理论”的特点	• 夯实理论研究 • 注重理论研究与实践研究综合发展和提升
研究力量	• 国内外研究力量分布基本一致 • 国内研究学者间的合作程度不高,欠缺与国际间的合作与交流	• 加强不同学者、机构和部门间的合作 • 走出国门,积极参与国际交流与合作

参考文献

[1] Webe S, Mikacic V. The importance of market research in planning the development of nautical tourism in Croatia[J]. Turizam, 1994,42(5/6):71 -4.

[2] Pollard J. Tourism and the environment. In Breathnach P, editor. Irish Tourism Development[J]. Geographical Society of Ireland, Maynooth, 1995: 61 -77.

[3] Kim S, Kim Y. Overview of coastal and marine tourism in Korea[J]. Journal of Tourism Studies, 1996,7(2):46 -53.

[4] Orams M. Marine tourism: development, impacts and management[M]. London: Routledge,1999.

[5] 刘家明. 国内外海岛旅游开发研究[J]. 华中师范大学学报(自然科学版), 2000(03).

[6] 梁修存, 丁登山. 国外海洋与海岸带旅游研究进展[J]. 自然资源学报, 2002, 17(6):783

-791.

[7]　张广海，田纪鹏．国内外滨海旅游研究回顾与展望[J]．中国海洋大学学报(社会科学版)，2007(6):5-9.

[8]　谷明．国外滨海旅游研究综述[J]．旅游学刊，2008，23(11):87-94.

[9]　王苹，李悦铮．国内海洋旅游文献分析[J]．中国集体经济，2009(33):143-145.

[10]　C. Michael Hall. Trends in ocean and coastal tourism: the end of the last frontier? [J]. Ocean &Coastal Management, 2001:601-618

[11]　Miller ML, Auyong J. Coastal zone tourism: a potent force affecting environment and society[J]. Marine Policy, 1991,15(2):75-99.

[12]　Miller M. The rise of coastal and marine tourism[J]. Ocean & Coastal Management, 1993,21(1-3):183-99.

[13]　董玉明．海洋旅游[M]．中国海洋大学出版社，2002.

[14]　龚花萍，陆有美．基于Citespace的学科知识门户研究演进路径分析[J]．现代情报，2012，32(8):92-96.

[15]　徐灿，陈晨．基于Citespace的学科领域研究热点与前沿可视化分析[J]．信息资源管理学报，2012(4):69-75.

[16]　. Citespace主页[EB/OL]. http://cluster. cis. drexel. edu/~cchen/citespace/.

[17]　Chen C. The Centrality of Pivotal in the Evolution of Scientific Network[C]. Proceedings of the International Conference on Intelligent User Interfaces (UI 2005), San Diego, CA, 2005:98-105.

[18]　刘则渊，陈悦，侯海燕．科学知识图谱:方法与应用[M]．第1版．人民出版社，2008:67-68.

[19]　赵蓉英，许丽敏．文献计量学发展演进与研究前沿的知识图谱探析[J]．中国图书馆学报，2010，36(6):60-68.

海湾旅游区滨海旅游发展现状及对策研究

向 微①

摘 要 由于旅游业对地方经济的巨大推动作用，越来越多的沿海城市积极开展滨海旅游开发。但是，滨海旅游产品的市场供给日趋饱和、同质化现象严重、甚至出现结构性过剩的区域不平衡状态，海滨旅游胜地容易出现产品开发不力和服务质量不高等问题。海湾旅游区的发展也处在这样一个大的背景之下，在经历了粗放型发展阶段以后，海湾旅游区也面临着二次开发、提升和转型等一系列挑战。本研究通过对海湾旅游区发展现状的梳理、发展中所出现问题的探讨，对海湾旅游区今后的发展思路提出一些意见和建议。

关键词 海湾旅游区 滨海旅游 发展现状 对策

滨海旅游(coastal tourism)概括为在海岸、离岸水面上发生的全面的旅游、休闲娱乐活动，包括海岸上住宿、餐饮、食品工业、第二住宅的发展，基础设施支撑的海岸发展和旅游活动，例如休闲游船、依托海岸的生态旅游、豪华游船、游泳、休闲渔业、浮潜和潜水。

一、海湾旅游区发展现状

海湾旅游区地处东经 121 度、北纬 30 度，在上海市南郊奉贤区的最南端，距离奉贤中心新城 7 千米。东临上海深水港城，西接上海化学工业区，南临东海(杭州湾)。杭州湾面积 1 000 平方千米，区内海岸线长 13.7 千米，与浙江省临海相望。海湾旅游区是上海市级旅游开发区，经过开发，目前已形成 4A 级景区碧海金沙、渔人码头、东海观音寺、龙腾阁、包婉蓉京剧服饰艺术馆、风筝放飞场、文化一条街、海鲜一条街等景点。另外，与浙江省嵊泗县共同开发的滩浒岛是杭州湾唯一的原始岛屿，距离海湾旅游区 12 海里，总面积 0.64 平方千米，山峦、洞穴、渔村、滩涂、港湾孕育了丰富的海岛旅游资源。从旅游开发现状来看，整个海湾的旅游资源潜势仍有大量空间。

海湾旅游区从成立以来，尤其是在《海湾旅游三年行动计划》实施的第一年(2012 年)，无论从基础建设、旅游节事活动打造、旅游宣传力度等方面都做了大量的工作，卓有成效。

---

① 向微，女，上海师范大学旅游学院讲师。

(一)基础建设力度大

1. 加强景区景点的修缮工作

碧海金沙景区完成景区内的办公大楼、游艇码头、水上舞台、餐饮区域、水上高尔夫项目等主体结构,对沙滩区域及园区内绿化进行了翻新,海龟馆顺利开馆。渔人码头景区做好了餐饮点的重新布置、沙滩舞台的建设、海鲜一条街的翻建工作。

2. 完善景区基础设施配套

投入资金500余万元,用于道路、绿化等工程改造,警示牌、提示牌、导览图更新工作,增设区域间(渔人码头、碧海金沙、大学校区、镇区)电瓶车和自行车租赁项目等基础设施建设。

(二)旅游节事活动丰富

1. 夏季文化活动

在碧海金沙和渔人码头两个景区,分别举办露天电影天天放、碧海金沙专场晚会、“海湾夜上海”渔人码头周末晚会,既有高雅文化,又有群众艺术,极大程度上丰富市民游客的精神生活。

2. 各项体育赛事

上海市第一届市民运动会“海湾杯”龙舟邀请赛、帆船赛和上海旅游节旅游风筝会、场地高尔夫赛等相关体育赛事。

3. 各类大型文化活动

今夏的“爱在碧海金沙”大型系列活动,双节期间的“2012首届上海湾·国际马术文化节”(马术文化展示、马队巡游、游客马术体验)。

(三)旅游宣传力度较大

为全面展示海湾滨海风光,切实打响“想休闲,到奉贤,要游玩,上海湾”的旅游品牌,就2012年而言,海湾旅游区管委会在积极配合区旅游局做好宣传工作的基础上,还通过电视媒体、LED广告宣传、邮政DM广告宣传、专业广告团队等多种渠道进行对外宣传,总费用333万元。

1. 电视媒体宣传

与九联网合作,在上海九区县电视台投播碧海金沙15秒硬广告、微电影预告片、微电影、碧海金沙旅游产品直销片、《让我们恋爱吧》相亲节目预告片、《让我们恋爱吧》相亲节目。

2. 人民广场地铁站LED广告宣传

6月至8月,在人民广场地铁站投放超大LED广告及内打灯箱投放广告。

3. 邮政DM广告宣传

在6月至8月,与邮政局合作,根据目标市场客户特征,投放DM广告。

4. 专业团购网站宣传

6月至9月，与腾讯公司合作，利用其旗下Q团、开心团等团购平台，通过网络宣传、团购门票的方式提升海湾旅游区品牌度。

5. 宣传三折页、海报宣传

6月设计制作宣传三折页、海报，通过区旅游局平台发放至全市45家旅游咨询服务中心。

6. 景区氛围营造

通过在金汇塘路和海湾路道路两侧悬挂招风旗、在海卓路（碧海金沙入口处）悬挂旗杆广告、在海卓路防汛墙投放墙体广告、更新碧海金沙停车广告牌等营造浓厚景区氛围。

二、海湾旅游区发展中的问题

尽管海湾旅游区在基础建设、旅游节事活动打造、旅游宣传力度等方面都做了大量的工作，游客量也迅速增长。但是，海湾旅游区如果想成为奉贤乃至上海未来发展建设中的亮点，要走的路还很长，仍然有一些在发展过程中出现的问题有待研究和解决。

（一）滨海旅游目的地景区识别度不高，核心竞争力不强

由于旅游业对地方经济的巨大推动作用，越来越多沿海城市积极进行滨海旅游开发。但是，滨海旅游产品的市场供给日趋饱和，甚至出现结构性过剩的区域不平衡状态，海滨旅游胜地出现产品开发不力和服务质量低下等问题。海湾旅游区的发展也处在这样一个宏观背景之下，在滨海旅游资源同质化现象比较严重的情况之下，尤其是和金山城市沙滩景区的比较之下，海湾旅游区作为滨海旅游目的地景区的识别度并不高，核心竞争力不强。从海湾旅游区滨海旅游目的地景区的角度来看，影响这个识别度和竞争力的因素有以下几个方面：旅游景区吸引力（海湾旅游区的旅游资源优势体现在"海"字系列：海洋、海滩、海岛、海鲜）、旅游价格、旅游配套设施、旅游服务质量，这四个因素往往对潜在旅游者的出游决策起到关键作用，还有待在这四个方面突显特点，走差异化竞争的道路，增强核心竞争力。

（二）定位模糊，缺少一个鲜明的旅游主题

海湾旅游区全年的旅游节事活动丰富，但是问题也很明显：缺少一个鲜明的旅游主题。每一个单项的旅游节事活动的打造是有规划和筹划的，但是，缺少全季、全年整体活动的主题打造；各种旅游节事活动频繁，但是节事活动之间的关联性弱；旅游节事活动始终在摸索中前进，没有一个整体性的发展战略规划。造成的结果是：单个的旅游节事活动，看似热闹，但是活动一结束，依旧回复原样。

整个海湾旅游区定位模糊是造成旅游主题缺失的根本原因。市民对于海湾旅游区的形象认知一直处于模糊状态，是大型的水上乐园游览区？还是户外体育圣地？抑或是海滨浴场？对于旅游消费者来说，无法准确建立起旅游目的地形象的认知。另外，海湾旅游区对其

主要的游客群体也缺少一个定位和判断，到底是一个面向大众的旅游区，还是一个面向中高端的游客群体的旅游区？对客户群的定位缺失也是导致整个旅游区整体规划不明的一个主要原因。

实际上，一个地区的旅游吸引物在很大程度上是由该地区所处的区位条件和历史发展所决定的，主要是自然地理区位、人文地理区位和旅游区位。因此，当确定海湾旅游区的主题产品和主题形象时，需要考虑两个因素：一是海湾旅游区的资源特征；二是海湾所处旅游区域或者其区域内其他主要竞争对手的旅游产品特色。把这两个因素结合起来，才能找出海湾旅游区旅游市场区域内稀缺或独一无二的东西，最终使其成为海湾旅游区的旅游业发展的核心优势。

(三)没有充分整合整个海湾区的旅游资源(旅游区景点之间的衔接，海湾旅游区景点和奉贤其他旅游景点之间的衔接)

一个旅游景区离不开丰富的景点旅游资源以及旅游资源之间的整合。海湾旅游区目前的旅游景点包括：碧海金沙、渔人码头、文化一条街、海鲜一条街、风筝放飞场等，但是整个旅游区没有充分整合旅游资源，表现在：海湾旅游区景点与景点之间的衔接性较差、海湾旅游区景点和奉贤其他景点之间的衔接性较差。这个衔接性表现在两个方面，一是交通的关联性，游客参观完一个景点以后到达另一个景点缺少摆渡车或者旅行自行车；另一个是资源的共享性，参观完一个景点以后不能查阅到其他景点的资讯。因为交通的不便和信息的缺失，游客很少主动地去探寻其他的景点，逐渐失去积极性。

三、对海湾旅游区今后发展的思考、意见和建议

针对海湾旅游区出现的以上几个问题，笔者认为海湾如果想在今后的开发和管理过程中有长足的发展空间，应该围绕以下三个核心来思考旅游区发展的战略战术。

(一)明确海湾旅游区发展的定位

思想决定思路，思路决定出路。海湾旅游的发展首先应该明确发展定位的问题：海湾想打造一个怎样的滨海旅游区？旅游总体规划应该围绕着这个定位来制订，所有的旅游节事策划方案也都应该围绕着这个定位去执行。

1. 海湾旅游区应该定位为面向国际的中高端滨海休闲度假区

之所以提出发展国际中高端旅游休闲度假区的概念，并非因为目前国内各地动辄“国际”、“高端”、“海滨”定位的冲动。而主要在于以下几个原因：

(1)有必要。上海国际旅游城市名片策划，海湾完全可以成为主角。

其实在国内，与海结缘的城市很多，但是真正以“海”命名的城市少之又少，而上海却是一座地道的海之城。据史料记载，“上海”名称一说取自《弘治上海志》中“其地居海上之洋”，因“海上”而来，又说当时有上海浦和下海浦等水道，总之都与“海”紧密联系。但是今天，上海作为滨海旅游城市的目的地形象却是非常模糊的，无论外国游客还是本国游客，都

不清楚上海的“海”在哪里。海湾旅游区地处上海市南端,面临东海,距市中心 40 千米,13.7 千米长的海岸线横亘东西,如此良好的滨海旅游资源是打造滨海休闲度假区的天然条件。海湾有天然的地理和自然优势,完全可以作为上海的城市的名片作为定位,从而推动上海整个城市的品牌定位,提升上海的城市品位。其实细细品来,国际的真正的滨海城市都会有知名的海滨景区,如当我们提到法国马赛就会想到他的老港;一提到法国尼斯就会想到英伦大道;一提到香港就会想到维多利亚港。而知名的城市的海滨恰恰是城市管理者一步一步精心策划,打造的结果。一个建设完备、高知名度的海湾高端旅游区一定会为上海的国际形象和城市品位的提升添砖加瓦。

(2)有市场。发展奉贤区经济,带动周边地域发展,海湾完全可以成为主角。

奉贤区的经济发展因为先天的地理原因,造成其相对于上海其他更靠近中心的城区在发展金融、服务等高附加值产业方面产生了一些先天不足,导致在经济发展的过程中遇到的困难更多一些。但也造成了其发展滨海旅游产业的先天优势。海湾旅游区背靠上海这一中国国际化程度最高、最富裕、交通最发达;而同时又是生活节奏最快、工作强度最大、交通最拥挤的城市,目前上海市拥有常住人口 2 301.91 万,其中中产阶级年收入在 20 万以上的家庭比例不小,特别是还有对海滨文化接受程度本身就非常高的 11.22 万户外国居民。这批居民旅游意愿强、旅游消费能力高,旅游潜在市场非常大。但数遍上海多个区县,却难觅高端、宁静、距离适中、交通便捷、区域广阔的滨海休闲度假场所。因此,如果海湾区能够顺应市场需求,打造一个不仅面向本市,更面向国际的中高端滨海休闲度假区,其市场是极其巨大的,可产生的巨大经济拉动效应是不可估量的。

因此,我们认为,将海湾旅游区定位成一个更面向国际的中高端滨海休闲度假区,对发展海湾区旅游产业并带动周边的经济发展,提升上海国际都市形象,都是十分可行和必要的。

2. 根据定位思想编制海湾旅游区的总体规划

海湾旅游区的总体规划建议可以定位为“以旅游产业为主导,二、三产业协调发展的综合性区域,建设成为以主题公园、休闲总部、生态宜居、游艇总会为核心的滨海旅游区”,所有的旅游区建设项目(建筑风格、餐厅酒店档次、旅游纪念品的打造等)和旅游节事方案的策划都应该按照这个定位来建设和执行。

对于滨海旅游景区来说,审美性和趣味性的要求很高,因此规划的制定在围绕已经确定的定位来编制的前提下,保持一定的创造性,能够满足游客的审美需求。同时,规划的制定,还需要重视可操作性、科学性和合理性。

(二)认清海湾旅游区发展的阶段

在制订海湾旅游区的总体规划之前,还需要认清海湾仍然处于滨海旅游目的地打造的初级阶段,表现在:其一,基础建设和相关硬件设施相对滞后;其二,旅游目的地知名度不高;其三,没有形成完整的产业链。

发展资金有限、游客量薄弱是海湾旅游区在初级阶段遇到的主要困难。因此,在有限的资金支持下,应该围绕着某个或者某几个重要的旅游景点做文章(如碧海金沙),有的放矢。先打造一个或几个精品景点,集聚人气,以点成线,以线带面,最终让整个旅游区的景点活起来，进而辐射相关产业（旅游会展、旅游纪念品、旅游酒店、旅游餐饮等），逐步形成完整的产业链。

认清海湾旅游区的发展阶段也有利于确定目标市场。滨海旅游区在发展的初级阶段就应该针对中高端的目标市场，而不是中低端的大众旅游市场，原因在于滨海旅游文化的特性决定了目标市场。在中国的传统里，山水风景文化更是休闲旅游的主流文化，海洋文化与旅游结合在一起主要是受到欧洲的影响。在欧洲，海洋旅游文化本就源于贵族，有时间、有消费能力的贵族才有实力到海边日光浴、参加各项海上运动和享受昂贵的海鲜。海洋旅游文化在滨海旅游发展的初级阶段应该针对中高端的目标客户群，发展到中级阶段才能逐步大众化，以中高端带动大众。

在海湾旅游区进入发展的中级阶段以后，可以逐步从中高端向大众游客目标群倾斜。此外，在这个阶段，应该适时引入旅游纪念品研发机构、旅游装备制造业以及与旅游项目相关的各配套设施企业。这些企业的入驻将提升旅游纪念品制造和研发以及装备制造业的产业规模和自主创新能力，促进旅游产品研发步入系统化，搭建制造业与旅游市场的交流平台，促进产业链的互动和合作。

（三）找到海湾旅游区发展的出路

在明确海湾旅游区发展定位、认清海湾旅游区发展阶段以后，海湾可以围绕这两个核心拟定自己的发展战术，找到发展的出路。例如：在现今的初级阶段，可以充分利用高校资源，搭建合作平台，加强海湾的硬件建设和软件管理；在这个基础上，增强与国际滨海旅游景区的沟通和合作，通过建立友好景区的方式，提高旅游区的国内和国际的影响力；另外，还需要与奉贤其他区域联动，与奉贤的整体发展融为一体。

1. 资源需利用：充分利用奉贤高校的资源，加强和强化与高校的合作，真正做到区校联动，实现共赢

高校不仅拥有众多的旅游专业教师的资源，而且高校学生和教师本就是海湾旅游区重要的潜在游客群体，只是这个群体一直没有得到充分的挖掘和利用，导致整个高校资源闲置。加强与海湾地区的高校联系和合作是充分利用高校资源的有效方式，可以通过多种形式与高校相关单位互动，为海湾的旅游发展出谋划策。

（1）让海湾地区高校的大学生走出校门，来到海湾旅游区。因为与上海市区交通的不便性，海湾地区的高校学生周末和其他闲暇时间的休闲娱乐场地非常有限，但是这个群体旅游出行的意愿是很强的，要充分考虑到他们的旅游喜好。可以通过：扩大对该群体旅游宣传的力度、建设海湾旅游区到各高校校门的“青春旅游巴士”、打造高校学生喜欢的滨海旅游产品等三个方面，把高校学生吸引到海湾旅游区。

（2）加强与旅游、会展、国际导游、烹饪、酒店管理等专业的互动，共同为海湾旅游发展献计献策，聚拢人气，可以通过多种形式加强与海湾区高校的旅游专业进行互动：打造校外西餐实训和酒店实训基地；培养专业的导游团队；大学生旅游策划创业基地的打造等。

2. 发展需联动：与奉贤其他区域联动，与奉贤的整体发展融为一体

国际上发展成熟的滨海区域整体发展经验的借鉴意义有两个方面：一是建立旅游城市；

二是与区域整体的发展有机地融为一体。建立旅游城市,是因为城市单靠旅游业的发展不足以完全支撑城市地区的可持续发展,以旅游带动城市整体发展才是根本。海湾已经是一个独立的旅游区,但是,旅游与城市其他功能协调发展的关系、旅游产业的带动作用等应予以特别关注。协调旅游与城市发展的关系,充分利用各种资源,拓展经济发展空间,延伸产业链,提高综合经济效益,以旅游强化发展。区域协作融合是指在一个更广的区域内,各具特色的不同地区,更加要关注资源的组合选择,最大限度地发挥地缘和资源互补的现实优势, 强强联手,进行区域内协作和合作,打破行政区域界限,突破不合理的体制障碍,整合综合旅游资源,实现优化组合,一体化开发。如区域整体旅游交通、区域整体旅游形象、区域整体旅游宣传与促销等,共同参与市场竞争,形成一个强势区域整体旅游品牌。

3. 影响需扩大:增加与国际滨海旅游景区的沟通和合作,提高海湾旅游区国内和国际的旅游影响力

旅游景区品牌的塑造离不开学习和借鉴,桂林象鼻山景区与法国诺曼底 Etretat 景区建立友好城市以后,桂林的国际旅游竞争力得到明显提高。“他山之石,可以攻玉”,如果海湾旅游区在完善好景区的硬件设施和服务质量的基础上,建立与国际优秀滨海景区的联系,加强沟通和学习,也是一个提高海湾旅游区国内和国际旅游影响力的有效途径。

海湾旅游区的进一步开发和发展有待于在明确发展定位、认清发展阶段的基础上,根据其资源条件禀赋,更深层次地结合自然景观、人文历史文化环境,促进目前的中低端旅游市场向特色化、个性化的中高端旅游市场转型,培育、拓展形成高端市场,形成功能层次分明、空间布局合理的市场格局。举海湾和奉贤之力,共同找到长足发展的出路,在同类景区中具有核心竞争力,真正成为奉贤乃至上海今后发展过程中的亮点。

参考文献

[1] 谷明. 国外滨海旅游研究综述[J]. 旅游学刊,2008,23(11):87—94

[2] 王志凯. 海南省滨海旅游发展现状及对策研究[A]. 陆志远区域旅游:创新与转 - 型 lCl. 海南:海南出版社. 2010. 526—531

[3] 周国忠,张春丽. 我国海洋旅游发展的回顾与展望[J]. 经济地理,2005,25(5):724—727

[4] 柴寿升,严冬平. 滨海旅游发展现状及对策思索[J]. 海岸工程,2002,21(1):63—67

[5] 张月芳,袁国宏. 海南省海洋旅游发展现状与对策[J]. 商场现代化,2007,2(上旬刊):344—345

海港旅游城市滨海区域发展休闲渔业经济研究

——以舟山普陀区“渔家乐”为例

董鸿安①

摘　要　以海港旅游城市舟山市的滨海区普陀区“渔家乐”发展为例，从其内涵剖析入手，分析了普陀区“渔家乐”发展现状，提出了转变经营理念、加强统筹协调、注重海岛特色、强化宣传促销等促进滨海区域休闲渔业经济发展的建议。

关键词　休闲渔业经济　滨海区域　“渔家乐”旅游　普陀区

一、引言

近年来，随着海洋捕捞强度增大、渔船严重过剩；渔业资源不断衰退，传统经济鱼类渔汛消失；尤其是200海里专属经济区的实施，中日、中韩渔业、国际海洋公约等协定的签定和生效，海洋传统渔业面临前所未有的困难，迫使渔区加快渔业结构战略性调整。面对海洋捕捞困境，加快渔业结构调整，发展休闲渔业无疑是一条重要的出路。2011年6月30日，国务院正式批准设立浙江舟山群岛新区，这是国务院批准的我国首个以海洋经济为主题的国家战略层面新区。本文以海港旅游城市舟山市的滨海区域普陀区的“渔家乐”发展个案研究为例，探讨滨海区域的休闲渔业资源开发与产业发展，不仅对具有18 000千米大陆海岸线的广大滨海区域渔业经济可持续发展、促进渔业产业结构调整具有一定的启示和借鉴意义，而且对实施国家区域发展总体战略和海洋发展战略，加快转变浙江经济发展方式、建设海洋经济发展示范区，也具有现实指导意义。

二、我国休闲渔业经济发展状况

（一）休闲渔业的内涵

休闲渔业（Leisure fisheries）自20世纪60年代开始，在一些经济较为发达的沿海国家和

① ［基金项目］宁波市社会科学学科带头人培育项目研究课题（G11－XK23）；2011年度浙江省旅游科学研究课题（2011ZC24）；2011年度宁波市哲学社会科学规划课题研究课题（G11－A59）研究成果之一。

董鸿安，男，宁波职业技术学院国际贸易系主任，副教授。

地区迅速崛起,并随着时代的发展,赋予不同含义。美国休闲渔业的含义相对狭窄,只包括以娱乐或健身为目的的渔业行为,含陆上或水上运动垂钓、休闲采集、家庭娱乐,以别于商业捕鱼行为,但并不包括渔村风情旅游的内容,这种渔业行为在美国和西方国家一般被称为娱乐渔业(Recreational fisheries)或运动渔业(Sport fishing)[1]。宝岛台湾经济学家江荣吉教授曾对休闲渔业下这样一个定义:"休闲渔业就是利用渔村设备、渔村空间、渔业生产的场地、渔法渔具、渔业产品、渔业经营活动、自然生物、渔业自然环境及渔村人文资源、经过规划设计,以发挥渔业于渔村休闲旅游功能,增进国人对渔村与渔业之体验,提升旅游品质,并提高渔民收益,促进渔村发展。"换句话来说,休闲渔业就是利用人们的休闲时间、空间来充实渔业的内容和发展空间的产业。这种定义在中国大陆得到普遍认可,现已成为当前国内渔业旅游发展的代名词。

本文提到的"渔家乐"实质是一种"休闲渔业"的发展模式之一。它是以渔民为市场经营主体,以渔民所拥有的渔船、庭院和海岛资源为依托,以服务游客为手段的渔村家庭经营方式。与其他旅游项目相比,"渔家乐"旅游项目具有投资少、见效快、风险小、平民化、乡土气息浓郁等特点[2]。

(二)我国休闲渔业发展概况

相比西方发达国家,我国休闲渔业的发展起步较晚,只经历了十几年的时间,仍处于初步发展时期。2000年国家农业部第一次将发展休闲渔业写入了政府工作要点,做出了关于调整渔业产业结构的部署。《全国海洋经济发展规划纲要》也提出"要把渔业资源增值与休闲渔业结合起来,积极发展不同类型的休闲渔业"。近年来各地政府的大力扶持,使得休闲渔业得到快速发展,广西、福建、山东等省纷纷提出要大力发展休闲渔业。从我国的自然水域环境、国民经济、文化生活水平及国外发展状况来看,休闲渔业在我国的发展仍具有很大的发展潜力和空间,只要合理利用优良的环境、遵循科学发展规律,休闲渔业将有广阔的发展前景。

三、海港城市滨海区域发展休闲渔业的意义

(一)有利于拓宽滨海城区旅游发展新领域

休闲渔业以调剂精神、休闲娱乐为中心,突出强烈的体验性、需求的个性化,游客滞留时间长,重游率高,合理设计则可增加区域旅游资源,适应旅游市场逐步细分化的要求,拓宽区域滨海旅游发展的新领域和新空间。

(二)有利于调整滨海区域渔业产业结构

在"海小、船多、鱼少"矛盾日益加剧的严峻形势下,依托海域、渔业资源和旖旎的自然、人文景色等优势,发展休闲渔业,既能改变目前渔业一、三产业比例失调、渔民就业结构相对单一的格局,又能减轻海洋捕捞的压力,促进海洋渔业资源的保护和恢复,实现渔业结构战略性调整[3]。

（三）有利于改善滨海城区环境质量

休闲渔业不仅依靠富有特色的资源、多样化的参与活动、原汁原味的生活方式吸引休闲游客，优雅愉悦的自然环境也是重要的吸引因素。日本多年的海滨旅游发展实践证明，休闲渔业更加强调“生产、生活、生态”的协调发展，不仅增加经济收入，丰富生活，而且也推动了区域环境整治，美化生活空间，提高了生活环境质量，客观上对发展生态旅游、保护生态环境起到了促进作用[4]。

（四）有利于促进相关产业的发展

休闲渔业是第一产业和第三产业的结合体，具有强烈的产业辐射功能，通过水产产业链向其他行业的延伸并与之相耦合，使其他相关行业增加了新的特色，内容更为丰富。它的发展不仅限于拓展壮大自身渔业领域的产业经济，而且容易带动全社会其他相关产业的发展。

四、海港城市滨海区域休闲渔业发展个案分析

（一）区域休闲渔业的发展布局

目前，舟山市共有休闲渔业项目 38 个。其中，普陀区蚂蚁岛休闲渔业基地、半岛渔乐园休闲渔业基地、富田园休闲渔业基地、普陀塘头休闲渔业基地等基地已经通过了浙江省海洋与渔业局、浙江省旅游局组织的专家验收，并成为全市首批省级休闲渔业示范基地[5]。据统计，到 2009 年底，普陀区的“渔家乐”、海岛风情观光、海钓等休闲渔业现有从业人员近 1 000 人，“渔家乐”、海钓俱乐部游船和海钓蹬礁船达 100 多艘。休闲渔业年人均收入近 11 000 元。同时，与休闲渔业相关的钓具制造销售、旅游餐饮、娱乐场所等服务设施得到了长足发展，已成为普陀渔民增收致富的捷径。

（二）区域休闲渔业的项目类型

目前，普陀区的休闲渔业呈多样化的发展趋势，纵观全区的休闲渔业项目经营方式，归纳起来有以下 4 种类型：

1. 垂钓休闲型

海钓作为一项重要的休闲渔业项目，素有“海上高尔夫”之称，特别是近年来推出的大众海钓是一项正在兴起的海钓经济，也是一项全新的产业。与此同时，为增强该项目的休闲与娱乐性，迎合人们返璞归真，亲近自然，享受自然的愿望，使游客能在享受海钓乐趣的同时体验到渔家风情和淳厚的海岛人文气息，把海钓和饭店宾馆餐饮业及渔家乐活动结合起来，使之既可“钓”也可“食”，又可“乐”。

2. 海洋游览观光型

为了拓展旅游精品的内涵，满足游客的“眼福”，结合海洋旅游成功举办了中国南海观音节、舟山中国国际沙雕节及民间民俗大会、亚细亚国际友好钓鱼比赛、“白沙杯”海钓邀请赛

等一系列具有舟山特色和深厚文化底蕴的节庆活动，使游客既能享受到旅游的乐趣，又能体验海洋文化的情趣。

3. 海鲜品尝购物型

近年来普陀区充分发挥舟山海鲜品“鲜、活、优”的优势，大力发展以品尝海鲜、休闲、购物为一体的滨海休闲观光渔业。此外，以中国舟山国际水产城为基础，建成了集活水产品专区、冰鲜水产品专区、干水产品专区、旅游纪念品专区等一体的休闲购物中心，为游客采购海鲜及旅游纪念品提供了一个理想的场所，深受国内外游客的青睐。

4. 渔家风情体验型

充分利用渔区的渔船、渔具设备和专业渔民的技能以及渔港、渔业设施和村舍条件，让游客直接参与张网、流网、拖虾、笼捕、海钓等形式的近海传统小型捕捞作业，和渔民一起亲身体验渔民生活，享受渔捞乐趣，领略渔村风俗民情。如先前蚂蚁岛体验渔民生活项目的推出，开辟了普陀甚至全市休闲观光渔业的先河，还有后来居上的白沙岛推出“渔家乐”休闲观光渔业一日游项目，更使普陀的休闲渔业项目上了一个新台阶，得到了完善与发展。

（三）区域发展休闲观光渔业的条件分析

1. 优越的区位条件和丰富的海洋旅游资源

舟山群岛位于我国海岸线的中心，地处长江、钱塘江、甬江三江入海口，背靠江、浙、皖、鄂辽阔腹地和上海、杭州、宁波等长三角经济合作发展群，具有显著的区位优势。舟山海域面积2.08万平方千米，占到全省海域面积的49.1%，占到全国的5.6%；岛屿个数有1 390多个，占全省海岛数的45%，占全国的18.3%；海岸线总长有2 444千米，占全省海岸线的37.7%，占全国的7.6%。舟山港域内规划港口岸线总长约279.4千米，适宜开发建港的深水岸线245.8千米。其中水深大于15米的岸线长200.7千米，水深大于20米的岸线103.7千米。蜿蜒曲折的海岸线，排列着众多宽阔洁净的沙滩；20 959平方千米的海域蕴藏着1 163种海洋生物，其中100多种具有较高经济价值的鱼类在此繁殖、生长（见表1）。

表1 舟山与全国、全省、宁波、台州海洋资源比较

2010年	单位	全国	浙江	舟山	宁波	台州
陆地面积	万平方千米	960	10.18	0.144	0.981 7	0.941 1
海域面积（内水和领海）	万平方千米	37	4.24	2.08	0.975 8	0.69
海域面积（含经济专属区）	万平方千米	300	26	11		8
海岛资源	个	7 600	3 089	1 390	531	687
海岸线总长	千 米	32 000	6 486	2 444	1 562	1 660
深水岸线（10米以上）	千 米	1 518	506	279.4	170	30.75

注：数据主要来源于国家、省、宁波和台州市政府网站。

2. 海洋渔俗文化底蕴深厚

据出土文物考证，早在公元前4500年间普陀主要的几个岛屿就有人类居住，从事采捕鱼贝类活动,并在长期的生产、生活活动中,创造出丰富多彩的海洋文化。现代以大海、海岛、渔船、渔家和鱼、虾、蟹、贝、藻类为素材,经渔民想像、构思和提炼,绘制出色彩斑斓、画面奇特的东极渔民画;以渔民自编、自演、自唱的渔民剧和以观音文化为核心的中国普陀山南海观音文化节等节庆活动;以阳光、海浪、沙滩为主题的中国舟山朱家尖国际沙雕节;以鱼、虾、蟹等水产品为原料烹调出的佳肴名菜,如"三抱鳓鱼"、"呛蟹"、"糟鱼"等早被人们所青睐,而且这些鱼虾烹制的名菜还蕴含着耐人寻味的文化情趣。

3. 游客对休闲渔业的需求日益增加

随着人们对旅游的需求日趋强烈,亲近自然,体验乡村生活的休闲旅游已成为21世纪的时尚行为。2009年舟山连岛大桥的畅通,证明大桥经济时代的到来,普陀区也将进入"半岛时代",并且随着网络的发展、信息的加快,进出海岛的游客也将会越来越多。2010年,舟山市海洋旅游呈现旺盛的发展态势,特别在大桥通车效应和上海世博会举办等因素的有力促进下,全市实现旅游接待人数2 139万人次,比2000年增长3.7倍,10年年均增长16.6%,其中,接待国际旅游者25.68万人次,比2000年增长3.2倍。

4. 发展休闲渔业已引起各级政府的高度重视

休闲渔业是普陀区旅游业的重要组成部分,发展休闲渔业已引起各级政府的高度重视。浙江省将投入巨资,建立10个海洋旅游休闲项目,其中将近一半在舟山市落户。近年来舟山市积极接轨大桥时代,丰富旅游产品、提升旅游品牌、优化旅游服务,加快旅游产业转型升级,以创建中国旅游综合改革试点城市和建设舟山群岛海洋旅游综合改革试验区为主线,围绕"海"、"佛"两大主题,充分发挥普陀山辐射作用,着力实施旅游设施、旅游产品、旅游品质、旅游品牌"四大提升工程"。全市逐渐形成了以临港工业、港口物流、海洋旅游、现代海洋渔业等为支柱的开放型经济体系(见表2)。

表2 2005—2010年舟山市海洋经济三次产业结构

年份	三次产业比例
2005	20.2:42.5:37.3
2006	17.5:45.6:36.9
2007	14.9:49.1:35.9
2008	13.2:52.4:34.4
2009	11.9:54.5:33.6
2010	13.3:54.8:31.9

注:根据舟山市政府统计局网站相关数据整理而成(2005—2010)。

(四)区域休闲渔业发展存在的问题

1. 总体发展不够平衡

目前普陀区52个渔村已开发"渔家乐"旅游的有13个,还有一些具备发展"渔家乐"旅游条件的渔村没有实质性启动。项目主要还是以乡镇政府或下属公司经营,或以渔民个体经营为基础,一些渔民经营户的主体意识还不强,投资发展"渔家乐"旅游的力度差异很大。

2. 产品开发档次还偏低

大部分"渔家乐"旅游开发产品雷同,展现在游人面前的产品多是千篇一律的吃住渔家、网箱钓鱼等模式,缺少创新和明确的主题,得天独厚的特色品牌资源未能很好地开发,休闲、娱乐、餐饮等行业结合松散,高档次的"渔家乐"旅游产品还没有形成。

3. 缺乏文化内涵的支撑

据实地调查,外地游客到普陀进行"渔家乐"旅游的动机之一是海岛特有的文化。为促进有海岛特色的文化建设,普陀区已连续举办了3届"民间民俗大会",但从总体上来看,目前普陀区"渔家乐"旅游的文化内涵挖掘得还不深,缺少浓郁的地方特色和乡土气息。

4. 缺乏统一的宣传促销

目前宣传促销仍以"渔家乐"旅游经营单位及乡镇的单打独斗为主,经营户的主动宣传和参加集体促销的意识和要求还不强,采用的手段也比较单一。对"渔家乐"旅游缺乏统一包装和宣传促销,市场拓展力度不够大,品牌还没有真正打响。

5. 从业人员素质还不高

由于"渔家乐"旅游从业人员大多来自于转产转业的渔民及其家属,多数人文化素质较低,加上有关部门对"渔家乐"旅游从业人员在旅游知识、接待常识、安全知识、环保意识等方面的培训教育力度不足,针对性不强,导致从业人员的整体素质和管理服务水平不能适应"渔家乐"旅游深层次发展的需要。

五、海港城市滨海区域发展休闲渔业经济的对策

(一)加强统筹协调,提升整体水平

树立综合开发、统筹发展的经营理念,以资源整合、特色打造、新品开发、配套完善为重点,在促进"渔家乐"旅游业拓展功能、延伸服务的同时,把发展"渔家乐"旅游与社会主义新渔(农)村建设结合起来,与保护好旅游资源和生态环境结合起来。做到在布局上,有全区性的高质量、新颖独到的发展规划和创意策划,规划统筹与指导优化"渔家乐"旅游项目的布局和结构。在经营模式上,逐步形成具有"渔家乐"旅游特色的"经营户+服务中心+旅行社"的运作机制。

(二)注重海岛特色,打造休闲渔业旅游基地

"渔家乐"旅游项目首先要重视突出"渔"味和"海"味,服务设施建设、日常餐饮提供和旅游项目开发要力求贴近渔家生活。要认清每个海岛的自身特色,深挖内在涵义,进行差异性定位,各景区内部也应进行特色规划,创立自己的特色和品牌,构建面向不同消费层次、具有不同消费内容的"渔家乐"旅游网络,满足游客"吃渔家饭、住渔家屋、干渔家活、看渔家戏、享渔家乐"的多元化旅游需求。

(三)强化宣传促销，拓展休闲渔业市场

要整合宣传促销组织，统一进行旅游促销。一方面，要把旅游联合营销宣传推广作为政府重要的日常工作来抓，通过包装组合“渔家乐”旅游精品，策划推荐线路，组织或承办大型娱乐康体活动，参加各种旅游交易会等，提高宣传促销效果。另一方面，要通过政府或行业协会，以差异发展的前提和互生共赢的概念，组织各旅游企业积极开展宣传促销，提升地区资源吸引力。此外，还可以让旅游中间商为“渔家乐”旅游做宣传广告，利用其网络系统为“渔家乐”提供稳定、优质的客源，打响“渔家乐”旅游品牌。

(四)不断开阔视野，拓宽渔民的致富渠道

“渔家乐”的兴起，源于渔民致富思路的不断拓展。因此，有关部门应以“渔家乐”为依托，加强渔业产业结构调整。“渔家乐”的发展在一定程度上延长了行业的产业链，广大渔民应抓住机遇，进一步打破传统的经济模式，根据发展需求，适时调整活动的类型。针对现今渔业发展的局限性，“渔家乐”不失为一条渔民致富之路，同时，也要渔民不断拓展休闲渔业的深度和广度，这样才能长兴不衰。

参考文献

[1] 陈思行. 美国休闲渔业现状. 北京水产[J]. 2005,(1):4－7

[2] 陶维乐. 对蓬莱发展“渔家乐”旅游的思考[J]. 山东省农业管理干部学院学报,2008,(6):43

[3] 张英. 发展休闲渔业 推进新渔村建设的探讨[J]. 新农村,2007,(6):2

[4] 李悦铮. 区域旅游市场发展演化机理及开发[M]. 北京:旅游教育出版社,2005:47

[5] 舟山市海洋与渔业局. 舟山市休闲渔业产业发展探讨[C]. 2006 海峡西岸休闲渔业交流会. 2006:92－96

海洋旅游业与城市经济耦合发展机理研究

周春波[①]

摘　要　海洋旅游业与城市经济协调发展研究是具有理论和现实意义的亟待解决的科学问题。文章借鉴耦合理论分析了两者耦合协调发展的作用机理,海洋旅游业系统通过创汇驱动机制、就业驱动机制、产业关联驱动机制和城际合作驱动机制推动城市经济发展;同时,城市经济系统通过产业支持效应、基础设施效应、收入效应、城市形象效应来促进海洋旅游业的发展,并刻画了海洋旅游业与城市经济耦合协调发展的时序演进过程。而且,构建海洋旅游业与城市经济耦合协调度评价模型,以舟山市为典型案例地,实证研究了两者耦合协调发展关系,发现耦合协调度逐步上升,逐渐呈现相辅相成的关系。最后,提出研究展望、海洋旅游业与城市经济耦合协调发展启示。

关键词　海洋旅游业　城市经济　耦合发展　作用机理　案例实证

一、引言与文献述评

17 世纪,海洋就成为人类游憩和休闲的空间。如今,全球约 75% 的旅游活动发生在海滨、海岛和海洋上。在中国,国家旅游局将 2013 年定为“海洋旅游年”。相较于国家层面对于海洋旅游业的重视,海洋旅游学术研究却长久未得到广泛重视。随着我国海洋旅游业的可持续发展,海洋旅游业与城市经济耦合协调发展问题是中国旅游业亟待解决的科学问题之一。

我国海洋旅游早期研究主要是海洋旅游的概念、海洋旅游资源分类[1]、海洋旅游区域分布[2-3]等理论研究。其后国内学者较多地关注了我国海洋旅游市场现状与营销策略[4]、海洋旅游产品设计与开发[5-6]、海岛旅游资源空间结构[7]及其演化[8],并开始关注海洋文化旅游[9]、沿海旅游景观保护性开发[10]等相关研究。这一阶段的研究主要围绕海洋旅游市场营销、海洋旅游产品开发、海岛旅游资源空间结构、海洋旅游景观保护等方面展开,以定性研究为主,并逐步呈现出了多角度、多元化的研究态势,研究成果开始增多,为海洋旅游研究奠定了良好的理论和应用基础。

近五年来,海洋旅游研究取得了新的进展,研究领域不断拓宽,研究课题不断深化,研究结论不断推陈出新。一方面,经济地理学的发展,为海洋旅游研究提供了理论借鉴和全新的

---

① 周春波,男,厦门大学管理学院旅游系博士研究生。

视野，海洋旅游特色产品链构建[11]、海岛旅游资源评价体系[12]、海洋旅游者危机认知[13]和滨海旅游地生态安全评价[14]等研究领域备受海洋旅游学者的关注。另一方面，海洋旅游产业研究日新月异，海洋旅游产业发展策略[15]、海岛旅游地开发模式[16]与开发策略[17]、海洋文化产业集群形成机理与发展模式[18]等研究更加深入。

这些研究显示了海洋旅游具有巨大的现实需求和重要的理论价值，其研究成果大大丰富了旅游地理与经济地理的理论内涵。但是，由于传统的海洋旅游研究视野和研究方法的局限，海洋旅游业与区域经济协调发展机理的相关研究几乎是空白。有鉴于此，文章借鉴耦合理论分析海洋旅游业与城市经济耦合协调发展的作用机理，并且构建海洋旅游业与城市经济耦合协调度评价模型，以舟山市为典型案例地，实证研究其两者耦合协调发展关系。

二、海洋旅游业与城市经济耦合协调发展的作用机制

（一）耦合内涵

在物理学中，耦合是指两个及以上的系统或运动形式通过各种相互作用而彼此影响的现象[19]。当系统间或系统内部要素之间配合得当、相互促进时，为良性耦合；反之，为不良耦合。耦合度是描述系统或要素彼此相互作用影响的程度；协调是两种或两种以上系统或系统要素之间一种良性的相互关联，是系统之间或系统内要素之间配合得当、和谐一致、良性循环的关系，是多个系统或要素保持健康发展的保证[20]。从协同学的角度看，耦合作用和耦合程度决定了系统在达到临界区域时走向何种序与结构，或称决定了系统由无序走向有序的趋势[21]。可见，耦合度和耦合协调度是有区别的，耦合度主要反映系统间相互作用程度的强弱，不分利弊；而耦合协调度则表示相互作用中良性耦合程度的大小，体现了协调状况好坏程度。

海洋旅游业发展与城市经济发展具有显著的耦合性特征。主要体现在：一方面，海洋旅游业作为具有较强带动性的综合新兴产业，对城市经济发展水平的提升具有较强推动作用。另一方面，城市经济发展也为海洋旅游业的发展提供了基础和保障，两者相互作用、彼此影响。

（二）海洋旅游业推动城市经济发展的动力机制

世界各个滨海城市发展海洋旅游产业的经验表明，在海洋生态承载力的允许阈值内，海洋旅游业的发展能够促进城市经济发展。海洋旅游业推动滨海城市经济发展的动力机制是一个涉及经济、社会、居民等多层次混合作用过程，其不仅仅是几个因素驱动的，而是在各驱动因素相互作用过程中共同推动的结果。这个交织混合的动力机制系统既有自然的、经济的，也有社会的因素；既有个人、企业，也有政府推动作用的一个多层次、全方位动力机制系统。海洋旅游业推动城市经济发展的动力机制，简而言之就是海洋旅游产业发展推动城市经济发展的驱动机制之间相互作用、相互联系、相互制约的关系及变化规律。

1. 创汇驱动机制

城市海洋旅游业的发展常常伴随着入境旅游规模的快速扩大，这能够扩大外汇收入。

在滨海城市经济可持续发展和产业经济结构优化的背景下,滨海城市需要扩大对外经济合作关系,前提之一就是扩大外汇收入。伴随着滨海城市经济结构的转型升级,海洋旅游业作为滨海城市外向型产业,不仅能够吸引国外闲置资本的投资,而且能够吸引国外大规模旅游者,增加外汇收入。值得一提的是,由于海洋旅游产业创汇能力强、换汇成本低,已成为各滨海城市创汇以增加经济发展实力的可选模式之一。

2. 就业驱动机制

海洋旅游业的发展可以为滨海城市居民提供就业机会。海洋旅游业是包含多项服务内容的劳动密集型服务业,且其服务项目大多需要借助人力完成,无法被高科技取代,故海洋旅游业所需的就业人数就显著高于其他产业。而且,海洋旅游业的产业关联程度较高,其能带动相关产业的发展,增加滨海城市相关产业的就业,为滨海城市提供较多的直接和间接就业机会,提高当地居民的生活水平,这对城市经济的快速发展起到了促进作用。

3. 产业关联驱动机制

海洋旅游产业的发展能够增加滨海城市居民收入,同时带动和促进区域相关行业的发展。滨海旅游者的消费行为不仅会带动相关区域内餐饮业、住宿业、交通运输业、商业和娱乐业的发展,而且还带动造船业、捕捞业、养殖业、对外贸易、建筑业、通讯业的发展,这为城市经济的发展提供了强劲驱动力,显著推进城市化进程。

4. 城际合作驱动机制

海洋旅游业的发展有利于增加滨海城市间的经济贸易往来,提升城市的对外贸易开放程度。海洋旅游是滨海城市间人流、物流、信息流交汇的过程,活跃了滨海城市海域活动,使滨海城市海域范围扩大或城市辐射区域扩大,这能够推动城市化进程。城市间海洋旅游产业的发展,会伴随着资本、技术、人力资源、先进模式与经验的引入,增加城际间经贸、文化合作。并且,就滨海工业城市或新兴城市而言,海洋旅游业对基础设施要求较高,海洋旅游产业的演进无形中将引致目的地城市改善其基础设施,这为滨海城市区域经济结构的优化升级创造了有利条件。

(三)城市经济发展促进海洋旅游业发展的作用机理

海洋旅游业的发展有利于滨海城市经济结构优化、产业结构转型升级,有利于扩大内需,促进滨海城市经济的可持续发展。与之相对地,海洋旅游业的发展也依赖于城市经济发展水平,需要一定程度和水平的城市经济作为基础和支撑条件。城市经济促进海洋旅游业发展的作用机理主要表现在四个方面。

1. 产业支持效应

滨海城市经济发展使政府有能力在投资、融资、税收、补贴、奖励等方面给予海洋旅游产业更多的财政税收扶持,形成滨海旅游产业竞争优势和重要的前期效应。例如2009年底,《国务院关于推进海南国际旅游岛建设发展的若干意见》的颁布,将海南国际旅游岛建设上升为国家战略;紧接着,山东半岛蓝色经济区、广东海洋经济综合试验区、浙江海洋经济发展示范区相继上升为国家战略。这些都给海洋旅游产业的发展提供了动力机制,为海洋旅游产业竞争优势的形成提供了条件。

2. 基础设施效应

海洋旅游产业是一个前期投入大、回报周期长、关联度高的新兴产业，需要大量的资金投入。旅游基础设施中，海陆交通、通讯、市政等硬件方面是海洋旅游活动的重要组成部分，也是滨海城市经济发展的先决条件，这方面的完善需要大量的资金为依托，需要滨海城市经济的发展作为支撑。城市经济的高速发展为海洋旅游业提供了大量的资金，为基础设施的完善提供了可能。

3. 收入效应

从游客海洋旅游实现的要素来看，城市经济的发展增加了居民的收入，改善了居民的生活方式和出游方式，为居民进行滨海旅游提供了较高的收入、较长的休闲时间和较强的旅游动机，为海洋旅游产业的高速发展奠定了基础。人均 GDP 较高、城镇居民人均可支配收入较高的滨海城市将为城市海洋旅游产业的发展提供基础性条件。

4. 城市形象效应

政府主导性投资在完善海洋旅游基础设施的同时，还促进了住宿、游览、娱乐等服务设施体系的完善和旅游服务系统全面升级，而且旅游供给能力、配套水平不断提升，管理水平和服务质量也得到不断提高，这无形中拓展了海洋旅游的服务能力和空间范围。而且，城市经济的发展为海洋旅游产业储备了大量高层次人才，这就使旅游者在旅游活动中可以通过旅游从业人员感受滨海城市的良好形象，对滨海城市海洋旅游形象提升具有重要意义。

海洋旅游业为城市经济发展提供了动力，而城市经济发展又为海洋旅游业的发展奠定了基础，两者相互协调发展，并且这种协调发展在一定时空范围内能够发挥更大的效应。或者说，海洋旅游产业与城市经济的协调发展过程就是两者在一定时间和区域内相互协调关联的过程，这个过程是海洋旅游产业系统在不断地发展演变过程中作用于城市经济系统的过程，也是城市经济系统不断反作用于海洋旅游产业系统的过程。将海洋旅游产业促进区域经济发展的机理分为创汇驱动机制、就业驱动机制、产业关联驱动机制和城际合作驱动机制等。同时城市经济推动旅游产业发展的作用机理又分为城市形象效应、基础设施效应、收入效应、产业支持效应等。这两大系统相互协调发展的作用机理见图 1。

三、海洋旅游业与城市经济耦合协调发展的时序演进

（一）城市经济结构的发展趋势与城市化发展阶段

从全球城市的发展历程看，城市经济经过了由工业经济向后工业经济（信息经济）的转变。从工业经济到后工业经济的结构转变分为三个阶段：阶段一，工业化经济的成熟阶段（20 世纪 50 年代前后），此时城市经济以劳动密集型制造业为主，纺织、钢铁、机械制造等行业为主要的经济门类，服务业以消费性服务业为主；阶段二，工业经济的服务化升级阶段（20 世纪 50—70 年代），金融等生产性服务业占 GDP 的份额显著增加，但消费性服务业在服务

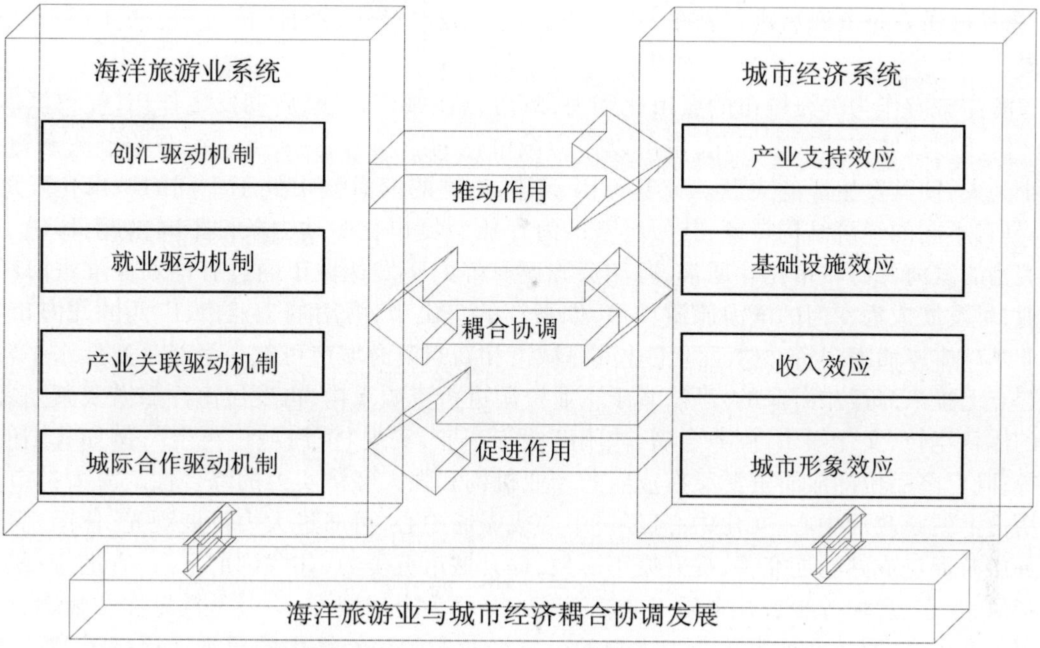

图1 海洋旅游业与城市经济的耦合关联的作用机制

业中仍占主导地位，电子机械、医药、车辆制造等现代工业开始出现；阶段三，后工业化经济的发展及成熟阶段（20世纪70年代以来），制造业比重继续下降并开始了信息化改造，兴建高科技园区，以信息技术为基础的高科技制造业形成，同时生产性服务业迅猛发展，并成为新的主导产业。

城市化进程可划分为“城市化（城市化初期）——郊区化（城市化中期）——逆城市化和再城市化（城市化后期）”三个阶段。不同的城市化发展阶段具有不同的城市经济结构，并呈现出不同的结构特征。在城市化初期，城市工业化经济尚未成熟，城市经济结构处于农业经济和工业经济发展时期；在郊区化阶段，城市工业经济逐渐成熟，城市经济结构开始向工业经济的服务化升级阶段迈进；在城市化进程中的逆城市化和再城市化阶段，后工业经济（生产性服务业）迅猛发展，城市经济结构为后工业化的发展及成熟阶段。

按照滨海城市经济发展水平的不同，滨海城市可划分为不同的类型，主要有不发达滨海城市、工业滨海城市、新兴滨海城市（因发达国家的部分劳动密集型产业和低端技术的资本密集型产业的转移而发展起来的滨海城市，如深圳）、综合性滨海城市和后工业滨海城市等。不同类型的滨海城市具有不同的城市经济结构特征，并处于不同的城市化发展阶段。

（二）海洋旅游业与城市经济协调发展的时序演进

从世界海洋旅游业的发展历程看，海洋旅游业大致兴起于全球城市工业化经济快速发展时。滨海城市工业经济的长期发展，为海洋旅游业的发展奠定了良好的物质环境基础，包括区位条件、旅游接待基础设施等，大大减轻了滨海旅游企业的固定成本投入压力，海洋旅游发展时机逐渐成熟。一般而言，海洋旅游业的发展是在既定的城市经济体系背景下产生的，海洋旅游业是滨海城市经济的一个部门，其与城市经济之间保持协调发展的关系至关重要。

海洋旅游作为滨海城市的城市化动力，既可以在城市化中、后期发生作用，使得滨海城市经济转型或城市功能多元化，也可以作为城市化的原动力之一，促进滨海城市从无到有、从小到大，使其发生质的飞跃。究其原因，不同类型的滨海城市处于不同的城市化发展阶段，具有不同的经济结构特征，其所具备的海洋旅游城市化驱动力条件不同，进而形成了不同类型的滨海旅游城市化。通常，海洋资源禀赋好的不发达城市通过有计划地推进海洋旅游业，可发展成为专门的滨海旅游城市，如浙江的舟山市、海南的三亚市、广西的北海市等；工业基础雄厚而海洋资源匮乏的工业滨海城市和新兴滨海城市可在一个经济发展水平较高的起点上投入海洋旅游业的发展，基于工业资源进行资源重构，再发展海洋旅游及其与之关联的体育竞技、文化娱乐、商务会展、休闲度假等产业，实现“滨海城市再生”，例如我国的深圳等；既有高品位的旅游资源又有成熟的产业机构和强大经济实力的综合性滨海大都市，往往历史上就是政治中心、文化中心、经济中心或交通中心，可通过大力发展观光、休闲、商务、政务旅游促进成熟功能完善、提升城市形象、提升城市竞争力，如我国的上海、香港等；纽约、洛杉矶、东京、悉尼等少数几个后工业滨海城市又称为全球城市，一般是世界性的金融、信息及服务业中心，以生产性服务业为主导的第三产业在国民经济中的比重远远高于第二和第一产业，有条件实现海洋旅游业与高科技产业的有机结合，促进海洋旅游业的升级，从而带来海洋旅游经济质的飞跃。与此同时，我们还应该意识到，作为发展中国家，我国尚有相当数量的滨海城市经济发展水平落后且海洋旅游资源匮乏，这些滨海城市由于不具备海洋旅游城市化动力作用发挥的条件，并不适宜大规模发展海洋旅游业，而应该积极寻找其他更为合适的经济产业来发展以促进城市经济结构转型与升级。因此，我们从城市经济发展阶段、滨海城市类型与经济特征、海洋旅游产业初始资源禀赋、关键影响因素、海洋旅游产业发展战略等六个维度来分析海洋旅游业与城市经济协调发展的时序演进过程，如表1所示。

表1　海洋旅游业与城市经济协调发展的时序演进过程

城市经济发展阶段	尚未城市化/城市化初期	城市化中期		城市化后期
	农业经济及工业经济的发展阶段	工业经济逐步成熟阶段	工业经济的服务化升级阶段	后工业经济发展及成熟阶段
滨海城市类型	不发达滨海城市	工业城市/新兴滨海城市	综合性滨海大都市	后工业滨海城市
滨海城市经济特征	工业经济基础薄弱	工业是国民经济主导产业	具有较强的经济实力，且各大产业均衡发展	制造业开始信息化改造，生产性服务业成为主导产业
海洋旅游产业初始资源禀赋	旅游资源禀赋各异，部分城市海洋旅游资源特色突出、品位较高、类型分布合理	海洋旅游资源一般较匮乏，良好的滨海区位条件、相对完善的海洋旅游业基础设施	较高的海洋旅游资源禀赋、区位较好、旅游接待设施较完善	丰富的滨海休闲游憩资源、区位优良、旅游业服务设施完善

续表

城市经济发展阶段	尚未城市化/城市化初期	城市化中期		城市化后期
	农业经济及工业经济的发展阶段	工业经济逐步成熟阶段	工业经济的服务化升级阶段	后工业经济发展及成熟阶段
关键影响因素	海洋旅游资源的差异性与政府主导作用	旅游者多样性偏好和滨海旅游产品数量	滨海城市接待体系的改进和滨海旅游特色产品链的构建	滨海城市综合服务体系的完善和滨海旅游功能区的整合
海洋旅游产业发展战略	海洋旅游业可作为滨海城市经济的先导产业或支柱产业,重点改善配套基础设施,吸引投资,滨海旅游产品类型以观光产品为主,后期逐步向休闲度假产品转化	海洋旅游业可作为滨海城市经济新的增长点,重点发挥海洋旅游业重塑城市形象的作用。开发人工滨海旅游资源,加快旅游接待设施建设,发展滨海商务旅游与居民休闲旅游	海洋旅游业可成为滨海城市经济的重要产业。通过大力发展观光、休闲、商务、政务等各类滨海旅游促进滨海城市功能完善,并提升滨海城市形象	海洋旅游业是滨海城市的重要产业。在发展常规海洋旅游业态的同时,将其与高科技产业有机结合,开发高科技滨海旅游产品体系,提升滨海旅游城市形象,增强滨海城市国际竞争力

四、海洋旅游业与城市经济耦合协调度评价——以舟山市为例

(一)耦合协调度模型

耦合是度量系统之间或系统内部要素之间耦合状况好坏的定量指标。借鉴物理学中的容量耦合概念及容量耦合系数模型,建立海洋旅游业和城市经济两个系统相互作用的耦合度模型,以衡量两者间的协调发展状况,两系统的耦合度 C 为[22]:

$$C=\{(U_1\times U_2)/[(U_1+U_2)(U_1+U_2)]\}^{0.5}$$

由于海洋旅游业与城市经济两个子系统各自发展水平存在差异,会出现两个子系统发展水平(U_1、U_2)都较低,而耦合度(C)却较高的结果,这与两个子系统发展水平都较高且耦合度较高的情形是相异的。为了避免这种假象,真实反映海洋旅游产业系统与城市经济系统协调发展水平,我们引入海洋旅游业与城市经济耦合协调度模型:

$$D=(C\times T)^{0.5},\text{其中},T=aU_1+bU_2$$

其中,D 为耦合协调度;T 为海洋旅游业与城市经济两个系统的综合评价指数;a、b 为待定权重(a、b 的取值取决于二者的重要程度,海洋旅游产业的发展与城市经济的发展并不是对称关系,海洋旅游产业的发展能促进城市经济发展,但并不是城市经济发展的唯一动力,城市经济的发展是多种要素综合作用的结果。故取 $a=0.4$,$b=0.6$)。可以看出,耦合协调度的取值在[0,1],取最大值亦即最佳协调状态,其值越大越协调;反之,则越不协调。本文采用均匀分布函数法来确定耦合协调度的类型及划分标准[23],见表 2 所列。

表 2　耦合协调度等级划分标准

序号	耦合协调度区间	协调等级	序号	耦合协调度区间	协调等级
1	0 ~ 0.099	极度失调	6	0.500 ~ 0.599	勉强协调
2	0.100 ~ 0.199	严重失调	7	0.600 ~ 0.699	初级协调
3	0.200 ~ 0.299	中度失调	8	0.700 ~ 0.799	中级协调
4	0.300 ~ 0.399	轻度失调	9	0.800 ~ 0.899	良好协调
5	0.400 ~ 0.499	濒临失调	10	0.900 ~ 1.000	优质协调

（二）案例地概况与指标体系构建

1. 案例地概况

在案例地选取方面，舟山是我国唯一的以群岛组成的海上城市，也是浙江海洋经济发展示范区的核心区，它位于中国长江口以南、杭州湾以东的浙江省北部海域，岛礁众多，1 390 个岛屿分布在 22 000 平方千米的东海洋面上，约占中国海岛总数的 20%，为中国第一大群岛。舟山群岛拥有海岛风光、宗教文化、海洋民俗文化、海洋生物、海岛气象、海洋饮食文化、海岛休闲运动等海洋旅游资源，类型齐全，分布广泛，是一个典型的资源复合型海岛旅游地[7]。因此，本文选取舟山市作为研究样本具有较好的代表性和典型性。

2. 海洋旅游业与城市经济耦合协调测度指标体系

为揭示海洋旅游产业发展水平与城市经济发展水平之间的协调程度，根据海洋旅游业与城市经济耦合协调的内涵和特征，遵循科学性、系统性、典型性及数据可获得性等原则，同时兼顾指标横向和纵向的可比性，在旅游产业发展水平与城市经济发展水平的一级指标体系下建立二级指标体系 23 项。在该体系中，海洋旅游产业子系统包括创汇驱动机制、就业驱动机制、产业关联驱动机制和城际合作驱动机制 4 项一级指标以及国际旅游人数、旅游外汇收入等 10 项二级指标；城市经济子系统包括产业支持效应、基础设施效应、收入效应、城市形象效应 4 项一级指标以及第三产业比重、财政支出、新增固定资产投资等 13 项二级指标。具体指标体系见表 3。为了统一单位，便于计算，我们对相关指标进行了标准化处理。所有数据都来源于历年《舟山统计年鉴》。各指标权重采用熵值赋权法计算获得，熵值赋权法依据客观环境的原始信息，通过分析各指标间的关联程度以及各指标所提供的信息量来确定指标的权重，这在一定程度上能够避免主观因素所带来的偏差[24]。

表 3　海洋旅游业与城市经济耦合协调测度的指标体系

耦合系统	一级指标	权重	二级指标	权重
海洋旅游产业系统	创汇驱动机制	0.234 9	国际旅游人数	0.457 1
			旅游外汇收入	0.542 9
	就业驱动机制	0.288 2	住宿业从业人员	0.528 7
			餐饮业从业人员	0.471 3

续表

耦合系统	一级指标	权重	二级指标	权重
海洋旅游产业系统	产业关联驱动机制	0. 255 7	社会消费品零售总额	0. 145 6
			住宿业企业数	0. 326 4
			餐饮业企业数	0. 324 4
			旅客总运量	0. 203 6
	城际合作驱动机制	0. 221 2	国内旅游人数	0. 459 1
			国内旅游收入	0. 540 9
城市经济系统	产业支持效应	0. 178 0	第三产业比重	0. 362 5
			财政支出	0. 637 5
	基础设施效应	0. 412 6	新增固定资产投资	0. 309 5
			公路长度	0. 207 7
			水路长度	0. 282 3
			邮电业务量	0. 200 6
	收入效应	0. 237 8	人均 GDP	0. 375 5
			城镇人均可支配收入	0. 322 6
			农民人均纯收入	0. 301 9
	城市形象效应	0. 171 6	人均公共绿地面积	0. 330 8
			人均拥有道路面积	0. 275 7
			每万人大学生数	0. 176 0
			每万人卫生人员数	0. 196 8

(三)实证分析

利用耦合协调度模型计算得到2003—2010年舟山市海洋旅游业系统和城市经济系统的耦合协调状况,以此来分析海洋旅游业发展与城市经济发展的协调状况(表4)。

表4 舟山市海洋旅游业与城市经济耦合协调度及其等级划分

年份	2003	2004	2005	2006	2007	2008	2009	2010
U_1	0. 001	0. 127	0. 213	0. 451	0. 640	0. 557	0. 689	0. 808
U_2	0. 012	0. 083	0. 187	0. 283	0. 482	0. 672	0. 801	1. 000
D	0. 034	0. 226	0. 312	0. 416	0. 521	0. 576	0. 626	0. 683
耦合等级	极度失调	中度失调	轻度失调	濒临失调	勉强协调	勉强协调	初级协调	初级协调

从表4中的耦合协调度(D)和耦合等级来看,舟山市海洋旅游业系统和城市经济系统的耦合协调度指数不断提升,从2003年的0.034逐步上升到2010年的0.683。根据年变化率将研究期分为耦合协调度快速变化和缓慢变化两个阶段,2003—2006年为耦合协调度快速变化阶段,耦合度年变化率最低值也达到33.33%,2007—2010年为耦合协调度缓慢变化

阶段,耦合协调度年变化率均值仅为 9.47%。这表明舟山市海洋旅游业发展与城市经济建设的耦合协调状况不断提升,但耦合协调状况改进速度逐步减缓。

从时间演进过程来看,舟山市海洋旅游业发展与城市经济发展的耦合协调状况总体上可分为 2 个阶段:阶段 1 是从 2003 年到 2006 年,这 4 年舟山市海洋旅游业发展与城市经济基本处于失调状态,耦合协调度等级从极度失调、中度失调等级调整到轻度失调和濒临失调等级。海洋旅游业发展与城市经济建设之间的矛盾较多,影响到两者的可持续发展;阶段 2 是从 2007 年到 2010 年,这一时期,舟山市海洋旅游业发展与城市经济发展处于协调状态,耦合协调度等级从勉强协调等级调整到初级协调等级,但这种协调仍然处于低水平的协调,两者之间的协同效应还较低,相互促进、相互带动的作用仍不太明显。海洋旅游业可持续发展水平还有待提高,应进一步加大海洋旅游开发和城市经济发展的投入力度,进而使海洋旅游产业与城市经济系统耦合协调度向更高等级发展。

五、结论与讨论

(一)研究结论

文章借鉴耦合理论分析了海洋旅游业推动城市经济发展的动力机制,剖析了城市经济发展促进海洋旅游业发展的作用机理,并刻画了海洋旅游业与城市经济耦合协调发展的时序演进过程。而且,以舟山市为典型案例地,实证研究了其海洋旅游业与区域经济之间的耦合协调发展关系。研究发现:①海洋旅游产业与城市经济两个系统存在明显的耦合发展特征,系统间各要素相互作用,彼此影响,并通过系统内部要素的组织和演化,使得海洋旅游产业与城市经济之间彼此协调发展。②海洋旅游业系统通过创汇驱动机制、就业驱动机制、产业关联驱动机制和城际合作驱动机制推动城市经济发展;同时,城市经济系统通过产业支持效应、基础设施效应、收入效应、城市形象效应来促进海洋旅游业的发展。③不同类型的滨海城市处于不同的城市化发展阶段,具有不同的经济结构特征,其海洋旅游城市化驱动力依赖的资源禀赋和关键影响因素不同,进而形成了不同的海洋旅游业发展战略。④舟山市海洋旅游业与城市经济耦合协调度不断上升且增速放缓,实现了从失调阶段向协调阶段的转变,2003—2006 年处于失调阶段,2007—2010 年逐步进入协调阶段。

(二)研究启示与展望

本文的研究拓展了海洋旅游产业经济效应的测度,海洋旅游业与城市经济发展耦合协调模型不仅可以测度海洋旅游产业与滨海城市经济发展之间相互作用的程度,还可以有效地对两者之间的关系进行横向和纵向的比较,评估滨海城市经济发展中海洋旅游产业的地位、作用和机制。本文的研究构建了海洋旅游产业与城市经济耦合协调的模型,并对模型进行了案例应用,但模型应用缺乏更深入的比较研究,未来可进一步研究海洋旅游业与城市经济耦合协调的横向区域比较、纵向动态比较等内容。本研究分析了海洋旅游业发展与城市经济发展之间相互作用机理,在一定程度上拓展了海洋旅游产业的城市化效度,对加速海洋旅游产业发展并与城市经济发展相协调具有重要的指导意义。

因此,为使海洋旅游产业发展水平与城市经济发展水平的各个内在要素相匹配,充分发挥两者耦合效应,加快海洋旅游产业结构水平的升级速度,促进滨海城市经济的发展,不同滨海城市的海洋旅游产业应结合自身所处城市化阶段和城市经济发展特征,考虑海洋旅游资源禀赋要素、海洋旅游产业结构及其关键影响因素之间的关联,与滨海城市经济、社会、生态环境相匹配地发展,通过两者协同发展,更好地发挥耦合效应,实现"海洋旅游产业优化促进滨海城市经济发展,滨海城市经济发展推动海洋旅游产业结构升级"的协调发展模式,以确保滨海城市海洋旅游产业与城市经济建设和谐发展。

参考文献

[1] 陈娟. 中国海洋旅游资源可持续发展研究[J]. 海岸工程,2003,22(1):103-108.

[2] 陈君. 我国滨海旅游资源及其功能分区研究[J]. 海洋开发与管理,2003(3):41-47.

[3] 张广海,董志文. 可持续发展理念下的海洋旅游开发研究[J]. 我国人口、资源与环境,2004,14(3):39-42.

[4] 柴寿升,吕华. 中国海洋旅游市场开发的现状分析[J]. 海岸工程,2002,21(1):75-79.

[5] 周国忠. 海洋旅游产品调整优化研究——以浙江省为例[J]. 经济地理, 2006, 26(5):875-878.

[6] 郭鲁芳. 海洋旅游产品深度开发研究——以浙江省为例[J]. 生态经济, 2007(1):123-125.

[7] 杨效忠,陆林,张光生. 舟山群岛旅游资源空间结构研究[J]. 地理与地理信息科学,2004,20(5):87-91.

[8] 朱晶晶,陆林,杨效忠,等. 海岛型旅游地空间结构演化机理——以浙江省舟山群岛为例[J]. 经济地理,2006,26(6):1051-1053.

[9] 王大悟. 海洋旅游开发研究——兼论舟山海洋文化旅游和谐发展的策略[J]. 旅游科学,19(5):68-72.

[10] 翁毅,周永章,张伟强,等. 基于景观生态的亚热带沿海景观及旅游保护性开发探讨——以福建省为例[J]. 人文地理,2006,21(3):68-72.

[11] 马丽卿,胡卫伟. 产业转型期的长三角区域海洋旅游特色产品链构建[J]. 人文地理,2009,24(2):125-128.

[12] 李悦铮, 李鹏升, 黄丹. 海岛旅游资源评价体系构建研究[J]. 资源科学,2013,35(2):304-311.

[13] 黄蔚艳. 海洋旅游者危机认知实证研究——以舟山市旅游者为个案[J]. 经济地理,2010, 30(5):865-870.

[14] 付业勤,郑向敏,王新建. 厦门市滨海城市旅游地生态安全评价研究[J]. 科技管理研究,2013(3):41-45.

[15] 向宝惠,王灵恩. 中国海洋海岛旅游发展战略探讨[J]. 生态经济,2012,(9):141-145.

[16] 马丽卿. 海岛型旅游目的地的特征及开发模式选择——以舟山群岛为例[J]. 经济地理,2011,31(10):1740-1744.

[17] 任淑华,王胜. 舟山海岛旅游开发策略研究[J]. 经济地理,2011,31(2):322-326.

[18] 王颖,阳立军. 舟山群岛海洋文化产业集群形成机理与发展模式研究[J]. 人文地理,2012,27(6):67-70.

[19] Vefie L. The Penguin Directionary of Physics [M]. Beijing: Foreign language Press,1996. 92-93.

[20] 杨士弘，廖重斌，郑宗清．城市生态环境学[M]．北京：科学出版社，1996. 114 - 119.

[21] 吴大进，曹力，陈立华．协同学原理和应用[M]．武汉：华中理工大学出版社，1990. 9 - 17.

[22] 吴玉鸣，张燕．中国区域经济增长与环境的耦合协调发展研究[J]．资源科学，2008，30(1)：25 - 30.

[23] 廖重斌．环境与经济协调发展的定量评判及其分类体系——以珠江三角洲城市群为例[J]．热带地理，1999，19(2)：171 - 177.

[24] 王永明，马耀峰．城市旅游经济与交通发展耦合协调度分析——以西安市为例[J]．陕西师范大学学报(自然科学版)，2011，39(1)：86 - 90.

浙江海洋文化遗产的保护与旅游开发

金 露[①]

摘　要　浙江省是海洋大省,具有独特的海洋自然条件和优厚的海洋资源,孕育了丰富而特点鲜明的海洋文化遗产。然而,由于现代化进程和旅游开发产业化的加剧,浙江海洋文化遗产正面临着严重的损毁,对其保护亦迫在眉睫。本文旨针对海洋文化遗产的现状设计对策,探讨如何在旅游活动中加以适度开发,实现旅游开发与遗产保护的双赢。

关键词　海洋文化遗产　旅游开发　遗产保护

一、浙江海洋文化遗产概述

"遗产"(heritage)一词源自拉丁语,最初指"父亲留下的财产"(顾军、苑利,2005:1),或者是指"个人对于已故祖先的继承"(Tunbridge et al, 1996:1)。一方面,遗产是指那些已经存在或可以继承、传续的事物;另一方面,遗产是关于过去的、与历史密切相关的文化传统。

海洋文化遗产是人类在沿海发展、港口建设、船舶建造、航海技术、航路开辟、政治联结、文化传播、商品生产、贸易互利等诸多方面,通过开发、利用海洋环境空间而存留下来的物质及文化遗存。因此海洋文化遗产不仅能够反映出沿海居民适应、利用和开发海洋的文化史,而且能够折射出整个中国的海洋文明历程。

浙江海洋文化历经数千年的演进、整合与重构,内容丰富,留存了体系庞大、特色鲜明的物质及非物质文化遗产。浙江作为中国沿海的重要省份,拥有海域面积约26万平方千米,相当于陆域面积的2.56倍;大陆海岸线和海岛岸线长达6 500千米,占全国海岸线总长的20.3%;大于500平方米的海岛有3 061个,占全国500平方米以上岛屿总数的47%。浙江海洋资源丰富,全省近海渔业资源蕴藏量均列全国第一,海洋旅游资源占全国的14%,可开发潮汐能的装机容量占全国的40%,潮汐能占全国的50%以上。与之相应的是,至迟至7000年前的新石器时代晚期,浙江先民已经开始了海上航行,在漫长的历史长河中孕育了丰富、独特的海洋文化,其留存至今的海洋文化遗产是中华民族灿烂文明的重要组成部分。鉴于海洋文化遗产的保护和开发还比较薄弱,海洋文化遗产具有相当大的开发空间,对于海洋文化遗产的保护也刻不容缓。同时,在海洋经济的快速发展背景下,海洋文化遗产具有可预期的经济前景。对海洋文化遗产的研究,不仅能够提升文化软实力、保护现存的遗产资源,

---

① 金露,女,宁波大学中欧旅游与文化学院讲师,博士。

同时开发海洋文化遗产的多种形式能够拉动当地的旅游、投资和经济增长。

二、浙江海洋文化遗产的现存问题

我国海域广阔，不同海域因自然条件、文化条件、经济政治条件等的不同又各有特点。在人与海洋长期的历史互动下，形成了具有地域特点的海洋文化遗产。东海大陆架广阔而平缓，沿岸多港湾、岛屿，因受长江淡水影响，渔业发达，素有“天然鱼仓”之称。沿岸居民以海为伴，以海为田，形成了浙江独特的海洋人文传统，为形成浙江海洋文化遗产奠定了基础。

与我国其他沿海省份相比，浙江独特的海洋自然条件和优厚的海洋资源表现在：其一，岛屿众多，岸线漫长。浙江沿海星罗棋布着 3 061 个岛屿，约占全国 6 500 多个岛屿数的近 1/2 左右，拥有海岛数居全国各省第 1 位；且海陆交错，岛屿旁连，形成了中国最为漫长曲折的海岸线。其二，具有得天独厚的渔业资源优势。浙江海域蕴含着丰富的鱼类饵料，自然地形成天然渔场；其中舟山渔场是全国最大、世界闻名的大渔场。其三，拥有众多天然良港，且有海洋区位优势。浙江沿海的曲折岸线，大多岸滩稳定，水深湾大，港域宽阔，航道畅通，多天然良港；同时，又地处中国海岸线中部，便于南下北上，与海内外沟通交流。其四，风貌独特的海洋自然和人文景观。浙江海域岛秀、礁险、石奇，海洋自然美景别具一格；吴越海洋文化风情，令人难忘（柳和勇，2005）。占据如此广阔的海岸线和得天独厚的资源优势，浙江先民在历史上较早萌生了利用海洋资源的意识，并创造了具有浙江特色的海洋文化遗产。

根据遗产的划分方法，浙江海洋文化遗产大致可分为浙江海洋物质文化遗产和浙江海洋非物质文化遗产。

浙江海洋物质文化遗产包括：①古港口：天封塔和海运码头遗址（宁波）、洞头港（温州）；②古船：萧山独木舟；③古航道：绍兴古纤道；④古海塘：盐官海塘（海宁）；⑤古渔村、古集镇：东沙港苍南渔港（温州）；⑥古灶户和古盐场：临海杜渎盐场（台州）；⑦海防、海战遗迹：卫、所、巡检司、兵寨、关、望台、烽火台，如镇海口海防遗址（宁波）；⑧历史人物形迹和历史事件发生地遗址：徐福亭（舟山）、东渡纪念碑（舟山）；⑨民间信仰与宗教遗址：舟山妈祖庙、海宁海神庙；⑩贝丘文化遗址：花鸟山贝丘遗址（舟山）等。

浙江海洋非物质文化遗产具体有：建筑艺术（海塘、码头等的建造技艺）、说唱艺术（渔民号子、锣鼓）、宗教信仰（妈祖信仰、陈十四等海洋女神的信仰）、仪式及习俗（祭海、潮魂）、中外文化传播（与古代日本、朝鲜、越南、泰国、印度、菲律宾等的贸易往来）等。

对于以上列举的海洋文化遗产，直到今日，我国尚没有系统的资源普查、分类保护和合理开发，大量的海洋文化遗产面临着破坏和消失的尴尬局面，目前海洋文化遗产的保护和旅游开发现状存在的问题可归为以下几个方面：

（一）现代化进程导致的遗产的弃用和破坏

我国自 20 世纪 80 年代的大规模城市化运动，最先在沿海开始，在带来沿海城市的飞速发展和经济快速繁荣的同时，也导致对沿海文化遗产的破坏。无论宁波、台州还是温州，每年都有大量城市海洋文化遗产消失，使我们只能通过传统的地名来推断沿海城市在历史时期的海洋经济与防卫功能。

“遗产”是祖辈们留下的财富，但当这些财富无法为子孙的日常生活所用时，它们是否还能称为遗产？如何对这些历史遗留物妥善安置和保管？或许以下的案例能够给我们一些警示。

浙江省舟山市马岙镇是海边一座普通的小镇，然而仅仅这一座小镇，就蕴藏着洋坦墩遗址、凉帽篷墩遗址、古炮台等海洋物质文化遗产。凉帽篷墩现存面积约1 700平方米，为省级文保单位。由此挖出了大约500多件完整的文物，包括了贝壳、兽骨、石器、陶器、骨器、瓷器、青铜器、铜器、银器等。

洋坦墩遗址位于定海区马岙镇洋坦里，是一个较为完整的新石器时代原始制陶区，面积约1 000平方米，在此出土的夹砂红陶碎片上多数留有稻谷痕迹，专家据此认为舟山群岛在5 000年前就开始大量栽种水稻。这个舟山先民曾经居住的地方，留下了许多关于海洋文化的宝贵文物，目前却荒草丛生，鲜有人至，只有两块刻有遗址名称的石头模样清晰。

马岙镇现存古烽火台两处，一处位于炮台岗上，呈南北走向，共3座。另一处位于三江口的昭君山上，呈东西走向，共6座。烽火台大小、高低、形状不一，土石堆筑。最大的一座直径达8米，高4米，巨石砌基。据《定海县志》记载：明洪武年间，倭患致乱，各地设置28个烽火堠，用以传递信号。所以烽火台是马岙人民抗击倭寇的历史见证。但是现今已经处于自生自灭的境地。

近年来，沿海区域的工业化发展迅猛，即工程化、工厂化、“高科技”产业化，带来了经济繁荣的同时，不得不围海造地、修扩公路、开发海岸，近海、岛屿之间修坝造桥，沿海、海滨海岸片区及岛屿地块上的海洋历史文化遗产有许多来不及普查摸底、考古挖掘和修缮保护，就被破坏甚至铲除。

（二）海洋旅游的“产业化”和海洋文化遗产的“单一开发”

海洋旅游观光业在发展过程中，单向度的“产业化”对海洋文化遗产造成了破坏。海洋旅游业主要包括海滨、海岸、近海景观景点旅游（远洋旅游目前尚不广泛），而这些海洋旅游观光景区景点，往往就是海洋文化遗产本身。旅游业多从经济上着眼，对具有历史积淀的“文化产品”进行“包装”，有些“包装”甚至是失真的和破坏性的。

“单一开发”是单个景点或单个景区的开发，而缺少与之类似或相关景点（景区）的联合开发。如烽火台和炮台往往都是连成一线或布置为阵，对其中某点单独保护既没有效率，又不能体现其在历史上的作用和意义。目前各级保护单位和开发商对海洋文化遗产的开发一般采取各自为盈的策略，这无论从文化遗产本身来看或是从参观者角度而论，都是一种遗憾。同时“单一开发”难免诱发“重复建设”，每个单个景点投入大量经费修建，开发后其功能类似，每个单体不能构成对游客的吸引力，导致游客的分散。

古镇盐官隶属于浙江省海宁市，是浙江省首批历史文化名镇，举世闻名的天下奇观海宁潮是古镇得天独厚的自然景观，除此之外，盐官还拥有古海塘和海神庙等海洋物质文化遗产和祭奠“潮神”等海洋非物质文化遗产。

目前盐官的旅游资源开发只注重于钱江潮的开发，资源开发的单一性限制了盐官旅游的发展。其原因除主观上宣传不够、资源认识存在偏差外，主要是客观上钱江潮每月大约只有10天左右能看到大潮，且每次看潮时间只需半小时左右。因此，如何吸引游客在观潮后，对古镇内众多人文旅游资源进行游览，从而促进旅游消费，是进行综合开发的首要问题。除此之外，古镇景点开发缺乏统筹安排，古镇内景点众多，如海神庙、占鳌塔、陈阁老宅、王国维故居等，但由于景点的开发缺乏统筹安排，各景点之间缺乏关联，旅游线路不明确，游客的游程和活动没有可选择性，游客在浏览过程中主题不明确，大大降低了景区的吸引力（权小勇、谭福琛，2008）。

（三）重海洋物质文化遗产而轻海洋非物质文化遗产

浙江海洋非物质文化遗产的保护和旅游开发，较之海洋物质文化遗产，其难度更大。因为海洋物质文化遗产是实实在在的具体的“物”，其保护状况更容易察觉，恢复修葺也相对容易。而海洋非物质文化遗产是“无形”遗产，建筑技艺、说唱艺术、宗教信仰、仪式习俗等都是经过长期历史积淀形成的，传承靠人与人之间的口耳相传，一旦消失很难在短期内恢复。因此对海洋非物质文化遗产的保护和旅游开发必须是以“活态”的形式进行，特别需要保护其传承的载体——传承人和其繁衍生息的环境——传承空间。

以妈祖信仰为例，浙江省妈祖信仰较早通过渔民、海运商团为主体的经营团体以及福建移民传播到浙江尤其是浙东沿海地区。妈祖信俗是以各种口头传说、表演艺术、祭祀仪式、节庆活动为表现形式，以妈祖宫庙为主要文化场所的非物质文化遗产。妈祖信仰等海洋非物质文化遗产往往与海洋物质文化遗产密不可分，因为文化最终的表现形式总能够通过物质来表达，如妈祖宫庙即是妈祖信仰的文化传承空间，因此对其保护应该遵从整体保护的原则。

三、浙江海洋文化遗产保护及旅游开发对策

综上所述，浙江海洋文化遗产开发与保护过程中出现的问题，其根本原因在于没有对现有的遗产进行系统普查、分类保护，同时缺少必要的监管体制和法律依据，因此笔者针对浙江海洋文化遗产保护及旅游开发提出以下对策。

（一）系统、全面开展浙江海洋文化遗产的普查工作

开展海洋文化遗产普查工作，是反映我国海洋文化发展现状、制定海洋文化产业战略、实现海洋经济可持续发展的基础性工作，也是具体实施国家提出的建设海洋文化强国决策的一项前期性工作。开展海洋文化遗产普查，在全面掌握海洋文化遗产的基础上，系统分析沿海地区海洋文化遗产状况，客观评估中国海洋文化遗产的保护、利用、开发形势，为进一步发展中国海洋文化产业，繁荣海洋文化事业，为国家制定科学合理的海洋文化发展战略与相关政策提供可靠的依据。所普查的内容包括海洋物质文化遗产与非物质文化遗产。海洋物质文化遗产包括沿海历史遗址、文化遗存、历史文化名城等；海洋非物质文化遗产主要包括经历史沉淀而形成的海洋艺术、海洋工艺、海洋宗教及海洋文学等。按照国际组织、机构和我国对遗产保护的相关要求和指标进行调查、评估、分析、整合和规划，整理出分类恰当的海洋文化遗产名录，根据名录进行分类保护和合理开发。

（二）制定相关法律法规

从世界范围来看，英美作为海洋大国，其沿海具有大量的水下文化遗产，因此在政策和法律上都制定了如《海洋法》、《沉船保护法》等较为完善的制度保障；澳大利亚的大堡礁等海域加入世界自然遗产名录中，实现了保护与开发的并轨；邻国日本和韩国在海权意识下亦积极开展本国的海洋文化遗产保护工作。比较来看，我国因海权观念的薄弱，对海洋的开发、对海洋文化遗产的重视和研究都是相对滞后的。因此，当务之急是要健全和完善我国相关的海洋文化遗产保护法，明确规定如何界定海洋文化遗产、具体保护措施和可持续开发的限度，同时惩戒违法行为，设立监管机制。

（三）组建中国海洋文化遗产研究基地，加强海洋文化遗产保护与旅游开发的理论研究

为了提升中国海洋文化遗产保护与旅游开发的理论水平，拓展海洋文化遗产保护与旅游开发的实践领域，进一步推进中国海洋文化遗产保护与旅游开发的历史进程，提高海洋文化遗产资源的经济转化率。笔者认为，当前组建由政府、高校、研究机构、企业等联合而成的“中国海洋文化遗产研究基地”是很有必要的。海洋文化遗产研究基地的建立应依据中国海洋经济发展进程总体规划，特别是中国海洋文化产业发展总体规划，整合当前中国高等院校、科研机构和文化企业的人才、技术和资源优势，深度挖掘中国潜在的海洋文化遗产资源，进一步整合已经开发的海洋文化遗产资源，从而为中国海洋经济的发展提供文化支撑。具体而言，首先需要整合中国现有海洋文化遗产资源，挖掘潜在海洋文化遗产资源，努力实现海洋文化遗产与旅游开发的结合。其次为企业提供涉海文化产业项目规划与开发思路，同时为政府发展和扶持海洋文化产业提供信息咨询和决策参考。最后，举办海洋文化遗产保护与旅游开发论坛，定期出版学术期刊，为中国海洋文化遗产的保护与旅游开发提供智力支持。

参考文献

[1] Tunbridge, J. E. & G. J. Ashworth. 1996. Dissonant Heritage: The Management of the past as a Resource in Conflict[M]. Chichester, New York, Brisbane, Toronto, Singapore: J. Wiley.

[2] 顾军、苑利：文化遗产报告——世界文化遗产保护运动的理论与实践[M]，北京：社会科学文献出版社，2005。

[3] 柳和勇：简论浙江海洋文化发展轨迹及特点[J]，浙江社会科学，2005 年第 4 期。

[4] 曲金良：海洋文化艺术遗产的抢救与保护[J]，中国海洋大学学报（社会科学版），2003 年第 3 期.

[5] 权小勇，谭福琛：浙江古镇盐官旅游资源优化开发[J]，浙江教育学院学报，2008 年第 1 期。

基于地理过程的海岛旅游产品开发研究

林　敏,马远军①

摘　要　本文首次提出基于地理过程来开发旅游产品,它是将时间维度的地理事物动态变化设计成旅游产品。它具有教育科普性、时间连续性、资源丰富性等特点,是旅游产品开发的一个新的方向和趋势。笔者分析海岛是地理过程微缩环境、受外界影响小,是开展地理过程旅游资源开发的首选场所。为了将地理过程融入旅游开发,笔者提出科普内涵大众化、考察游线舒适化、解说系统形象化等开发策略。最后,将海岛旅游地理过程产品分为:地貌过程产品、水文过程产品、气候过程产品、生态过程产品、人口空间过程产品、经济活动过程产品、基础设施过程产品和社会文化过程产品,根据内容的不同采用游线考察、地理实验、地理展馆、舞台演绎、图文影音等方式展现地理过程。

关键词　地理过程　海岛旅游　旅游产品

一、引言

海洋旅游是在一定社会经济条件下,依托海洋自然环境和人文环境,以保护海洋生态环境为原则,所展开的以满足人们精神和物质需求为目的的海洋游览、娱乐、度假、体育、教育、探险等活动所产生的现象和关系的总和[1]。"十八大"提出海洋战略后,我国迎来了开发海洋的高潮,海洋旅游业迅速发展。海岛旅游作为海洋旅游的重要组成部分发展迅速,一些海岛地区已经成为世界重要的旅游目的地。但纵观当今的海岛旅游产品大多是传统的观光型旅游产品,在开发上存在诸多雷同,许多产品的开发不够到位。尤其是对海岛自然与人文资源开发大都停留在概念和外表上,没有对自然与人文其中的地理过程进行综合开发研究,旅游科普教育价值较弱。此外,地理过程知识是时间维地理学的重要方面,在中学地理教学中与地理空间分布教学有着同等重要的地位,也有助于人类了解周边事物的起源与演化[2]。

为此,笔者从地理过程角度来探索海岛旅游产品开发的一个新方向,将教育与旅游充分结合。为海岛旅游注入新的生命力,弥补海岛旅游产品的季节性问题,以期促进海岛旅游的可持续健康发展。

---

①　林敏,男,浙江师范大学地理与环境科学学院研究生;马远军,男,浙江师范大学地理与环境科学学院副教授。

二、地理过程

(一)地理过程的概念

目前对于地理过程的概念,不同的学者有不同的定义。有学者将地理过程定义为:在可感知的和可测量的基础上,按照不长的时间尺度即时段的长短,建立依照时序各类地理性质的表现,而后把这些性质放在某个规定的范畴中进行分析,得到在纵向上的表现规律。袁孝亭教授认为地理过程是指地理事物和现象随时间的推移而出现的动态变化过程。李春红认为地理过程是指地理事物和现象发生演变的过程,强调陆地表层系统地理事物和现象随时间的变化特征[2]。

但虽然学者们给出的定义不尽相同,但都认为地理过程是在时间维度的基础上来研究地理学的,并阐述地理事物随时间变化的一种动态变化过程。

(二)地理过程及其分类

地理过程依据研究对象的要素特征可分为自然地理过程和人文地理过程。具体又可以将其分为地貌过程、水文过程、气候过程、生态过程、人口空间过程、空间经济过程、基础设施过程和社会文化过程等。虽然从地理学本身出发地理过程很多,但以上是具有重要地理意义的主要地理过程。上述地理过程有一个显著的共同点即与地球表层关系紧密,是陆地表层系统最基本的地理过程。按机制又可分为物理过程、化学过程、生物过程和人文过程等[2-5]。

(三)地理过程旅游产品及其特征

地理过程旅游产品就是对地理过程的产物以及过程进行开发、设计、组合、包装,模拟和展示地理过程,把地理过程知识和旅游广泛的结合起来,使旅游者在旅游过程中增进地理知识与技能的,开放的旅游产品。其特征是:

1. 教育科普性

地理过程旅游产品,最大的特点是具有教育性,它没有割裂地理事物在时间尺度上的联系,使游客了解动态的地理演化,掌握地理事物演化规律,增进对地球的了解。同时,中学地理教学过程中,地理过程的教学可以培养游客逻辑思维和非逻辑思维相结合的习惯,这样就具有了极高的教育价值。但由于中学教学的教学手段受到了种种限制,不能运用多种且较为直观的教学手段进行地理过程教学,而开发地理过程旅游产品正好解决了该限制,可以起到辅助教学的功能。因此地理过程旅游产品属于教育旅游产品的一种。

2. 时间连续性

地理过程是地理事物在时间上的演化过程,其旅游产品通过对时间的浓缩和控制,完整展现地理事物时间上的变化过程。可以为大尺度时间和小尺度时间的地理事物动态过程。这种不是单一地描述某种地理过程产物的旅游产品,从时间上丰富了产品的内涵,改变了目前许多旅游产品以外在表现为主要看点的开发模式。

3. 资源丰富性

地球陆地表层系统在历史的演化过程中，地理过程处处都在发生，时时都在发生，因此地理过程资源十分丰富。但不同的地理位置地理过程存在差异，其产物也多种多样，使得局部地域形成了独特而具有吸引力的旅游资源。

4. 市场稳定性

目前一些旅游产品涉及了许多地理过程的展示和演绎，深受游客喜欢。虽然处于初级阶段，但已经拥有了一个稳定的市场。随着游客对旅游体验的追求，其具有很大的市场前景。地理过程旅游产品结合不同的元素，对游客具有较高的吸引力。如各大城市博物馆和主题展览馆，如地质博物馆展现地形地貌和矿物的地理演变过程、城市展览馆展示城市的历史变迁、天文博物馆展示宇宙的历史演化等等。除此之外各类主题公园也陆续建设了相关的旅游产品，比如横店梦幻谷的“模拟地震”、“暴雨山洪”、“梦幻太极”等旅游产品。

5. 季节均衡性

地理过程旅游产品是向游客展示时间跨度较大的地理现象，因此受到短时天气影响十分小。

三、基于地理过程的海岛旅游产品开发的优势分析

海岛是一个特殊的海洋资源和环境的复合区域，具有海洋和陆地的特征，有“第二海岸带”之称[6]。海岛是地理过程的微缩环境、受外界影响小，因此是开发地理过程旅游产品的首选场所。

（一）地理过程资源丰富

海岛具有海洋和陆地的双重性质。就自然地理过程而言，由于兼具陆地与海洋的特征，其空间地貌类型丰富、生物物种多样、气象景观独特等等，但由于岛屿面积较小，因此可观察到的地理过程相对集中。而且海岛上的某些地理过程具有独特性，如珊瑚岛的形成、侵蚀海岸、火山岛等等。就人文地理过程来说，其资源也相当丰富，尤其是其海洋经济活动过程中的人文地理过程。

（二）地理过程高度集聚

我国质量技术监督局发布的《海洋学术语海洋地质学》中对海岛的定义，即“散布于海洋中面积不小于500平方米的小块陆地（小于500平方米的称为海礁）”。但由于其地理过程资源丰富，因此，海岛就像是观察地理过程的微缩空间。可以向游客集中地展现地理过程。

（三）受外界影响程度小

海岛受到海洋的隔绝，受到外来物种的影响较小，因地理过程产生的结果较为典型和简

单。同时随着人类对自然环境影响的加剧,在人类活动密集的区域,自然环境破坏严重,地理过程变得无法识别。

四、基于地理过程的海岛旅游产品开发设计

(一)产品开发策略

由于地理过程资源在海岛上的分布不均,因此在开发这种资源并将其制作成旅游产品需要经过详细的开发策略。

1. 科普内涵大众化

充分挖掘地理过程产物的时间演变过程,并把通过调查记录和收集到的资料进行系统化的整理总结。并为了迎合旅游市场,把复杂和专业的地理过程简单化和大众化,使游客可以在原有的认知基础上接受地理事物反映出的地理过程,明白该事物的产生、发展、消亡的时间演变过程[7-8]。

2. 考察游线舒适化

由于地理过程产物在海岛上不均匀分布,以及海岛地形的起伏较大。在考察游线的设计上要注重游客的舒适体验以及安全性。做到猎奇与舒适的平衡。在游线的设计上采取立体化的手段,结合海空、海岛、海洋、海底。设计热气球观光、直升飞机观光、滑翔观光、徒步观光、自行车观光、缆车观光、游艇观光、潜水观光等等。此外,完善旅游资源的连接通道,现实可进入性[7-8]。

3. 展现手段多样化

地理过程在地球表层系统复杂多样,因此在展现手段上要注重多样化,除了实地的考察之外,还需要通过实验模拟再现地理过程,图文影像和地理展馆展示地理过程产物,以及通过情景模拟提供参与性的旅游产品[7-8]。

4. 解说系统形象化

地理过程旅游产品具有较高的科普价值和环境教育功能,因此解说系统的设计与完善就显得十分重要。这需要多样化的解说以达到旅游产品与游客之间的交流。这些手段主要可以分为标牌系统设计、旅游指南设计以及导游解说等来实现。

5. 规划产品组合化

海岛是具有自然价值和人文价值的多元价值的场所,因此在设计地理过程旅游产品时,需要注重产品的组合化开发,将自然地理过程和人文地理过程相互结合,丰富旅游产品的内涵,扩大旅游产品的吸引力[9]。还可以开发以地理过程为主的旅游度假型产品,如面向中小学生的假期旅游和大学生的野外调查等等。

(二)海岛地理过程旅游产品开发方式

根据地理过程内容的不同,采用游线考察、地理实验、地理展馆、舞台演绎、图文影音等

方式展现地理过程。

1. 游线考察

将典型的地理过程结果或产物,通过一定的顺序进行组合,以空间展现地理过程的时间变化。由于地理过程作用时间长短不同,因此,地理过程产物的结果便现出一些先后的顺序,通过有规律地考察,了解该地理过程的规律,以及地理事物的发展趋势。比如在海岸过程,海岸演化初期:岸线曲折→末期:海岸趋于平稳,形成平直的基岩磨蚀夷平岸;河流演化过程,分幼年期:河流下切侵蚀强,横剖面呈"V"字→壮年期:谷坡渐渐减缓→老年期:河谷展宽蜿蜒曲折。

因此,在设计旅游线路的同时要考虑海岛地理过程的次序,以地理空间组合地理过程中同一事物的不同过程,使游客了解其中的地理过程,具体产品如表1。

表1　游线考察海岛旅游产品

地理过程		产品名称
自然地理过程	气候过程	古地理气候(岩石剖面观察、土壤剖面观察)、天气系统(降水过程)
	地貌过程	海岸演化(基岩海岸、沙质海岸、淤泥海岸、生物海岸)、河流地貌演化(河漫滩、冲积平原、河口地貌、河流阶地)
	水文过程	河流演化(河床)、水蚀地貌、海蚀地貌、风蚀地貌、冰蚀地貌、潮水涨落
	生态过程	物种进化、物种入侵遗迹产物考察、赤潮过程
人文地理过程	人口空间过程	人口迁移、人口集聚和疏散
	经济空间过程	农业生产活动、工业生产活动和城镇化过程(老城区 →新城区)
	基础设施过程	交通设施、通讯设施、能源设施、水利设施的建设过程
	社会文化过程	政治活动、社会活动、宗教活动和文化活动(形成、发展、消亡)的遗迹

2. 地理实验

以趣味实验展现地理过程,探究海岛地理事物的发生、发展和消亡过程。主要是设计地理模拟实验,模拟实验展现时间跨度较大的地理过程。在具备科普性的同时也考虑实验的趣味性和操作性,如表2。此外,还可将这些实验仪器简化和缩小,以至于可以进行中小学教学辅导。

表2　地理实验海岛旅游产品

地理过程	产品名称
气候过程	海陆风形成实验、温室效益模拟、锋面模拟实验、城市热岛效应模拟
地貌过程	火山喷发模拟实验、河流地貌发育模拟、水土整治实验、海岸地貌发育模拟、土壤形成模拟
水文过程	水循环模拟、降水实验、酸雨实验、洋流模拟、洪水模拟、水动力模拟
生态过程	水土流失过程及治理、海水富营养化
天文过程	地球运动证明、太阳活动观测、太阳高度变化观测

3. 地理展览馆

以动画模拟、实物展示、文字解说等形式在展览馆中了解过去发生的地理历史过程，预测未来将要发生的地理现象。主要指在海岛难以进行直接观察到的地理过程，以及珍贵的地理过程产物。如海岛城市的历史变迁、海岛人口的迁移、灾害过程（台风、泥石流）等等。

4. 情景模拟

通过营造人造景观模拟地理过程，如模拟海岛村落遭遇暴雨洪水，营造海岛发生暴雨，然后形成洪水，以展现地理水文过程；通过模拟机器使人感受地理过程，如海岛地震模拟器，让游客感受地震来临前后的感受及海啸；通过主题舞台剧的形式展现地理过程，如生物演化过程，以主题舞台剧的形式向游客展示生命最初是在海洋诞生，然后随时间推移物种的进化过程，如表3。

表3 情景模拟海岛旅游产品

地理过程		产品名称
自然地理过程	气候过程	全球变暖主题舞台剧
	地貌过程	火山喷发、板块运动
	水文过程	降水工程、洪水过程、洋流过程模拟
	生态过程	海岛生物入侵、海洋生物主题舞台剧
人文地理过程	人口空间过程	海岛人口集聚与扩散
	经济空间过程	海洋渔业、海岛城镇化
	基础设施过程	海岛基础设施建设
	社会文化过程	政治活动、社会活动、文化活动和宗教活动的演变

5. 图文影音

将海岛著名的景点的形成以及相关的人文资源进行整合，制作精美的科普旅游纪念册、地理过程影像。展现海岛地质地貌、人文风情、历史变迁等等。同时，还可以为中小学教育开发课堂模拟视频。

（三）海岛地理过程开发——以海岸地貌为例

根据海岸物质组成可将海岸划分为基岩海岸、沙质海岸、淤泥质海岸和生物海岸。海岛作为地理过程的微缩环境，其海岸类型也较丰富。如舟山群岛桃花岛，整个群岛属于低山丘陵地貌类型，海岸地貌类型丰富，主要以基岩海岸和沙质海岸为主。

首先通过讲解、图片和视频等方式，让游客了解基岩海岸和沙质海岸类型及其演化。以游艇、徒步、骑车等工具，在经过设计的游线上，让游客亲自考察海岛上的海蚀穴、海蚀拱桥、海蚀柱、海滩海岸、沙丘海岸、海蚀崖等海岸地貌。将静态的海岸地貌，通过空间的变化营造出时间上的海岸地貌发育。

此外，沙质海岸还是诸多地理过程展现的首选场所。在平坦的沙滩上，观察沙滩径流展现河流的演变过程；观察潮水了解潮汐过程、赤潮过程、波浪过程等。针对中小学生，在沙滩上开展诸多趣味地理实验,如海陆风形成、海陆水循环模拟、水土整治实验等等。夜晚,通过舞台剧演绎海洋生物演化、渔业文明的形成和发展、通过道具展现海啸过程。

五、结论

地理过程知识是时间维地理学的重要方面,在初中地理教学和地理空间分布教学,以及对人们认识周边事物都具有重要的作用。本文将地理过程旅游产品定义为对地理过程的产物以及过程进行开发、设计、组合、包装、模拟和展示地理过程,把地理过程知识和旅游广泛的结合起来,使旅游者在旅游过程中增进地理知识与技能的,开放的旅游产品。它具有教育科普性、时间连续性、资源丰富性等特点,是旅游产品开发的一个新的方向和趋势。

笔者分析海岛是地理过程微缩环境、受外界影响小,是开展地理过程旅游资源开发的首选场所。笔者提出科普内涵大众化、考察游线舒适化、解说系统形象化、规划产品组合化等开发策略,将地理过程知识融入旅游产品。根据地理过程的种类,将海岛地理过程分为:地貌过程产品、水文过程产品、气候过程产品、生态过程产品、人口空间过程产品、经济活动过程产品、基础设施过程产品和社会文化过程产品,根据内容的不同采用游线考察、地理实验、地理展馆、舞台演绎、图文影音等方式展现地理过程。

参考文献

[1]　周国忠. 海洋旅游产品调整优化研究——以浙江省为例[J]. 经济地理,2006,26(5):875-883.

[2]　李爽. 地理过程知识教学研究[D].[硕士学位论文],长春:东北师范大学,2010.

[3]　刘慧,金凤君,王传胜. 人文地理过程内涵辨析与模拟探讨[J]. 人文地理,2010,25(4):7-11.

[4]　冷疏影,宋长青. 陆地表层系统地理过程研究回顾与展望[J]. 地球科学进展,2005,20(6):600-606.

[5]　李俊波,王静爱,华珞,等. 区域地理过程课堂可视化的研究——以洞庭湖地区洪水过程与减灾情况为例[J]. 首都师范大学学报(自然科学版),2003,24(3):97-103.

[6]　陈可文. 中国海洋经济学[M]. 北京:海洋出版社,2003:101-106.

[7]　谢朝娟. 腾冲火山国家地质公园旅游产品深度开发研究[D].[硕士学位论文],成都:成都理工大学,2010.

[8]　吴文智,庄志民. 体验经济时代下旅游产品的设计与创新——以古村落旅游产品体验化开发为例[J]. 旅游学刊,18(6):66-70.

[9]　李晶,王秀兰长白山自然保护区科考旅游开发研究[J]. 北华大学学报(社会科学版),2002,3(2):73-75.

海洋旅游高端化发展研究

——以宁波市为例

苏勇军①

摘　要　21世纪是海洋经济时代。海洋旅游业依托海岸带、海岛及海洋各种景观资源，是区域海洋经济的主导产业之一。但目前，我国的海洋旅游仅限于国内市场，真正意义上的滨海国际旅游客源市场份额较小；旅游的目的是以游览观光和休闲娱乐为主，度假游客不是主要群体，高端市场规模尚未形成。本文在分析高端海洋旅游发展的背景与意义，宁波市发展高端海洋旅游的基础和条件的基础上，指出宁波海洋旅游应该瞄准区域高端旅游消费市场，推进高端海洋旅游建设，推动海洋旅游产业结构调整和提档升级，大力开发邮轮、游艇、高档海岛休闲度假区等高端海洋旅游项目。

关键词　海洋经济　海洋旅游　高端发展　宁波市

引言

滨海旅游作为全球现代旅游增长最快的领域是从20世纪70年代开始，而中国滨海旅游业的蓬勃兴起是在20世纪90年代。进入21世纪以来，滨海旅游业保持强劲的增长态势，2006年，我国海滨旅游业收入位居世界前列，全年收入4706亿元，增加值2400亿元，比上年增长17.6%；2007年全年滨海旅游增加值3242亿元，比上年增长19.9%，滨海旅游业迅速成长为我国海洋经济的支柱产业之一。2009年12月，国务院42号文件中把推动北部湾经济区建设上升为国家战略，其中发展海洋旅游成为重头，2009年底，国务院44号文件全面提出海南国际旅游岛建设，开始了中国海洋时代旅游发展的新篇章。

浙江已确立“旅游强省”的建设战略，宁波市也把战略目标确定为“以海洋旅游为特色的国内一流的旅游目的地”，海洋旅游将是其有机组成和新增长点。着力、优先发展高端海洋旅游既是顺应海洋旅游发展特点与态势所需，也是宁波市发挥区位与资源优势，响应海洋旅游客源对中高端产品的需求所在。本文分析了高端海洋旅游发展的背景与意义，宁波市发展高端海洋旅游的基础和条件，提出了宁波培育壮大高端海洋旅游业的基本思路及若干建议。

---

①　苏勇军，男，宁波大学中欧旅游与文化学院副教授，博士，硕士生导师。

一、宁波市海洋旅游高端化发展的可行性与必要性

国务院2011年2月底正式批复《浙江海洋经济发展示范区规划》,标志着浙江海洋经济发展上升为国家战略,为浙江海洋经济发展带来了前所未有的战略机遇。宁波位于我国长江发展轴和沿海发展轴"T"字形交汇处,是浙江省海洋经济发展示范区的核心区,在促进浙江海洋经济发展中具有重要的战略地位。宁波市海洋旅游资源品种丰富、类型多样,自然与人文资源兼备,不仅拥有海岛、沙滩、奇岩、滩涂等自然风光和海上丝绸之路、浙东渔民俗、海防等文化资源,还拥有北仑港和杭州湾跨海大桥等一流的现代建设成就,并辅以良好的经济发展态势和区位交通优势,为宁波市海洋旅游高端发展提供了充足的条件。

宁波旅游发展"十二五"规划提出,把宁波市建设成为以海洋旅游为特色的国内一流的旅游目的地。围绕这一目标,宁波市正在有计划地开发宁波海洋旅游资源,推出一批兼具山海特色、海洋文化底蕴深厚、适应现代海洋旅游度假需求的旅游高端产品,与上海都市旅游和杭州西湖山水形成鼎足之势,努力实现建设旅游强市和国际港口旅游名城的宏伟目标。基于此,我们认为,宁波海洋旅游在追求传统"3S"的同时,更需注重"3N(去大自然 Nature 让自己处于大自然和谐完美的怀恋 Nostalgia 中,从而使自己的精神融入人间天堂 Nirvana)"的追求,以弥补自身的阳光、水质等相对不足。而"3N"多为高端旅游产品,这就要求宁波海洋旅游业的发展必须坚持高的起点,着重于高端产品的建设。

二、宁波市海洋旅游高端化发展的战略定位与战略选择

(一)宁波海洋旅游高端化发展的战略定位

宁波旅游发展"十二五"规划提出要把宁波市建设成为以海洋旅游为特色的国内一流的旅游目的地。围绕这一目标,宁波市应充分发挥"港、桥、渔、滩、岛、景"等资源综合优势,利用好民营经济强大、市场机制发达、改革创新走在前列等有利条件,加强高端旅游产品体系的开发及其配套设施设备的建设,不断提升多元化复合型海洋旅游形态。加强高端海洋旅游目的地的整体规划、总体建设与包装宣传,培育引进国内外优秀旅游开发商、运营商、代理商和资讯集成商,积极形成以海洋旅游业为核心的多要素、多层面产业一体化新形态,力争成为长三角区域乃至中国海洋旅游高端产品先发地。

(二)宁波市海洋旅游高端化发展的战略选择

1. 国际化战略

宁波海洋旅游高端化发展定位于国际化战略,建设具有国际竞争优势的新型旅游产品,完善具有国际化水准的旅游服务设施系统,提高旅游产业的开放性和自由化程度,使宁波海洋成为长三角地区的重要海洋旅游目的地,可重点从打造国际化旅游产品、塑造国际化旅游服务、建设国际化旅游企业等几个方面入手。

2. 品牌化战略

品牌是给拥有者带来溢价、产生增值的一种无形资产。宁波海洋旅游的品牌战略是指通过打造符合旅游需求的、先进性的海洋旅游精品品牌，提升宁波海洋旅游在游客心中的形象，提高竞争力、增强吸引力、形成品牌价值并最终转化成旅游产业生产值。

3. 一体化战略

长三角地区具备发展海洋旅游的资源、需求、区位和产品四大优势，是重要的旅游目的地和客源地。作为现代服务业的旅游业是与其他行业的广泛融合、相互渗透，形成了多样化的产业新形态。因此，宁波海洋旅游要跨越行政界线，加强与浙江沿海其他城市、上海、苏南区域间的旅游联动与合作，建立旅游协调机构，联合编制区域旅游发展总体规划，推进旅游产业要素配置、旅游信息、旅游交通、市场营销、行业管理一体化，共同放大同城效应。

4. 创新化战略

建立一流的海洋旅游高端区，需制定科学的产业创新升级体系，以先进产业为龙头、以科技创新为动力、以高端人才为引领，加快从外延扩张向内生增长转变，从资源依赖向创新驱动转变。通过产品创新体系，优化宁波海洋旅游产品整体结构，实施旅游精品工程，促进旅游产业转型与升级，提高旅游业竞争力。

5. 可持续战略

沿海地区生态系统脆弱，不合理的旅游开发活动将造成环境的破坏，因此，为了确保海洋旅游的可持续发展，必须将旅游环境与资源保护放在首位，旅游区环境保护与旅游景区建设要做到科学规划、适度开发，要重视旅游区内硬环境与软环境的双重治理，尽量减少旅游活动对海洋资源、环境的破坏和污染，使滨海区域的海洋经济与海洋资源、环境系统相互协调。

三、宁波市海洋旅游高端化发展的基本思路

(一)优化区域海洋旅游产业空间布局

在全面贯彻实施《浙江海洋经济发展示范区规划》、《宁波市旅游业发展“十二五”规划》、《宁波市“十二五”海洋经济发展规划》的基础上，重点规划建设“$1+1+2+n$”海洋旅游目的地，即1带——宁波海洋旅游黄金海岸带；1核——象山港湾海洋旅游产业核；2翼——杭州湾大桥南部海洋旅游产业翼、象山半岛海洋旅游产业翼；n 板块——依托宁波沿海城市或岛屿，形成多个各具特色的海洋旅游板块(表1)。

表 1　宁波海洋旅游高端发展空间布局一览表

<table>
<tr><th colspan="2">区域名称</th><th>区域范围</th><th>重点依托资源</th><th>产品类别细分</th></tr>
<tr><td colspan="2">1 带：宁波海洋旅游黄金海岸带</td><td>宁波东部沿海区域</td><td>杭州湾跨海大桥与周边湿地、镇海海防文化、北仑港口资源、群岛旅游资源、游艇旅游基地、渔民俗文化</td><td>海洋风情观光游、海岛休闲度假游、海洋文化修学游、海洋美食游</td></tr>
<tr><td colspan="2">1 核：象山港湾海洋旅游产业核</td><td>象山港海域、宁海沿海、奉化沿海等</td><td>长三角高端游艇基地、强蛟群岛、宁海湾、野营度假旅游区</td><td>高端游艇度假游、海岛体验游</td></tr>
<tr><td rowspan="2">2 翼</td><td>杭州湾大桥南部海洋旅游产业翼</td><td>杭州湾新城、滩涂区域</td><td>杭州湾跨海大桥及周边人文景观（万桥博物馆、观光塔）、大桥文化节、杭州湾滨海湿地公园</td><td>世界工程奇观观光游、修学旅游、湿地生态观光休闲游</td></tr>
<tr><td>象山半岛海洋旅游产业翼</td><td>象山东面沿海</td><td>松兰山海滨旅游度假区、石浦渔港、中国渔村、渔山列岛</td><td>滨海观光休闲游、高端度假游、渔民俗体验游</td></tr>
<tr><td colspan="2">n 板块</td><td colspan="3">依托宁波沿海区域（梅山保税港区、春晓滨海新城、宁海湾旅游度假区、杭州湾新城、石浦港新城、沿象山港新城、大目湾新城、象山影视城等）或岛屿（强蛟群岛、阳光海湾群岛、花岙岛、檀头山岛、三门湾满山岛、盘池山岛等），形成多个各具特色的海洋旅游板块</td></tr>
</table>

（二）构建完善的海洋旅游产业体系，推进高端旅游精品建设

促进海洋旅游产业与其他产业的进一步融合发展，形成形式多样、特色鲜明的多元旅游业态。

——海洋会展产品：会议　专业展

——海洋文化产品：品质　差异　特色

——海洋创意产品：想象　灵感　创意

——海洋活动产品：类型　系列　特色

——海洋体育产品：水上运动　高尔夫　专业训练

——海洋生态产品：环境　物产　体验

——海滨温泉产品：康体　康疗　康乐

——滨海疗养健身产品：传统与现代

——海洋农林渔业产品：文化型　增值型　休闲型，形成旅游农业、休闲渔业、观光药业等。

——邮轮游艇产品：母港　邮轮公司　接待体系　后续效应

——海洋旅游金融产业、保险业：阶段发展　整合联动

——海洋旅游传媒产业：多样化　多元化　规模化

——滨海自驾车产品：服务系列　突出特色

——海洋旅游装备制造业：配套发展　技术领先　规模推进

——海洋休闲房地产品：酒店房产　休闲房产　景观地产　文化房产

根据高端旅游发展特征与趋势，重点培育"中国宁波 · 八大游"品牌，即海洋休闲度假旅游、海洋文化旅游、海洋节庆旅游、海洋会展旅游、海洋邮轮游艇旅游、海钓休闲旅游、滨海高

尔夫旅游、海洋主题公园旅游8个专项海洋旅游产品。

(三)深挖海洋文化,丰富产品内涵,打造海洋旅游黄金线路

挖掘文化是丰富海洋旅游产品内涵、营造景区特色、扩展度假区吸引物的重要途径。如国外游客到巴厘岛度假休闲的主要目的之一就是去领略其浓郁的地方特色文化;以草裙舞等为代表的土著文化更是成为夏威夷海滨度假赖以成名的主要吸引物之一。

宁波海洋旅游业发展应注意挖掘渔家民俗文化、海洋渔业文化、海洋军事文化、海洋商业文化等内涵,构建形式多样的海洋文化旅游产品体系,如海岛远古文化游、徐福文化游、海上丝绸之路文化游、海洋民俗风情文化游、海洋渔业文化游、海洋饮食文化游、海洋历史文化游、海洋军事文化游、海洋体育竞技游、海洋景观生态游、荒岛探险游等。在此基础上,加强对各类海洋旅游产品的整合,形成华东区域黄金海岸旅游线:由杭州湾跨海大桥进入"城市森林"——余姚镇海沿线的四个全国重点文物保护单位(河姆渡、上林湖、保国寺、镇海口)和三个历史文化名镇(鸣鹤、慈城、梁弄)——"世界第七水城"(东钱湖)和现代国际港城——象山港"休闲港湾"——象山港跨海大桥——象山半岛"多彩海洋"。[4]同时加强对高品位、高质量的集参与性、娱乐性、趣味性、文化性于一体的特色旅游项目的创意与营造,增强吸引力,使游客在旅游过程中得到多方位的陶冶,从而使宁波海洋旅游业达到一个新层次。

(四)积极推进海洋旅游产业集群化发展

加大宁波海洋旅游资源整合,按照"布局优化、资源共享、优势互补、区域联动"的要求,以城镇/岛屿为中心,以资源为依托,以项目为支撑,实施产业集群战略,加快旅游产业集群化发展,要以"象山港海洋旅游休闲产业集聚区"、"杭州湾大桥南部海洋旅游产业集聚区"和"象山半岛海洋旅游产业集聚区"为核心,大力发展大旅游集群,实现以海洋休闲度假旅游核心产业为基础,聚集各种旅游产业要素,融合旅游关联产业,实现资源共享、信息互通、设施共用、功能互补的一种新型的企业空间组织形式。

四、宁波市海洋旅游高端化发展对策

(一)实施政府主导型战略,调动各方面积极性

政府主导型战略的核心是坚持实施政府主导,调动各方面积极性,发动全社会办旅游。宁波市海洋旅游高端化发展过程中:首先,加强机构建设,完善管理体制,发挥协调职能。其次,健全海洋旅游政策法规体系。最后,规范海洋旅游秩序,创造文明有序的经营环境。

(二)创新海洋旅游营销思路,拓展市场空间

强化旅游宣传促销,创新海洋旅游营销思路,是进一步提高宁波海洋旅游高端产品的知名度、美誉度和市场占有率的有效途径。首先,推动城市居民滨海休假旅游。延伸"宁波人游宁波"活动,开展海洋产品的研发和旅游形象的推广。其次,办好海洋类系列节事活动。

要在中国开渔节、中国开游节、港口文化节等品牌节庆基础上，整合各县(市)区丰富的节庆资源，形成终年不断的海洋节庆活动。再次，利用展览会、交易会、推介会进行宣传促销。最后，充分利用报纸、电视、网络等公众媒体，宣传海洋旅游景点、重大旅游活动和精品旅游线路。

(三)改善财政金融环境，拓宽海洋旅游融资渠道

当前宁波市应密切关注海洋旅游产业链薄弱环节，为包括旅行社、酒店等在内的各类旅游企业提供更多的融资支持，推动旅游资产证券化，积极发展旅游信托基金、旅游租赁服务公司；也可与金融机构协调，为游客提供更加便利的金融服务。为此应进一步健全海洋旅游融资担保体系与金融政策体系。

(四)推进海洋旅游区域一体化，提升海洋旅游高端发展水平

加强市内外旅游合作，以政府为主导、以企业为主体、以产品为基础、以市场为纽带，大力推进旅游跨地域、跨景区的协作，不断提升宁波海洋旅游高端发展水平。首先，宁波、舟山两市旅游部门应以大桥贯通为契机，推动两地海洋旅游一体化进程。其次，实施区域协作战略，强调与沪、杭、台、温等开展多层次、全方位、网络化的联合协作，共同构筑“沪杭甬舟”环杭州湾的“东海海洋休闲旅游圈”，实现海上无障碍旅游，共同推进长三角旅游一体化建设。

(五)加强海洋旅游资源保护，建设海洋自然保护区

海洋旅游的持续发展依赖于海洋资源的合理开发及海洋环境的良性循环。长期以来，偏重资源开发，忽视环境保护与治理的海洋开发活动使得海洋资源破坏、环境恶化明显，因此，海洋旅游资源环境的保护与管理，将成为宁波海洋旅游高端化发展工作的重要内容。首先，合理确定海洋旅游资源开发容量，保持生态环境良性循环。其次，加强海洋环境保护，有效控制、处理各种废弃物和污染物。最后，建立各级海洋/海岛自然保护区，加强宁波海域重要经济动植物繁殖与栖息地保护，维持海洋特有生境与生态系统。

(六)推进人才强旅工程，构建旅游产业的人才梯队

把培养海洋旅游高端人才纳入市人才工程，坚持培养与引进并重，数量与质量并举，构建旅游产业的人才梯队。抓好海洋旅游教育，建立实训基地，扶持海洋旅游专业或相关专业建设。利用旅游淡季加强岗位培训，提高从业人员素质。建立旅游人力资源信息库，定期举办旅游人才招聘交流会等。

参考文献

[1] 宁波市旅游发展规划课题组．宁波市旅游发展规划[M]，北京：中国旅游出版社，2005.

[2] 苏少敏．新世纪宁波海洋旅游业发展的战略目标和重点[EB/OL]．[2006－4－8]．http://fz.ningbo.gov.cn/detail_13448_48.html.

[3] 王莹．旅游市场旅游消费的不断变化对区域旅游产生的影响[J]，地域研究与开发[J]，1995

(2).
[4] 马丽卿．海洋旅游产业理论及实践创新[M],杭州:浙江科学技术出版社,2006.
[5] 李隆华,俞树彪．海洋旅游导论[M],杭州:浙江大学出版社,2005.
[6] (美)派恩,(美)吉尔摩著;夏业良等译．体验经济(修订版)[M],北京:机械工业出版社,2008.
[7] 马丽卿,郭旭．浙江海洋旅游行知书[M],杭州:杭州出版社,2009.
[8] 崔凤军．中国传统旅游目的地创新和发展[M],北京:中国旅游出版社,2002.
[9] 郭鲁芳．海洋旅游产品深度开发研究——以浙江省为例[J],生态经济,2007(1).
[10] 陈民宪．对宁波打造中国旅游节庆名城的思考[N],中国旅游报,2007-12-12(13).
[11] 苏勇军．海洋世纪背景下宁波海洋旅游发展研究[J],科技与管理,2011(1).

滨海绿道旅游产品开发

储汪生[①]

摘　要　滨海绿道开发由来已久,是很重要的一种绿道类型。但是目前关于滨海绿道的研究却十分的有限。同时滨海绿道在建设过程中存在着千篇一律,破坏生态等问题。故本文提出了滨海绿道的概念、功能,并结合不同海岸线的特征以及滨海独特的旅游资源,对滨海绿道的类型进行总结。在此基础之上将滨海绿道旅游产品划分为观光型产品、公众活动产品、休闲体验产品和水体游憩产品,从而构建滨海绿道旅游产品体系。最后得出滨海绿道不仅仅是连接景区等节点的纽带,更是重要的旅游吸引物。

关键词　滨海　绿道　旅游产品开发

一、前言

21 世纪是海洋的世纪,海洋已经成为世界旅游业发展最快的地区之一。海滨旅游作为海洋旅游的重要组成部分发展迅猛,一些海滨已经成为世界重要的旅游目的地[1]。随着我国对海洋资源的重视不断加深,以及人们对海洋旅游资源的渴望,海洋旅游正在朝着一个辉煌的时代迈进。

但同时滨海地区生态系统脆弱,任何对自然环境和生态系统的干扰都可能对长期稳定产生严重后果[2]。旅游在开发过程中,对海岛区域的土壤、水体、海岸线、植被等生态环境都会产生重大的影响。首先是水体污染,在加勒比海、地中海等开发比较早的岛屿,由于淡水资源比较缺乏,旅游用水供需矛盾尖锐。在东南亚的一些地区,地下水过度抽取已引起海水入侵,严重威胁地表植物生长,居民和旅游者的生活饮水需要通过船运才能解决[3]。由于旅游开发,近海陆地植被大量砍伐,土壤直接遭受海洋风暴的侵蚀,破坏了海岸带生态系统的平衡。旅游基础设施和旅游项目的开发对珊瑚系统产生大规模的影响。加勒比海地区,过去 20 至 30 年间,污染物排放加剧了水体富营养化,影响了珊瑚生存,珊瑚观光游受到严重影响[4]。在热带和亚热带地区,旅游导致红树林大量砍伐,河口湾被疏浚或填围,红树林生态系统和河口生态系统破坏严重。同时大量旅游者的涌入会产生大量的生活垃圾,严重超过了区域内海洋自净能力。所以在海岛旅游业蓬勃发展的同时,生态问题如影随行。

自从绿道这一思想诞生起,它就具有保护生态、为旅游者提供休闲旅游的功能,并在众

---

①　储汪生,男,浙江师范大学地理与环境科学学院硕士研究生。

多地方进行具体的实践,无不证明着它巨大的价值。英国在工业革命之后,一跃成为世界头号经济强国,殖民地遍布全球。但是工业革命同时也带来众多问题。19 世纪的伦敦,处于工业化快速发展阶段,也是全球闻名的“雾都”。当时伦敦郡的议长罗斯伯里伯爵忧心忡忡:“非常严峻的事实是,几百万人在这条壮丽的河边犹如遭受灾难般的沮丧……”[5]到 1929 年大伦敦区域规划委员会制定了《伦敦开敞空间规划》,引入了绿化隔离带的概念。用绿色的项链串联起了生态空间,有效地解决了城市污染严重、生活拥挤等问题,充分起到了保护城市生态结构、功能,保护生物的多样性以及为居民提供休闲游憩场所的作用[6]。

正是基于这样的目的,我国绿道也正在如火如荼的建设,诸如海南、广州、青岛等地。虽然这些地区的绿道规划过程中都涉及滨海地区的绿道建设,但是对于滨海绿道的研究却鲜见于文献。

二、相关概念解析

(一)绿道概念

现代绿道发源于美国和欧洲,从注重景观功能的林荫大道到注重绿地生态网络功能的生态廊道,现代绿道的发展已经历了两个多世纪的演变[7]。虽然现代绿道理论是由西方传入中国的,但是中国的绿道思想却可以追溯到公元前 1 000 多年的周代,一直是历代王朝与自然协调相处的重要思想。古代中国绿道主要从防风固沙和防止水土流失等保护自然环境的目标出发,注重线性景观单体。虽然对于绿道的解释有很多版本,如美国总统委员会认为:一个充满生机的绿道网络,是居民能方便地进入他们的住宅附近的开放空间,使整个美国在景观上能将乡村和城市空间联系起来,就像一个巨大的循环系统延伸穿过城市和乡村[8]。但这些概念总体上都是大同小异,基本上都认为绿道是一种线性的绿色开敞空间,包括人工和自然的廊道,并且为人们提供休闲、娱乐的场所。

(二)滨海绿道的概念

滨海地区最具有魅力的部分却是在海岸线,这里有迷人的阳光、沙滩、海洋(3S)。而滨海地区地形复杂多样,平原海岸则分布着平原;山地港湾海岸分布着丘陵山地;生物海岸则以海滩为主。同时拥有丰富的旅游资源和滨海城市。本文需要对滨海绿道的概念进行解释,它是沿着蜿蜒的海岸线所建立的绿色通道,并且将周围的自然景观、人文景观串联起来,可以供行人和骑车者进入的景观游憩吸引物。

三、滨海绿道的功能

(一)生态功能

绿道的生态功能由来已久,Frederick Law Olmsted 早在 1867 年完成的波士顿公园系统规划时就体现着其生态保护的功能。作为滨海绿道也将在开发和设计的过程中充分体现出生态的功能，只能这样才能有利于海岛旅游业的可持续发展。首先它将会维护自然界的生态过程，保护红树林、珊瑚等植被，从而维护区域内的生态平衡，防止海水对陆地的侵蚀，净化空气等。其次在于为动植物迁移传播提供有效的通道，从而使物种更加便利的进行季节性迁徙、觅食和繁衍，从而增加物种基因交流。根据集合种群理论和岛屿地理学理论，绿道可以减轻景观的破碎化[9]。通过滨海绿道将海岛沿海雨林、沙滩等串联起来，从而构建绿道网络，将会打破以前“岛屿式”的景观。

（二）休闲游憩功能

随着大众旅游的到来，人们出游的动机越来越多样化，但是人们对追求休闲、放松的目的依然没有变，变的是选择什么样的旅游方式去放松身心。正如蔡康永说的一样：“当我在青海湖畔沐浴着微微湖风，一只可爱的候鸟轻轻的落在我的肩上，这一刻我似乎感觉到我和这大自然融为一体。”这也许正是人们亲近大自然、休闲游憩的最佳境界。而滨海绿道正是要将休闲游憩功能体现出来。根据一项调查研究，3/4 的使用者是为了休闲娱乐，20% 的使用者兼有游憩和通勤，不足 7% 的使用者是完全出于通勤[10]。所以滨海绿道具有很好的休闲游憩的功能，旅游者漫步其中，犹如置身仙境，大海肆意地展现着她的美，椰树婀娜的向你撒娇……

（三）教育功能

Lewis 较早的注意到了绿道的教育功能[11]。旅游者置身绿道之中，在休闲放松的同时，必然会接触各种知识，例如潮汐、红树林、海贝等。如果在绿道开发设计过程中注重教育的功能，将大大提高旅游者的兴趣，使得旅游变得更加丰富多彩。尤其是青少年，对外界事物充满更大的好奇，热衷于对新事物的探索与发现。绿道教育功能的体现需要借助必要的手段。首先就是相关指示牌。其二便是旅游解说系统。教育功能不仅仅让旅游者学习到从未接触的知识，同时也促进生态观念的传播，意义重大。

（四）社会文化功能

美国佛蒙特州斯特市市长曾说过：“在游径出现以前人们无论去哪里都得走机动车道。现在人们可以在游径上碰面，聊聊家常。游径打破了收入、年龄、住所的局限，使人们可以自由的交流，同时又保障各自私密的空间。”这位市长的言语中充分体现了绿道具有重要的社会文化功能，滨海绿道的构建将会促进人们之间的交流。同时绿道串联着大部分历史文化遗迹，能激发人们的爱国主义情怀，更具有纪念价值[12]。

四、滨海绿道的主要类型

表1 滨海绿道的主要类型

类型	具体绿道
海洋景观绿道	观海绿道、海上绿道等
植物景观绿道	红树林景观绿道、椰林景观绿道、热带雨林景观绿道等
动物栖息地绿道	候鸟栖息地绿道、鲸栖息地绿道、珊瑚礁绿道等
地质地貌景观绿道	断崖景观绿道等
人文景观绿道	历史遗迹文化体验绿道、渔村风情绿道、少数民族风情绿道、人工绿道等

(一)红树林景观绿道

以红树林为主题的绿道建设开辟水上栈道,使游客置身于红树林之中。以当地渔民出海的码头为基础,修建游艇停靠码头,形成海上绿道,吸引游客从海上观赏红树林。同时还通过游览红树林风光,欣赏红树林中栖息的多种珍贵的动物。并且结合相关标示激发游客兴趣[13]。

(二)动物栖息地绿道

世界上很多岛屿是一些动物栖息的天堂,有很多岛屿的形成跟鸟类的聚集有关。同时一些海洋动物的迁徙也是沿着一定路线进行,如果时间恰到好处、地点又刚刚好,可以在某处的滨海绿道欣赏到成群的海豚、鲸鱼的迁徙。在我国有很多最佳地点观看到鲸鱼的迁徙,如表2。所以根据海洋动物迁徙修建一些观鱼平台和栈道,即丰富了绿道休闲的内容,同时可以增强人类对海洋动物的保护意识。

表2 我国最佳观鲸海岸

区域	具体地点	鲸类
大陆	厦门岛	中华白鳍豚
	黄海和东海海域	小鲳鲸
	长江及沿海地区	江豚
台湾	东部海域	海豚
	西部大陆棚水域	新鼠海豚
		中华白海豚
	花东海域	噱鲸类
香港	大小磨刀洲、龙鼓洲	中华白海豚

（三）渔村风情绿道

通过滨海绿道将沿海以打鱼为生并且极具特色的村庄串联起来，在局部设置休憩接待设施，游客可以驻足观看，可以通过吃渔家乐、住渔家乐参与到当地人的生活中去，体验最真实的渔家生活。同时，游客可以参与当地各种文化中，比如抓螃蟹、垂钓、捕鱼等。这不仅使游客可以领略到纯朴的渔家景色，还能真正的体验地道的渔家生活。

（四）滨海空中绿道

海岸带一些地区生态十分脆弱，有的地方地形危险，如断崖。但是景色迷人。则需要依靠先进的技术开辟空中绿道，从而避免危险和对生态的破坏。同时空中绿道在修建竣工之时，应该种植一些适宜当地生长的植物，让绿色爬满栈道。

五、滨海绿道的产品开发

由于滨海游憩型绿道不再是连接景区的通道，而是发挥着旅游功能的主体吸引物，同时针对不同类型的滨海游憩型绿道，可以开发一系列的旅游产品。如观光旅游产品、康体娱乐产品和公众活动产品等。而滨海游憩型绿道的产品开发，最重要的是对绿道沿线游憩资源的开发。游憩资源主要包括自然游憩资源、人文游憩资源及产业游憩资源。滨海游憩型绿道资源主要包括位于滨海上的风景名胜区、森林公园、郊野公园、特色渔村、沙滩、海滨城市等重要游憩空间。游憩资源作为游憩型绿道这样"线"型路径上的景观游憩"点"，其数量、质量以及分布的均匀度对于游憩型绿道的质量有着关键性的作用。

（一）滨海绿道观光型产品

滨海拥有独一无二的旅游资源，首先带给旅游者的是视觉上的冲击，蓝天碧海、椰树风情、阳光沙滩等。独特的地区在特定的时间与气候情况下还可以看见壮观的海市蜃楼。虽然观光产品属于比较初级的产品，但是如果开发得当，依然魅力非凡。根据不同景观出现的位置，合理的布局绿道路线，同时设置观景平台。主要的海滨观光型产品如表3。

表3　滨海绿道观光型旅游产品

观光型旅游产品类型	具体观光型旅游产品
自然风光类	沙滩风情、碧海蓝天等
气象景观类	海市蜃楼、佛光普照、晴雨时节
人文风情类	历史遗迹、渔家小屋、民族风情、大型赛事
生物景观类	鸟类栖息地 、水生动物栖息地、植物聚集地

（二）滨海绿道公众活动产品

滨海游憩型绿道的建设应该让公众参与其中，这样既能提高绿道的知名度，也是尊重公众的主人翁的权利。绿道内的一些基础设施可以由公众捐赠获得。捐赠人为绿道购买某些物品,例如一定长度的游径、野餐桌、树木等。在特殊节日也可开展绿道开放日,让公众参与建设绿道,如"我为绿道添点绿"植树活动,"绿道添彩"涂鸦活动等等(表4)。绿道设施或建设有了公众的参与,也会吸引公众更加频繁的造访,增强本地居民的自豪感。

表4 滨海绿道公众活动

活动类型	活动举例	具体操作
公益活动	"我为绿道铺贝壳"公益活动	绿道在建设时,可由单位、行业协会组织,在特定时间地点安排此类活动,为一段绿道铺上由贝壳作为材料的路面
	"我为绿道添光彩"文化涂鸦活动	建设涂鸦墙,或专门留出一条游径供儿童青少年、社会人士涂鸦作画,作画内容要以海洋为主题,如海绵宝宝、海尔兄弟等
捐赠活动	"我为绿道添块砖"物资捐赠活动	绿道建设中的某些小型基础设施,如座椅、灯具、垃圾箱或者铺设路面的砖瓦等由单位、私人企业或个人捐赠所得,捐赠物体上需有明显的捐赠者信息

(三)滨海绿道休闲体验产品

休闲体验是吸引旅游者的最佳方式,旅游者在这类旅游产品中将会获得身心全方位的享受。而滨海绿道旅游产品正是以体验产品为主,观光类产品为辅。同时在旅游活动过程中增加更多的体验、动手的活动。因为游客大约会记住:他们所闻的10%,他们所读的30%,他们所见的50%,他们所为的90%[10]。如表5所示,主要从DIY、采摘等产品展开。

表5 滨海绿道休闲产品

支撑产品
特色工艺品制作:贝壳工艺、沙雕工艺、麦秆等植物制品工艺 DIY彩绘:脸谱彩绘、拼布DIY活动、油画DIY活动、猪陶瓷彩绘DIY、彩绘专恤、立体杯画、陶艺风铃彩绘
农产品采摘:农作物采收、农产品收集、椰子采摘和椰奶制作、香蕉采摘 特色小活动:砂雕、海豚表演
DIY活动:创意叶脉书签DIY、天然植物染DIY、押花DIY、迷你盆栽 游玩项目:海底隧道、红树林迷宫、海上空中走廊
教学项目:情境教学、人工攀岩教学、手工艺品教学 休闲项目:雨林挖宝藏、畅游农场、划帆船、沙滩寻宝活动、树冠层观察、青少年垂钓营、海龟保姆 运动竞技项目:沙滩越野车场、沙滩排球比赛
体验项目:传统海鲜制作居家料理、捕鱼体验、趣味挖螃蟹体验、夜间生态之旅——萤火虫共舞 DIY项目:贝壳饰品DIY、DIY调配鱼油体验、制酒DIY、海滩足迹拓印等 其他活动:露营、观察各种鱼类繁殖过程、海滩篝火晚会

(四)滨海绿道水体游憩产品

海水是绿道上最富有美感的部分。水环境不仅仅是独特的景观,而且也是主要的游憩吸引物[11]。水体游憩快速成为绿道一项休闲产业，并有着永恒的魅力（表6）。健康的水体资源对于邻近吸引物地区的旅游业和相关行业的发展，具有重要的作用。滨海绿道所面临的是一望无际的海洋，旅游者对海洋的渴望，正如孩子对母亲的渴望。

表6　滨海绿道水体游憩产品

游憩项目	设备描述	水资源或设施要求
海上皮船	1或2人皮划艇做航海之用。有塑料模型或结构组成，可能有一个舵	有船道入口的海水或海岸
冲浪	小型的1~2人帆船	浅海水区最小深度为0.3~0.6米
帆船	风力驱动的船只，4.2~9米或者更大	浅水、航道、充足的航行和机动空间，最小深度为0.9~1.5米
游艇	像摩托车一样自行驱动船只，可容纳1~2人	浅水、机动空间，租赁许可，最小深水为0.9~1.2米
大型轮船	可住宿的游艇、快艇、游船	浅水、若干房间、码头
游泳/涉水	游憩游泳	海岸或者是游泳线路，浅水区，如果是公众参与游泳还需要救生员
带水肺的潜水	为长时间浅水配备的特殊的水下呼吸设备	潜水员需经过特殊的认证。在潜水时，船或救生圈上必须有白色斜纹的红旗

滨海绿道主要是依据海岸线的走势，而海水也是具有巨大吸引力的旅游资源，结合陆上绿道，加绿道延伸到海上，而媒介就是上述的游憩项目。有的游径线路可以采取海陆两种方式。陆上绿道有观海之意，海水游径具有亲海之美，两者结合从而能够更好地满足旅游者的个性需求。如海上游径路线可以依据比较成熟的水上游憩项目进行改造，并结合周围小岛，开展“荒岛”探险与露营活动。

参考文献

[1] 陆林．国内外海岛旅游研究进展及启示[J]．地理科学，2007，27(4)：579.

[2] Hall CM. Trends in ocean and coastal tourism：the end of the last frontier? [J]. Ocean &Coastal Management，2001，44(4)：601－618.

[3] Wong P P. Coastal tourism development in Southeast Asia relevance and lessons for coastal zone management[J]. Ocean & Coastal Management，1998，38(1)：89－109.

[4] Hughes T P. Catastrophes phase shifts and large－scale degradation of Caribbean coral reef[J]. Science. 1994，265：1547－1551.

[5] 蔡云楠，方正兴，李洪斌．绿道规划[M]．北京：科学出版社，2013：12.

[6] 贾俊，高晶．英国绿带政策的起源、发展和挑战[J]．中国园林，2005，21(3)：69－72.

[7] 刘滨谊，王鹏．绿地生态网络规划的发展历程与中国研究前沿[J]．中国园林，2010(3)：1－5.

[8] President's. Commission on American Outdoors. American outdoors：the legacy，the challenge，with case studies. Washington：Island Press，1987，209.

[9] Soulé M E. Land use planning and wildlife maintenance: guidelines for conserving wildlife in an urban landscape. Journal of American Planning Association,1991,3:313 - 323.

[10] Shafer C S, Lee B K, Turner S. A tale of three greenway trails: some perceptions related to quality of life. Landscape and Urban planning,2000,49:163.

[11] Lewis P H. Quality corridors for Wisconsin. Landscape Architecture. 1964,January:31 - 40.

[12] 周年兴,俞孔坚,黄震方. 绿道及其研究进展[J]. 生态学报,2006,26(9):3111.

[13] 陈文婷. 浅谈海南省文昌八门湾绿道建设发展研究[J]. 华章,2011,32:333.

[14] (美)洛林·La B·施瓦茨,查尔斯·A·佛林克著. 绿道规划·设计·开发[M]. 余青等译. 北京:中国建筑工业出版社,2009:221.